普通高等学校体育专业教材

休闲体育概论

主编 陈琦 凌平 徐佶

高等教育出版社·北京

内容提要

　　本书为体育经济与管理系列教材之一，教材从我国近几年休闲体育的发展现状及高校体育教学的现实需求出发，以休闲体育产业、休闲体育项目策划与管理、体育旅游、休闲体育服务等内容作为重点、亮点，突出科学性、实用性、时代性、可读性、引领性等特点。全书共9章，主要内容包括：休闲体育概述、休闲体育文化、休闲体育行为、休闲体育教育、休闲体育产业、休闲体育项目策划与管理、体育旅游、休闲体育服务、休闲体育的发展与未来。本书可作为休闲体育专业教材，也可作为体育经济与管理专业、体育教育专业的选修教材。

图书在版编目（CIP）数据

　　休闲体育概论／陈琦，凌平，徐佶主编 . -- 北京：高等教育出版社，2018.3（2023.12重印）

　　ISBN 978-7-04-049146-3

　　Ⅰ. ①休… Ⅱ. ①陈… ②凌… ③徐… Ⅲ. ①休闲体育-高等学校-教材 Ⅳ. ①G811.4

　　中国版本图书馆 CIP 数据核字(2017)第 312867 号

休闲体育概论
Xiuxian Tiyu Gailun

策划编辑	廖倩雯	责任编辑	廖倩雯	封面设计	张 楠	版式设计	于 婕
插图绘制	杜晓丹	责任校对	刘娟娟	责任印制	田 甜		

出版发行	高等教育出版社	网　　址	http://www.hep.edu.cn
社　　址	北京市西城区德外大街4号		http://www.hep.com.cn
邮政编码	100120	网上订购	http://www.hepmall.com.cn
印　　刷	人卫印务（北京）有限公司		http://www.hepmall.com
开　　本	787mm × 960mm　1/16		http://www.hepmall.cn
印　　张	19		
字　　数	300千字	版　　次	2018年3月第1版
购书热线	010-58581118	印　　次	2023年12月第7次印刷
咨询电话	400-810-0598	定　　价	37.50元

本书如有缺页、倒页、脱页等质量问题，请到所购图书销售部门联系调换
版权所有　侵权必究
物　料　号　49146-00

前　　言

随着经济社会的快速发展，人们的健康意识越来越强，追求休闲的健康生活已经成为一种时尚。休闲时代的来临，休闲体育的日趋活跃，成为社会发展的必然趋势。坚持市场导向，培养休闲体育人才，为社会提供智力支持和人才支撑，促进休闲体育事业发展，为人类休闲生活和提高生活质量服务，是当代高等体育院校体育改革和发展的重大使命。

本教材是在休闲体育学科专业逐渐成熟的背景下，为培养懂休闲的现代复合型体育人才而编写的。教材既可以作为休闲体育专业教材，又可以作为体育经济与管理、体育教育等专业的选修教材。

以往出版的《休闲体育概论》教材侧重概念、理念、项目等内容的论述，本教材侧重于休闲体育产业、休闲体育项目策划与管理、体育旅游、休闲体育服务等实践性强的内容教学，具体来说有如下特点：

1. 科学性——教材体系清晰，概念准确（集国内外权威专家观点），专业知识强调系统性。

2. 实用性——在传授知识的同时，突出知识的应用，让学生加深对休闲体育的理解，掌握休闲体育经济、休闲体育组织与服务、休闲体育教育等知识与技能。

3. 时代性——紧密结合体育产业及休闲产业的时代发展特征，深刻领会国家关于体育产业的发展政策，时代感强。

4. 可读性——在编写体例上突出案例导入、拓展阅读等内容，文字通俗易懂，拓展学生阅读面。

5. 引领性——从概念到课程知识点的阐述，从内容设计到案例选择，力求体现创新与特色，对休闲体育专业教材建设具有引领作用。

本教材由广州体育学院牵头，组建了在休闲体育教学研究上颇有造诣的编写团队，由陈琦、凌平、徐佶三位教授担任主编并负责统稿。全书共有9

章内容，各章具体分工如下：绪论，陈琦（广州体育学院）、叶祥财（广州体育学院）；第一章，凌平（杭州师范大学）、熊辉（湖北大学）、牛志培（北京体育大学）；第二章，杨建设（西安体育学院）、柳慧玲（西安体育学院）、路志峻（深圳职业技术学院）；第三章，徐佶（广州体育学院）、夏江涛（广州体育学院）、段辉巧（武汉商学院）；第四章，栗燕梅（广州体育学院）、汪蓉蓉（武汉体育学院）、麦全安（广州体育学院）；第五章，周良君（广州体育学院）、胡萍（哈尔滨体育学院）、陈华（广州体育学院）；第六章，李琳琳（山东体育学院）、王涓屹（山东体育学院）、张基振（山东体育学院）；第七章，王丽娟（上海体育学院）、刘璐（吉林体育学院）；第八章，李燕（河北体育学院）、李勇勤（南京体育学院）、黄瑞霞（齐鲁师范学院）；第九章，谭建共（广州体育学院）、徐通（沈阳体育学院）。教材在编写过程中得到了广州体育学院领导和教务部门的大力支持，高等教育出版社体育分社的范峰社长、廖倩雯编辑在教材策划、审稿等方面付出了辛苦的劳动，在此表示衷心感谢。

由于水平有限，编写时间仓促，难免存在一些问题和不足之处，敬请专家和同行批评指正，以便再版时修正。

编写组
2017年9月

目　　录

绪论 …………………………………………………………………… 1

第一章　休闲体育概述 ……………………………………………… 9
第一节　休闲体育的基本概念、分类与特点 ………………… 10
第二节　休闲体育的起源与发展 ……………………………… 17
第三节　休闲体育的社会功能 ………………………………… 23

第二章　休闲体育文化 ……………………………………………… 29
第一节　休闲体育文化的本质与特征 ………………………… 30
第二节　中西方休闲体育文化 ………………………………… 38

第三章　休闲体育行为 ……………………………………………… 57
第一节　休闲体育行为的本质与特点 ………………………… 58
第二节　休闲体育行为的制约因素 …………………………… 67
第三节　休闲体育行为促进 …………………………………… 72

第四章　休闲体育教育 ……………………………………………… 79
第一节　休闲教育与休闲体育教育的兴起与发展 …………… 80
第二节　休闲体育教育的目标与内容 ………………………… 88
第三节　休闲体育教育的特点与途径 ………………………… 93
第四节　休闲体育专业教育 …………………………………… 101

第五章　休闲体育产业 ……………………………………………… 115
第一节　休闲体育产业 ………………………………………… 116

I

　　　　第二节　休闲体育市场·· 130
　　　　第三节　休闲体育消费·· 148

第六章　休闲体育项目策划与管理·· 169
　　　　第一节　休闲体育项目策划·· 171
　　　　第二节　休闲体育项目管理·· 192

第七章　体育旅游·· 209
　　　　第一节　体育旅游的内涵和特点·· 210
　　　　第二节　体育旅游的产生与发展·· 218
　　　　第三节　体育旅游途径与服务··· 233

第八章　休闲体育服务·· 241
　　　　第一节　休闲体育服务概述·· 242
　　　　第二节　休闲体育服务的内容与方法·· 253

第九章　休闲体育的发展与未来·· 267
　　　　第一节　发达国家休闲体育发展的现状与方向····························· 268
　　　　第二节　我国休闲体育发展的趋势与未来··································· 286

绪　论

21世纪，人类社会逐渐由工业文明步入生态文明。追求充实的精神生活，建立良好的生活方式，提高生活和生命质量，促进人与社会、人与自然的和谐发展，是社会生态文明的重要标志。在社会生态文明进程中，休闲逐渐成为人类生活的重要组成部分，是人类生活走向和谐的有效途径。在全球迈向"休闲"时代的大背景下，休闲体育实践活动日趋活跃并逐渐融入人们的生活，社会关注度越来越高。

随着休闲体育与人们生活的紧密融合，休闲体育研究也蓬勃发展，研究领域广泛，如：什么是休闲体育？休闲体育与竞技体育、学校体育、社会体育有何区别？休闲体育有哪些项目？它与一般体育项目有何不同？休闲体育对经济社会发展有什么重要作用？休闲体育是如何成为人类文化、教育的一部分？怎样策划和管理休闲体育活动？怎样提供休闲体育服务等。正是在这样的大背景下，休闲体育学科与休闲体育专业应运而生。越来越多的问题需要研究，将研究成果指导人们的休闲体育实践活动，通过培养人才推动休闲体育更好满足经济社会发展的需要。

"休闲体育概论"是休闲体育专业的入门主干课程，它主要论述休闲体育的一般问题、基础知识及其基本应用，近几年逐渐也成为休闲体育、体育经济管理、社会体育、体育教育等专业的重要课程。

本教材的绪论部分围绕"为什么学——学什么——怎样学"的思路设计编写，主要包括以下几方面的内容：

一、"休闲体育概论"课程的由来

（一）休闲体育在休闲时代成为社会关注热点

随着我国经济社会的迅猛发展和人们生活水平的稳步提高，"休闲时代"悄然来临。大众的休闲需求和休闲意识日益增强，休闲的目的从单纯的休养生息转变为追求全面发展和提升生命质量，休闲的方式从单一向多元转变，休闲文化逐渐形成。休闲需求的与日俱增，带动了休闲产业的蓬勃发展，使其成为国民经济新的增长点。加快休闲产业的发展已上升为国家战略，成为政府鼓励、全社会支持的重点行业。2007年，"休闲"第一次进入《政府工作报告》，党和国家对我国休闲业的发展给予了强有力的支持。随后国务院印发《关于加快发展旅游业的意见》《文化产业振兴规划》《全民健身条例》等文件，有效促进了休闲相关产业的发展，引起了全社会对旅游休闲、文化休闲、健身休闲的重视。

随着休闲文化逐渐延伸到体育领域并与地方特色文化融合，产生了运动性、趣味性、地域性和文化性交融的休闲项目，以休闲、娱乐和健身为主的休闲体育由此产生。休闲体育作为一种健康、科学、文明的休闲方式逐渐受到大众的青睐。不仅成为人们生活中的时尚活动，而且被纳入国民经济和社会发展规划，近年来，国家陆续颁布了《关于加快发展体育产业 促进体育消费的若干意见》《全民健身计划（2016—2020）》《体育产业发展"十三五"规划》《"健康中国2030"规划纲要》《关于加快发展健身休闲产业的指导意见》《关于进一步扩大旅游文化体育健康养老教育培训等领域消费的意见》等政策性文件。为了大力发展我国休闲体育产业，国家体育总局又联合国家发展和改革委员会、教育部、国家旅游局配套出台了《冰雪运动发展规划（2016—2025年）》《水上运动产业发展规划》《航空运动产业发展规划》《山地户外运动产业发展规划》等专项规划。休闲体育已成为当今全社会关注的热点。

（二）休闲体育学科发展支撑了休闲体育专业的开设

为了更好地指导日趋活跃的休闲体育实践活动，我国学者对休闲体育的理论和实践问题进行了深入研究和探索。虽然起步较晚，但相关研究成果为剖析休闲体育现象、探索休闲体育规律奠定了基础，并逐渐形成了休闲体育学科体系的雏形。休闲体育学作为一门新兴学科，既是体育学的一个分支学科，又是休闲学的重要内容，涵盖了管理学、经济学、社会学、教育学、旅游学、文化学等多种知识。可以说，休闲体育学是一门从休闲学的视角和高度切入、审视和阐明各种休闲体育现象的发生发展、结构功能和本质规律的学科。

进入21世纪，我国休闲体育发展迅猛，而休闲体育专业人才的短缺，成为制约休闲体育发展的"瓶颈"。发展休闲体育和休闲体育产业，需要培养符合市场需求的休闲体育专家、精英人才和大量休闲体育指导人员。为加强休闲体育专业学科建设，2007年，广州体育学院和武汉体育学院在全国率先开设了休闲体育本科专业，教育部也正式将休闲体育专业列为体育学类本科专业，这标志着我国休闲体育专业教育体系正式形成。本专业将"培养德智体美全面发展，系统掌握休闲体育的基础知识和基本运动技能，能从事休闲体育教学、指导与服务，休闲体育产业市场开发、经营与管理，休闲体育产品策划、设计与组织，休闲体育旅游等工作的应用型人才"作为培养目标。毕业生就业主要面向大型企业工会或培训部、休闲体育工商企业、政府或公益机构、教育和体育事业单位等。

（三）"休闲体育概论"成为休闲体育、体育经济与管理等专业的重要课程

休闲体育专业的开设是培养休闲体育专门人才的重要途径。课程体系和教材则是休闲体育人才培养的重要载体和基础。按照"宽平台、核心化、深拓展、活模块"的基本思路，休闲体育专业课程体系设计了由"通识教育模块+专业教育模块+实践课程模块"组成的动态、灵活、组合、并行、开放的三级课程体系。专业教育模块主要由专业基础课程、专业方向课程、专业拓展课程构成。专业基础课程主要包括体育概论、运动生理学、运动解剖学、体育社会学、体育心理学、健康教育学、体育科学研究方法等；专业方向课程有休闲体育概论、体育旅游概论、体育俱乐部经营与管理等；专业拓展课程包括休闲体育项目策划与管理、体育市场营销、体育赛事管理、休闲体育产业概论、运动技能类项目等。休闲体育专业教材主要包括休闲体育理论系列和休闲运动技能系列。理论系列主要有休闲体育概论、休闲体育行为、体育旅游概论、体育俱乐部经营与管理、休闲体育项目策划与管理、体育市场营销、体育赛事管理、休闲体育产业概论、休闲体育产业与经营等；运动技能系列主要有健身休闲类、户外运动类、冰雪运动类、滨海运动类、航空运动类等。

"休闲体育概论"是休闲体育本科专业的主干课程，它以多学科研究成果为理论支撑，是一门研究和阐述休闲体育基本规律及其应用的综合性课程。随着休闲体育的社会关注度越来越高，一些高校相继在体育经济与管理、社会体育指导与管理、体育教育等专业开设了"休闲体育概论"课程。

二、学习"休闲体育概论"课程的重要意义

"休闲体育概论"是一门实操环节较多、应用性很强的课程，对休闲体育市场的运行、服务以及各种休闲体育活动的方式方法进行了总结和归纳，可以说是休闲体育实践的指南。学习"休闲体育概论"的重要性可以概括为"三个有助于"：

（一）有助于提高对休闲体育的认识，建立良好的休闲体育价值观

"休闲体育概论"是一门基础性课程，学习"休闲体育概论"有助于从整体上理解休闲体育，普及休闲体育的基本知识和应用方法，有助于培养人们健康快乐的生活理念与方式，促进休闲体育社会化，帮助人们形成全面、健康的休闲体育价值观，提高人们参与休闲体育的自觉性和主动性，继而提高人的生命和生活质量，增强幸福感。

（二）有助于提高休闲体育指导能力，帮助大学生创业

通过休闲体育概论的学习，提升休闲体育的认知水平，特别是通过休闲体育实操环节的学习和反复实践，提高休闲体育指导能力。这种能力能够直接帮助大学生未来的创新创业。当今的休闲体育服务市场亟须培养具有健康的休闲体育价值观以及休闲体育实操能力的大学生。休闲体育概论的学习与休闲体育教育的普及将提升大学生对休闲体育发展趋势和规律的把握能力，从而帮助大学生在未来激烈的竞争中把握富有挑战与创造空间的多种就业机会。

（三）有助于加快休闲体育专业建设和人才培养步伐

休闲体育专业的开设着眼于培养社会需要的休闲体育人才，为社会提供智力支持与人才支撑。编写高水平的教材，既是加强休闲体育专业建设的需要，又是加快培养休闲体育专门人才的需要。课程的学习效果关系到休闲体育专业其他系列课程的学习，进而影响休闲体育人才培养的质量。

三、"休闲体育概论"课程的目标与内容设计

（一）课程目标

作为一门基础性课程，"休闲体育概论"的主要课程目标在于：通过扎实的教学，让学生掌握休闲体育的基本概念、基础知识和基本技能，能运用休闲、休闲体育的基本概念理解休闲体育文化、休闲体育行为、休闲体育教

育的特点，掌握休闲体育产业与经营、休闲体育策划与管理、体育旅游的运行规律和要求，为今后从事休闲体育职业和休闲体育生活打下良好的基础。

（二）内容设计

根据"休闲体育概论"的课程目标，本教材主要围绕休闲体育的基础知识和实操技能两大主线，打破传统教材纯理论知识灌输的弊端，遵循理论与实践相结合原则，在基本概念、基础知识的论述中穿插实践案例。通过案例的导入、知识的扩展，突出教材实操性强、通俗易懂的特点。教材前四章主要阐述休闲体育的基本概念、基础知识，后五章主要通过丰富的案例研讨休闲体育的实践应用，涉及的主要章节内容有：① 休闲体育概述；② 休闲体育文化；③ 休闲体育行为；④ 休闲体育教育；⑤ 休闲体育产业；⑥ 休闲体育项目策划与管理；⑦ 体育旅游；⑧ 休闲体育服务；⑨ 休闲体育的发展与未来。具体学习内容可以概括为5大板块：

1. 休闲体育基础知识

本部分内容主要包括第一、第二、第三、第四章。概述休闲、休闲体育的产生与发展，阐述休闲体育文化的本质、概念及特征，比较东西方休闲体育文化的差异；分析休闲体育行为的本质、特点以及休闲体育行为的影响因素；介绍休闲教育与休闲体育教育的兴起与发展，休闲体育教育的目的、任务与内容，简述休闲体育教育的特点、途径以及休闲体育专业的发展现状。

2. 休闲体育产业

休闲体育产业涵盖休闲体育、休闲体育市场、休闲体育消费等方面的内容。休闲体育市场作为一个独立的市场范畴，在我国整个文化体育市场体系中已成为客观存在。它同样存在于体育用品、健身娱乐、竞赛表演、体育中介、体育博彩、体育旅游、体育传媒、体育保险、体育服务等细分市场中。要想充分发挥和利用休闲、休闲体育资源，就必须懂休闲、善经营、会管理，向管理要经济效益，向管理要休闲体育发展的生机，在以下方面有所作为：（1）促进体育事业逐步从"福利事业型"转化为"服务经营型"；（2）开拓两个市场（国内和国外）；（3）获取两个效益（社会效益、经济效益）；（4）服务两个文明（物质文明、精神文明）；（5）掌握两大本领（懂休闲与休闲体育、善管理）。

3. 休闲体育项目策划与管理

本部分内容主要涵盖第六章。主要介绍休闲体育项目的宏观战略调控、管理以及实际运营技巧。面对我国日益活跃的休闲健身、城市休闲体育和户外运动发展的态势,应如何掌握开展各类休闲体育活动所需的技能,包括如何设计、规划、推销和包装休闲体育活动等方面的技巧,怎样管理工作人员,如何确保参与活动人员的安全以及管理者或指导者必须要了解的开展休闲体育活动的法律法规、风险管理、财务控制、活动评估等相关知识和技能。

4. 体育旅游

随着国民经济的迅速发展和全国产业结构的调整,旅游业已经成为我国最具发展潜力的新的经济增长点之一。休闲体育尤其是日益活跃的户外运动已成为旅游的重要元素。随着休闲体育旅游的兴起而出现的一些问题也成为地方政府、投资商和休闲体育研究人员共同关注的焦点,如休闲旅游中体育资源的开发、利用和管理,休闲体育旅游市场的分析与预测,体育旅游品牌的打造和营销,旅游体验者的人身安全保障,体育旅游的政策体系和支持系统等。

5. 休闲体育的发展趋势

国外休闲研究已有百余年历史,而我国才刚刚起步,大力引进和吸收国外休闲研究成果,无疑对促进我国的休闲体育发展有着非常重要的意义。

四、"休闲体育概论"课程教学的基本要求

(一)坚持教书和育人相结合

课程教学除具有传授知识、培养能力等基本功能外,还应具有进行思想教育、陶冶情操和培养良好心理品质的功能,是德育的重要渠道。在"休闲体育概论"课程教学中,要以课程的知识结构和学生的思想认识水平为依据,提高学生的休闲体育意识,树立正确的休闲体育价值观。

(二)坚持理论与实践相结合

要十分注重理论和实践的结合,课堂教学设计既要从学生已有的生活实践出发,又要与社会调查、社会实践有机结合,如在课堂教学中穿插一些以休闲体育为主题的小型社会调查。"休闲体育概论"的教学既要注重反映国内外大众休闲体育发展的现状和动态,也要注重案例分析,提高学生的分析和实操能力。

（三）坚持传授知识和培养能力相结合

知识既是形成能力的基础，又是培养能力的条件。在"休闲体育概论"课堂教学中，本着以"教为主导、学为主体、精讲多练、注重实践和创新"的原则，要立足于知识，着眼于能力，做到传授知识与培养能力相结合，尤其要注重创新能力的培养。如在讲授休闲体育项目设计与开发、休闲体育活动的组织与策划以及休闲体育服务等相关课程内容时，要特别注重学生的实践与创新能力的培养。

（四）坚持课堂教学方式多元化

"休闲体育概论"课程的教学采用教师专题讲座为主，结合学生自学、小组专题讨论和提交学习心得报告相结合的方式，引导学生主动学习，深入思考，培养学生基本的信息素养，提高学生在信息收集、组织整理与语言表达方面的能力。要做好"讲座+自学+讨论+报告"的有机结合，努力提高教学质量。任课教师要认真做好教学设计，指导学生自觉学习。建议在课堂教学中注重教学方式的灵活运用，将老师讲解与学生讨论结合起来，营造出老师循循善诱、学生积极参与、师生互动的浓厚教学氛围。

（五）坚持教学方法多样化

在内容体系相对确定的前提下，为了提高教学实效，应该加大改革的力度，倡导多样化的教学方法。在"休闲体育概论"课程教学中可以采用"自主探究、学案导学""师生合作、生生合作""问题探究"等多种教学方法来调动学生的热情，达到教师与学生、教学与学习的双向互动，增强课堂教学的生动性和有效性。

（六）坚持学习手段现代化

本教材中有大量的案例、拓展阅读，在课程的学习过程中可以通过现代网络信息技术，采用多媒体、网络教学、在线开放课程、二维码等手段来获取课程的相关知识与技能。任课教师要习惯使用现代信息技术手段钻研教学，还要善于引导学生配合使用，从而提高课程的学习效果。

复习思考题

1. 为什么要学习"休闲体育概论"课程？
2. 学习"休闲体育概论"的主要目的是什么？

3. 简述"休闲体育概论"课程的主要学习内容。

4. 结合自己对"休闲体育概论"课程的理解,思考如何学好这门课程。

本章参考文献

[1] [美] 杰弗瑞·戈比. 你生命中的休闲 [M]. 康筝, 田松译. 昆明: 云南人民出版社, 2001.

[2] 李仲广, 卢昌崇. 基础休闲学 [M]. 北京: 社会科学文献出版社, 2004.

[3] 马慧娣. 休闲: 人类美丽的精神家园 [M]. 北京: 中国经济出版社, 2005.

[4] 胡小明, 王广进. 体育休闲概论 [M]. 北京: 高等教育出版社, 2016.

[5] 梁利民. 休闲体育学的学科形成与发展 [J]. 武汉体育学院学报, 2010, 44 (1): 56~60.

第一章 休闲体育概述

>>> **本章导语** >>>

当把休闲、娱乐和时尚等元素融入体育活动时,体育所迸发的力量相当强大,休闲和体育聚合在一起,能使体育更惬意、更快乐、更迷人,更符合人们的心理需求,而当体育走进休闲时,休闲则变得更为动感、更为时尚、更具有生命力。本章将重点介绍休闲、游戏、竞技体育和休闲体育等基本概念,包括休闲体育活动的内涵与分类;阐述休闲体育的历史由来,包括东西方国家不同时期休闲体育的发展特征以及休闲体育的社会功能。

>>> **学习目标** >>>

学习现代休闲兴起的社会背景,需要从时空层面进行阐述。从时间纬度上看,科学技术的发展和生产力水平的提高将人类从繁忙的体力劳动中解放出来,使人们拥有了更多的闲暇时间,有了参与休闲活动的可能;从空间纬度上看,人们生活范围的缩小,精神压力的增大,身体机能的退化,使人类有了自身发展的需求愿望,有了参与休闲活动的内在动力,为人们参与休闲活动提供了保障。本章要求掌握休闲体育的概念、分类、特点;了解休闲体育的起源和发展历程;理解休闲体育的时代价值。

> **案例导入**
>
> 1995年,我国开始实行5天工作制并实施春节、五一、十一"黄金周"。休闲作为一个新的经济增长点正在快速发展,例如商业开发、餐饮服务、旅游观光、节假日和各类庆典场合的商业促销、各类非职业技能培训式的成人教育、高雅艺术的蓬勃发展等。许多地方政府也根据休闲时间的长短制定新的经济政策,调整新的产业结构,建立新的市场,不仅解决失业和就业问题,还能维护社会的安定团结,繁荣社会文化,提升人的精神文明素质。目前在发达国家,休闲已越来越成为人们生活的重要组成部分。物质财富的满足将让位于人们追求充实的精神生活的目标。发展的质量标准将定位于人的生存质量、生命质量以及人的全面发展。的确,休闲是人类获得自由、享受快乐、追求刺激、感受幸福、满足体验需要、形成文化认同、改变生活方式的重要组成部分;把体育和休闲结合起来就是把健康的灵魂赋予健康的肉体之中,通过肌肉骨骼运动获得体质的健康、运动的快乐、冒险的刺激、精神的愉悦和灵魂的升华。

第一节 休闲体育的基本概念、分类与特点

几个世纪以来,休闲经常被看作体力劳动的对立面,是一种使自身脱离疲劳的方式。随着休闲现象以各种形态在劳动、工作、生活中不断渗透,人们观察休闲的视角、理解休闲的角度以及休闲概念的内涵、外延随之发生了变化,逐渐把休闲与理想的生存状态和通过智力、体力和艺术活动的文明方式相联系。有些人把休闲看作平衡生活的一种方法,休闲不仅为了娱乐、自我提高,促进家庭稳定和提供社会互动的机会,而且也为郊游、猎奇、幻想提供手段。还有人认为休闲是人们在可支配时间中自主选择从事某些个人偏好性活动,并从这些活动中获得身心愉悦、精神满足和自我实现与发展的途径。

一、基本概念

(一) 休闲

英文中的休闲(leisure)一词是由拉丁词"licere"转化而来,从词源上

看，leisure 可被视作 licence（许可）和 liberty（自由）的合成词，即"被允许"（to be permitted），指的是摆脱生产劳动后的自由时间或自由活动。在法语中也有休闲一词，指可以自由选择或利用的时间。中文的"休"字是由"人"与"木"组合而成，其意象为人倚着树木或人坐在树下休闲。因此，"休"有休息、休养等暂停劳动的意思。

在休闲学界，东西方学者从不同文化背景出发，围绕着休闲的概念展开过激烈的讨论。因此，要把握休闲的概念，需要从以下三个角度去认识。

（1）时间角度。每个人一天的时间都可以分为生理活动必需时间（如吃饭、睡觉）、工作时间（包括上班时间和家务时间）、闲暇时间三个部分。休闲就是从吃饭、睡觉、工作和家务当中摆脱出来的闲暇时间。从时间角度而言，闲暇就是休闲。在闲暇中，人们是相对自由的，可以从事自主选择的各种活动。

（2）活动角度。休闲活动包括闲暇时间内所从事的一切活动，如游戏、娱乐、运动、旅游等。从活动角度而言，休闲活动相当于闲暇活动。

（3）状态角度。就状态而言，并非所有闲暇活动都是休闲，因为休闲实际反映出来的是一种内在的身心状态，它没有特定的外在形态，无论什么时间，无论什么活动，只要人的内在身心状态达到某种境界，都可以称为休闲。通常我们用和谐、愉悦、畅爽、宁静、健康、自由等词汇来形容这种状态。只要一种行动是自由的、无拘无束的、不受压抑的，那它就是休闲的。

1970 年，第一届国际休闲会议在比利时召开，会议通过了著名的《休闲宪章》，其中对休闲的定义是：人们在完成工作和其他任务之后，在自由支配的时间内所进行的活动，是以补偿性活动为基础的活动。现在看来，这个定义显然有一定的局限性，没有完整地概括出休闲的内涵。20 世纪 90 年代，美国著名休闲学研究专家杰弗瑞·戈比提出了一个符合现代人思想且内涵丰富的定义：休闲是从文化环境和物质环境的外在压力中解脱出来的一种相对自由的生活，它使个体能够以自己所喜爱的、本能地感到有价值的方式，在内心之爱的驱使下行动，并为信仰提供一个基础。本书对于休闲的定义采用戈比的休闲定义。

休闲同娱乐一样，是人类特有的活动。随着社会的不断发展进步，人们拥有的闲暇时间越来越多，有更多的机会去享受生命健康、体验美好生活，并在享受和体验的过程中发挥创造力。

（二）游戏

在西方思想史上，真正关注并研究游戏始于启蒙运动时期。德国文学家、思想家席勒是最早研究游戏的人。在《美育书简》一书中，他提出了游戏的"剩余精力发泄说"。席勒认为："游戏是剩余精力的无目的使用。这种剩余精力的发泄活动，给人带来松弛和愉快感。"席勒把游戏对完美人生的意义给予了高度肯定。他说："在人的各种状态下，正是游戏且只有游戏，才能使人达到完美。只有当人在充分意义上是人的时候，他才游戏；只有当人游戏时，他才是真正的人。"

与席勒观点相同的还有斯宾塞，这位英国哲学家在其《心理学原理》一书中，对席勒的观点作了生理学的解释。他认为："人作为高等动物，无须像一般低等动物一样，将全部精力耗在维持和延续生命所必需的活动上。"

哲学家康德在他的《判断力批判》一书中将游戏归为审美活动，他强调游戏的自由性、娱乐性和无目的性。康德将游戏与劳动作对比，认为游戏是自由的，愉快的；而劳动是被迫的，困苦而不愉快的。除分析游戏的性质之外，康德强调游戏对于人的解放作用。他提出了劳动游戏化的思想，认为游戏是人类走向自由的道路。

德国哲学家伽达默尔在他的美学著作《真理与方法》中将游戏视为审美的入门概念。他认为游戏是一种自行运动，它并不通过运动来谋求目的和目标，而是一种生命活动，是一种精力过剩现象，是生命存在的自我表现。而这种生命体发泄过剩而不求外在目的的活动，恰恰是一种纯粹的自我表现现象，是一种没有外在功利的审美活动。

荷兰文化史学家赫伊津哈认为：游戏是文化的基础，是对人类文明发展至关重要的活动。在他的名著《游戏的人》中写道："游戏是一种自愿接受但却具有绝对约束力的活动"。他认为游戏的规则是一种自下而上建立的民主秩序，其中体现着人类公平竞争的社会理想。

心理学家弗洛伊德认为："游戏是儿童满足本能欲望的替代方式或补偿机制。"由于本能与现实、愿望与能力之间的矛盾，儿童的本能欲望不能得到直接的表现和满足。因而，只能转借游戏这种替代性方式来达到表现本能、发泄冲动、释放压力、满足欲望的效果。

通过分析哲学家们对游戏的论述不难发现：游戏不是生产活动，它的动机不在于结果而在行为本身的内容上。正是由于游戏的内在动机或内在目的，才使游戏的象征行为得以可能或可行，在游戏中，事物的意义可以完全由游戏者主观赋予，而不必与事物的客观性质相符。简而言之，游戏是一种由内部动机引发的，融娱乐、情感、超越、规则、自律、公平、模仿、虚拟生活体验为一体的自主性活动。

（三）竞技体育

竞技体育并不是现代文明的产物。早在古希腊的奴隶社会，竞技体育就作为一种文化现象存在着。随着人类文明的进步，这些由求生本能演化而来的运动技巧便年复一年、代复一代地留传下来，最终演变成为一种带有鲜明生命印迹的文化形式——体育运动。

从人类的体育运动发展史可见，体育史的演进往往是以一连串数字为标志的。这些数字记录着人类向自身生命挑战所能达到的极限，同时也记录着这些极限一次次地被人类自身所超越的奇迹。

其实，在竞技体育运动中，那些与生命本身直接相关的品质，诸如力量、速度、敏捷、和谐、智慧、毅力、勇敢、顽强、理智、热情、公正、坦荡……都在运动的过程中得到锤炼、检验与升华。因此，从某种意义上说，竞技体育也便成为人们完善自我，指向理想人格的尺度与渠道，成为锻造最佳生命质量的熔炉。正因如此，那些真正优秀的运动员才顺理成章地成为人们衷心崇敬的偶像，成为人们争相效仿的楷模。

当代竞技体育是在西方的文化土壤中产生和发展起来的。在西方的文化观念里，肉体与精神是不可分离的，没有强壮的肉体，就难以有坚强的精神，肉体是精神的载体。所以，竞技体育是一种强力的冶炼，是一种冒险精神的培养，是一种运动习惯的锻炼。竞技体育是以运动竞赛为特征，通过挖掘人的体能、技能、智能、身体和心理等方面的潜力，以夺取运动锦标为目的的文化活动。然而，当人们逐渐淡化这类运动游戏的锦标色彩，转而为提高生活质量，满足人们休闲、娱乐、发泄、放松、追求刺激、寻求另类生活体验的一种生活方式时，便成为人类今天推崇的休闲体育。

（四）休闲体育

休闲体育是指人们在自由支配的时间里，通过体育活动的方式、手段去体验身心自由和生命活力，满足身心愉悦的一种社会文化活动。在这个定义中，"身心自由和生命活力"强调体育活动时和活动之后的心理和精神状态。在休闲体育活动中，人们追求的是一种心理体验、生活态度、精神状态，是个体的内在需求，体育正是实现休闲目的的手段。

体育运动源自人类的生活实践，在当时的生存环境中，体育运动是为了生存、获取食物、躲避猛兽等，这是生物进化本能的体现，这种本能在漫长的历史进程中从未停止过。随着社会的发展和时代的进步，人们的生活节奏越来越快，工作的压力、精神的疲惫，唤起了人们对身心愉悦、生命活力的渴望。为了适应新的生存环境，人类不断地在对自身进行着改造，对体育运动的认识不断深化。早期人类参与体育运动是为了生存，随后为了游戏，再后来为了娱乐、竞技、休闲等，正是在社会环境不断变化和人类自身进化本能的双重驱动下，一种新形态的文化活动——休闲体育才出现在人类社会中。

休闲体育的出现不是代表体育运动项目和内容的增加，而是代表体育运动功能和内涵的丰富。换而言之，每一种体育运动都可以作为休闲体育活动，都具有解放身心、恢复活力、体验愉悦、享受生命的功能，都可以实现休闲的目的。

二、休闲体育活动的分类

对事物进行分类是最客观、最基本的研究方法，而不同的分类标准会产生不同的结果。有关休闲体育活动目前有以下几种分类标准：以活动的自然环境为标准、以活动的领域为标准、以活动中追求的目的为标准、以活动中肢体的动静表现形式为标准，以体育运动项目的项群为标准等。究竟应该选取哪种标准作为分类依据？结合目前的认知水平以及我国的国情和体育产业的发展需要，我们以自然环境为标准对休闲体育活动进行分类。

（一）水上类休闲体育活动

水上类休闲体育是各种与水有关的休闲体育运动的统称。如潜水、游泳、跳水、水球、水中有氧运动、冲浪、独木舟、钓鱼、水上摩托车、帆船、激流泛舟、铁人三项等。这些项目有的是在水面以上进行，有的是在水面以下进行，还有时而水上、时而水下的项目。有的项目必须在自然水域中开展活动，有的必须在人造水域中开展活动，还有些项目既可以在人造水域又可以在自然水域中活动。

（二）陆地类休闲体育活动

陆地类休闲体育运动主要是指在地面进行的各类休闲体育活动的总称。

根据陆地休闲体育运动与质地的关系，又可以分为山地休闲体育项目、丘陵休闲体育项目、沙地休闲体育项目、草地休闲体育项目、公路休闲体育项目、场地休闲体育项目等。山地休闲体育项目主要是依托山地资源开展的休闲体育活动，包括登山、攀岩、溶洞探险、高山速降、越野等；丘陵休闲体育项目主要是依托丘陵地带开展的休闲体育活动，包括狩猎、丛林探险等；沙地休闲体育项目主要是依托沙地开展的休闲体育活动，其中又分为滨海沙滩休闲体育运动和沙漠休闲体育项目，滨海沙滩休闲体育项目有沙滩排球和沙滩足球等，沙漠休闲体育项目有滑沙、骑骆驼、沙漠探险旅游等；草地休闲体育项目主要是依托草地、草原开展的休闲体育活动，主要包括高尔夫、骑马、滑草、摔跤等；公路休闲体育项目是以人造道路为依托开展的休闲体育活动，一般可包括公路自行车、F1赛车、摩托车、路跑、快走等；场地休闲体育项目是以人造场地为依托开展的休闲体育活动，其中又可分为室内场地休闲体育项目和户外场地休闲体育项目，室内场地休闲体育项目主要有羽毛球、乒乓球、台球、手球、体操、瑜伽、斯诺克以及心智类休闲体育项目等，户外场地休闲体育项目主要有棒球、橄榄球、田径、射击等。

（三）航空类休闲体育活动

航空类休闲体育活动主要是指在大气层以内的、借助飞行器离开地面或水面在空中进行的各类休闲体育活动。这类活动有滑翔伞、跳伞、蹦极、动力滑翔、悬挂滑翔、热气球等。这类项目科技含量高，时尚性强，挑战性和刺激性大，对器材要求高，对参与者的运动技能和心理素质要求高。

（四）冰雪类休闲体育活动

冰雪类休闲体育活动是休闲体育活动中的重要组成部分，冬季奥运会也是竞技体育较量的重要领域。在成功举办了2008年第29届夏季奥运会之后，北京将在2022年承办第24届冬季奥运会，冬奥会的承办也必将促进冰雪类体育活动在我国的开展。

冰雪类休闲体育活动又可以分为冰上休闲体育项目、雪上休闲体育项目。冰上休闲体育项目是以自然冰地或人造冰场为依托开展的休闲体育活动，包括滑冰、冰上舞蹈等；雪上休闲体育项目是以自然雪地或人造雪场为依托开展的休闲体育活动，包括滑雪、高山滑雪等。

对休闲体育基本问题的研究是为了促进休闲体育更好的发展，进而为体育产业的发展添砖加瓦。2016年10月25日，国务院办公厅印发了《关于加快发展健身休闲产业的指导意见》，这份指导性的文件明确指出了健身休闲产业的发展之路，可见体育产业的发展得到我国政府的高度重视。2016年11月，国家体育总局联合国家发展和改革委员会等部门先后发布了《冰雪运动发展规划（2016—2025年）》《水上运动产业发展规划》《航空运动产业发展规划》《山地户外运动产业发展规划》，为体育产业的发展绘制了一幅宏伟的蓝图。这四个文件的出台也很好地印证了休闲体育活动的分类符合我国的基本国情和体育产业的发展需要。

三、休闲体育的基本特点

从休闲体育的定义来看，在从事休闲体育活动时，人们不限于活动的严格规定，积极追求内在的体验，使个人在精神和身体上都得到休息、放松和享受。因此，休闲体育具有独特的特点。

（一）体验畅快

戈比在《你生命中的休闲》一书中对美国休闲体育在20世纪80—90年代的变化进行了考察，他发现那些仅仅是为了身体健康而参加俱乐部的人，通常会在6个月之内失去兴趣；以锻炼身体为目的的休闲活动是难以持久的。因此，休闲体育的"畅快"是第一位的。在群情激昂的球场上拼搏、呐喊，在挥洒汗水的健身房中伸展肢体，在风驰电掣的滑板上腾跃旋转，在碧波荡漾的水池里尽情嬉戏，在背负行囊的野外生存中体验孤独或惊险……这是有别于大众体育或竞技体育的重要特点。体育运动本属于个人行为，具有满足行为者自身需要的作用，但是，社会生活方式的改变和科技的进步，使得运动成为一种商品甚至一种产业。这一商品除本身具有的内在价值外，还能给观众带来体验，从中得到满足。体育比赛紧张激烈，扣人心弦，人们无时无刻不在进行着喜怒哀乐的情感交流。运动技艺的惊险性，比赛的对抗性，战术配合的准确性，稍纵即逝的偶然性，时间速度的节奏性，音响画面的艺术性，使人们欣赏到精彩超群的流动技术，极大地满足了精神上的需要。生活水平和文化活动越先进的国家，人们在"体验"方面的需求也会增加。

在这些国家中，体育代表体验满足的一个重要领域，并已经发展为一项庞大而又重要的产业。因此，休闲体育为人们实现自我、追求高尚的精神生活、获得"畅快"或"心醉神迷"（Ecstasy）的心灵体验提供了机会。

（二）时间自由

可自由支配时间是休闲体育的核心要素，也是休闲体育的重要特征。在闲暇时间中自由地选择休闲体育的活动方式、活动内容、活动项目、参与伙伴和活动地点是这一核心要素的本质特点。

休闲体育中的自由指人们在追求休闲体育体验时可由自身选择和决定，可以按照个人的意愿选择行动，没有外在强制或压抑的行动。

（三）身体活动充分

休闲体育的基本手段是身体活动，通过身体活动去追求身心健康发展，活动过程中体现出竞技、娱乐、健身、新奇、刺激的特点。没有身体活动的休闲不是真正意义上的休闲体育，充其量只能称为休闲娱乐。

（四）追求最佳心态

美国休闲社会学家约翰·凯利教授在其著作《走向自由——休闲社会学新论》中提道，"如果休闲的目标之一是为个人的投入提供在参与体验中获得最大满足的机会，那么体育也许是处于一系列休闲活动的巅峰。体育是一种能够彻底实现自我的休闲，能让人完全沉浸其中，感觉世界其他一切事物都不复存在。"

休闲是人在社会必要的劳动时间之外，为不断满足自身多样化的需求而选择的一种生活方式。人们通过休闲体育活动的参与，满足自我充实、放松、愉悦的需求，使人的精神在自由的环境中经历审美、创造、超越，从而发现自我、体验自我、实现自我，这是身心自由活动和生命状态从容自得的完美境界，是休闲体育活动追求的最佳心态。

第二节 休闲体育的起源与发展

"你能看到多远的过去，就能看到多远的未来。"丘吉尔的这句名言精辟地阐明了研究历史对于把握未来的重要性。因此，用世界眼光去审视中外休闲发展历史，将有助于我们更深入观察休闲现状，思量休闲的未来走向。同时，对促进休闲产业的发展，提升人们的休闲体验也具有积极作用。

早在古罗马时期休闲就已经受到了广泛的重视。纵观东西休闲发展史，无论是古罗马斗兽场中的欢呼，还是陶渊明田园生活的宁静，都表现出了人们对于休闲的理解与体悟。

一、原始社会的休闲体育

在原始社会时期生存是人类活动的基本问题，但人类学家和考古学家在对原始部落的研究中发现，人类在进化过程中一直保持娱乐的天性，随着时间的推移，娱乐活动与鲜明的生活，宗教艺术形式，风俗习惯以及穿着、饮食、生存技能和抵御外敌的本领等发生密切的关系。

然而，要十分明确地区分原始社会的人类劳作与游戏是十分不容易的，先民们捕鱼、打猎、划船、滑雪、游泳和骑马等活动，既包含生存技能的习得又融入了运动游戏的成分，这些活动为后期休闲体育的发展奠定了基础。有趣的是原始社会的人们主要根据生活节奏作息，大都依据当时的身心需要劳作、休息和游戏。

人类考古学家在古埃及坟墓和碑文的遗迹中发现，"在古埃及的原始部落里存在着一个高度发展的阶层体系，较低层的人们从事运动和体育，较高层的人们则更倾向于观赏娱乐表演。古埃及游戏中出现了下棋、掷子和格斗，小孩玩弹子、弹力球和陀螺，大人则喜欢摔跤，拳击和斗牛比赛"。

人类考古学家还在古埃及坟墓的绘画中发现有描述人类生活环境的花园，美索不达米亚的宫殿附近建有花园，其中还描述了被认为是古代七大奇迹之一的巴比伦空中花园，"花园建在75米高的地方，由各式各样的花和植物组成，有高大的根基和枝繁叶茂的树"。

原始社会中劳作和娱乐是融合在一起的，正如卡伦所说："原始社会人不会对工作和娱乐做明显的区分，相反，当工作有用或必要时，经常是以风俗习惯展开并赋予它丰富多彩的内容和形式，将欢乐的仪式与风俗融合在一起。"

二、农耕时代的休闲体育

8000多年前，随着人们对动物驯化和植物生长规律的认识，我国的黄河流域和美索不达米亚平原出现农业。6000年前，华夏民族产生了人类的农业活动，人类由此进入了农耕文明时代。

当进入农业社会时期，人们逐渐对安全可靠食物的生产和供给产生了依赖并逐渐从打猎和采集活动中脱离出来。伴随着耕作和养殖业的发展，个人

第二节 休闲体育的起源与发展

财产积累也随之增加，为了维持社会的正常运行，阶级开始产生，社会开始分化，政府管理土地，军队保护土地，农民耕种土地，一种较之原始社会和游牧文明更加复杂的社会组织形态出现了。

时间变成了生活的一把尺度，娱乐时间和娱乐活动与诸如庆祝秋收的盛典事件联系在一起，当收割开始，重大的庆祝活动包括游戏、竞技、跳舞就会接踵而来。

在许多文明的演进中，人类通过娱乐的方式发展了文化，建立了宗教组织，倡导奥林匹克运动追求体力和智力的和谐发展，并以艺术形态表达人类追求生活的理想和意境，希腊文明的发展就是一个典型的例子。按照希腊人的观点，如果没有娱乐就没有文化；如果没有体育就没有人的审美活动；如果没有体育就没有艺术，更没有人的创造力。不夸张地说，没有体育就没有希腊的文明。

希腊人相信文明只有通过身体和精神的培养才能提高，古希腊雅典人创造了人类文明发展相关的诸多文体活动，如体育竞技、阅读写作和艺术创造等。

据文献记载，古希腊的学校要传授各种活动的技能，其中包括写作、阅读、算数、音乐、体操、制图和绘画等，年轻男人还必须进行体育活动，为军事战争做好准备，其主要形式有跑步、打猎、摔跤、投掷标枪等。

古希腊哲学家亚里士多德认为工作和娱乐之间应该有一种平衡，工作是手段，娱乐是目的。娱乐为智力的发展提供了机会，是紧张工作的一种舒缓方式，是提高生活乐趣的一种方法。于是运动游戏一开始在古希腊就作为宗教节日的一项主要内容，以运动游戏增加节日气氛，以竞技比赛来庆祝丰收，以橄榄枝向胜利者表示致意。一年中希腊人有90天是在游戏中度过的，而竞技场、杂技场和马戏场又是雅典市民的主要游戏场所。希腊人和罗马人对游戏有不同的看法，希腊人把竞技游戏视为重大节庆活动和宗教仪式，而罗马人则把游戏看作是娱乐活动。

在古罗马，城市市民的生活方式丰富多彩，娱乐消遣活动较之古希腊似乎更功利、更享受，富裕的罗马人以雕刻绘画和艺术创作的方式充实生活，到公元4世纪罗马拥有1 300多个公共泳池或浴室，浴室变成了罗马市民娱乐社交活动的场所，洗浴和吃饭几乎成了罗马富翁阶层每天既定的生活内容。罗马的浴室是精心制作的，有花岗岩的柱子和墙，有镶嵌着图案和瓷砖的大理石地板，这些浴室都是由富人捐赠或城市公共资金建造起来的。一些大的浴室，继而变成了巨大的文化中心，内设图书馆、休息室、艺术长廊和餐厅。富裕的罗马男性市民经常参加各种各样的娱乐活动，史料记载着这样一些场景，"浴室以朝气蓬勃的体育锻炼为先导，在浴室里，人们可以跑、跳、玩一种像机械球的球类游戏，此外还有人提供玩游戏的器具如掷子和棋，有雕刻和绘画长廊的房间，有与朋友交谈的座椅，有供人阅读的图书馆，有供音乐家和诗人朗诵的大厅"。

罗马人的娱乐生活是丰富多彩的，后人继承并延续了先民们传下来的多种娱乐方式，赌博、阅读、跳舞、喝酒并以运动和游戏作为生活方式的主体；朗诵、演讲、音乐会、模拟剧则是穿插在游戏和运动中的娱乐，运动竞赛、职业拳击、战车追击、人兽大战成了罗马人趋之若鹜的"文化大餐"。在罗马文化中，体育是最受欢迎的，其中最为盛行的是一种马车竞技和人兽大战，至今仍保留着断壁残垣的古罗马竞技场就是当年角斗士战斗的地方。

古罗马竞技场方圆约2万平方米，墙高约57米，可容纳9万名观众，地下区域包括角斗士的房间、动物的窝和通往竞技场的通道。角斗士大多是奴隶、罪犯和俘虏。最初，"人兽大战"是小型或由私人赞助的，后来演变成奴隶间的生死大战。

历史学家经常描述罗马人的娱乐消遣充斥着享乐主义、庸俗和腐败。人与人、人与兽之间的残害和屠杀在历史上被认为是污秽的，当面对极度奢侈的娱乐生活时，一个强大的民族也逐渐失去文明的美德。

三、中世纪的休闲体育

从公元400年到公元1500年是欧洲中世纪时期，主导这一时期的主要文明力量是基督教。早期的基督教徒们相信工作有益于人类，因此他们把更多的精力集中于引导人们劳作。这种哲学与早期天主教哲学对体力劳动和脑力劳动的认知有所不同，天主教哲学认为："只要有足够的财富，工作并非是必要的，牧师们的祈祷和沉思就是一种高尚的脑力和精神指引，是人类活动的最高境界"。

由马丁·路德发起的宗教改革改变了基督教徒对工作、死亡和游戏的看法。马丁·路德把工作看成是有益于人类自身发展的活动，并鼓励人人为上帝工作。他既没有区分宗教工作和其他工作的不同，也不主张宗教工作高于或优于其他工作，他认为任何工作都是受尊敬的，但无所事事则是一种罪恶。后期清教徒和新教徒的伦理则是基于马丁·路德的信仰，并将提高工作效益与勤俭节约融合在一起，"一个人变得越富有，他（她）就会越善良"，"人们努力工作获取利益就有可能更好地帮助他人"等新的价值观正是基于这种伦理产生和发展起来的，影响着当时休闲体育娱乐的道德和价值观。当然，并不是所有的基督教哲学家都建议努力工作，许多文献也提及享受生活和庆祝丰收。随着中世纪宗教逐渐对政府事务部控制，从政治和宗教信仰中延伸出来的社会制度也随之出现。在中世纪，若把宗教假期和星期日算在内，西欧部分国家的市民每一年会有170天的假期。在余暇的时光中，宗教庆典、军队操练、体育比赛的场面和节日组成了中世纪狂欢的一部分。事实上，在圣诞节期间，竞技、魔术、杂技、旅游、吟诗成为人们生活中一个重要的组成部分。然而，当时的休闲体育是划分阶层和性别的，男性贵族多从事打猎、马上长枪比武、猎鹰、滑冰、骑马赛跑、射箭等活动，而捕鱼、滚木球、曲棍球、掷铁圈、摔跤、拳击和足球则是中下层男性从事的娱乐；对女性而言，休闲娱乐是极其有限的，因为中世纪的女性在结婚前被看作是父亲的财产，结婚后就变成了丈夫的财产，成家后的女性大多数时间用于相夫教子。

我国不少学者一提起欧洲中世纪总认为这是一个基督教道德最为严厉的时代，但似乎没有人提及，这也是一个娱乐的时代，是一个以宗教庆祝为标志的欢乐时代。从历史文献中不难发现这一时期休闲体育蓬勃发展，民众生活充满生机。"一个伟大的人就如同对工作每分钟负责一样，他也必须为他的余暇时间负责"。

四、文艺复兴时期的休闲体育

文艺复兴时期始于公元1300年的意大利，持续了将近300年。这是一个人才辈出和才华横溢的时代，也是一个创造力爆发的时代。在这期间，人类在绘画、雕刻和建筑上产生了许多创造性的成果。

在文艺复兴期间，社会也经历了从遵循社会秩序到蔑视道德标准的过程。娱乐活动，诸如跳舞、社交和戏剧经常会出现低级趣味场面，一方面是故意反抗中世纪的道德准则，另一方面也是在探索新的娱乐方式。在这一时期，男人开始热衷于击剑、赌博、下棋、斗牛、骑马打猎、猎鹰、拳击、划船和竞走等体育活动，而女人有时也被允许和她们的丈夫或父亲一起参加或观赏这些活动。

伴随着文学、建筑、雕刻、绘画、音乐和话剧的诞生，音乐会成了一项女人和富裕阶层娱乐消遣的重要活动。在文艺复兴时期，艺术繁荣直接培育了伟大的艺术家，米开朗琪罗、拉斐尔、达·芬奇、提香、贝尔等艺术家的作品风靡整个欧洲，在他们的作品中许多休闲体育的场景惟妙惟肖地展示出来，成为文艺复兴时期休闲体育文化的一个鲜明写照。

五、工业革命时期的休闲体育

工业革命又称为产业革命，是指资本主义工业化的早期，即资本主义生产完成了从工场手工业向机器大工业过渡的阶段。它是以机器生产逐步取代手工劳动，以大规模工厂化生产取代个体工场手工生产的一场工业与科技的革命，后来又扩充到其他行业。它起源于欧洲，发端于英国西北部一座滨海小城——格林诺克。1736年，工业革命之父——蒸汽机的发明者，詹姆斯·瓦特就出生在这里。

工业革命彻底改变了人类的生活方式和生产方式。一方面它极大地破坏了原有的社会秩序和社会结构，造成了城市人口的激增和移民化浪潮的出现；另一方面也促进了社会生产力的提高并极大地提升了人们的生活水准。这期间男人和女人的角色又重新开始区分，男人进入工作的世界，而女人的主要责任是照顾家庭。

在工业革命时期，生活以工作为中心，时间成了人们生活的标准，生活不是从个人的愿望和需要出发，而是以劳动的性质和时间决定，自由时间的滥用被看作是一种社会问题。随着装配线的建立和机械化的普及，工作变得越来越单调和专业化。人们开始寻求工作环境之外的满足感，于是休闲娱乐又成为一种补偿和宣泄。

娱乐的商业化并没有因工业革命而烟消云散，相反压抑的生活偶尔出现了商业娱乐的过度化。正如埃德韦兹在他的《流行娱乐》一书中写道："职业娱乐者，在一切允许他合法存在的领域占支配地位，有时变相的户外运动成为一个过渡的托词。"例如，当时出入美国密执安湖上的远行船离开芝加哥时载有500名游客，一些无人监管的青少年以户外运动为名在船上狂欢至深夜，赌博机、大麻、酒精饮料随处可见，跳舞、酗酒和狂欢的青少年是船上娱乐的主体。青少年保护委员会发现这些游船违反了法律，最终取缔了这些商业娱乐活动。

六、现代社会的休闲体育

现在社会最显著的特征是生活方式的城市化，但城市化的生活方式给社会发展带来积极效应的同时，也给人们的身心健康带来了许多不利的影响。

休闲体育为补偿当代生活方式创造了条件，它可以促进人的身心健康和全面发展，是人们在摆脱劳动限制之后的一种全身心的放松方式。因此，在不久的将来，人们将把休闲体育的发展与自己的生活质量、生命价值体现形式联系得更加紧密。

伴随着休闲体育的悄然兴起，休闲体育产业也逐渐成为休闲产业的一个重要组成部分。休闲体育正朝着大众化、娱乐化、普及化、多样化的方向发展，老年人和妇女的参与度较之以往任何一个历史时期都要高出许多，并日益成为大众消费的热点。在美国和欧洲部分国家，休闲体育已经成为国民经济的支柱产业之一，并成为新闻媒体重点关注的文化活动。

休闲体育使人获得一种运动的享受，把人从异化劳动状态或负有责任的其他活动中超脱出来，从表层需要、感官满足的追逐中提升出来，使人的生存本质更加彰显，从而达到身心合一的状态。因此，休闲化是大众体育发展的一个必然趋势。在体育运动中，特别是随着竞技体育的发展，大众体育越来越走向社会化和普及化，这种社会大趋势不但要将大众体育推向休闲化，而且最终竞技体育也可能走向休闲化，因为休闲是人类的追求，同时也是人类生存的一种最佳状态，也许在不久的未来，休闲体育将带给人一种自我解放与最终的自由。

第三节 休闲体育的社会功能

休闲体育属于一种社会现象，它的存在价值就在于为人及其生活的社会发展服务。人类社会发展的根本动力是追求幸福。古希腊哲学家柏拉图曾经说过:"上帝赐予人类幸福的两大法宝:一是教育,二是体育,灵肉统一是其真谛。"亚里士多德认为休闲是幸福的一种体现,休闲是达到真正幸福的有效途径。随着经济社会的高速发展和休闲社会的来临,体育越来越融入人们的休闲生活,对社会的发展起着十分重要的作用。

一、休闲社会

21世纪以来,休闲已经不断地演变为人类生活的重要内容,人们对"进步"的定义也将发生根本的变化。传统意义上的"进步"往往意味着物质生活水平的不断提高。时至今日,物质财富的满足将让位于人们追求充实的精神生活。发展的标准将定位于人们的生活质量、生命质量以及人的全面发展。几千年来,人类一直致力于改造世界,而21世纪人类将会更多地致力于改造自己。

2006年4月22日,时任中共中央政治局委员、国务院副总理吴仪在首届世界休闲高层论坛上做了题为"积极发展休闲服务 不断提高生活质量"的主旨演讲。吴仪在演讲中指出,无论是发达国家还是发展中国家,无论是政府机构还是企业、民间组织、学术团体,都应充分发挥想象力和创造力,积极研究使大多数人都能够享受休闲生活的具体措施,倡导积极向上、文明健康的生活方式。

休闲的生活方式是我国在2020年实现全面建成小康社会的一个重要方面。我国与休闲相关的产业已经呈现出快速发展态势,在改善休闲服务、提高人民生活质量等方面发挥着越来越显著的作用。展望未来,以经济社会发展的长期趋势为基础,我国与休闲相关的产业将得到更大发展,人民的生活水平和生活质量也将稳步提高。在发展中采取的一系列重大举措,不仅将使国家整体发展呈现出既好又快的特点,而且将直接有利于满足人们的休闲需求,以不断提高人民的生活质量。

二、现代休闲体育兴起的社会背景

现代社会最显著的特征是生活方式的城市化。城市化生活方式在给社会发展带来积极效应的同时,也给人们的身心健康带来了许多不利影响。首先,随着城市化进程的加速和世界人口的"爆炸",地球人口将有一半以上居住在城市,促使现代城市向高空发展,摩天大楼比比皆是。当人们与阳光、空气和水等大自然越来越远时，身体感受到越来越多的不适应。其次，由于城市工业化带来的大气污染、水土流失、植被稀疏使环境日益恶化，生态平衡遭到破坏，导致大自然对人实行了报复：雾霾、酸雨、沙尘暴、二氧化碳和二氧化硫的增多、频繁的洪灾、持续的旱灾、非典等，这些都给人类健康带来严重威胁和摧残。再次，城市交通、通信网络的现代化和家务劳动的社会化，大大减少了人们从事体力活动的机会，同时又使个人余暇时间显著增加。由于食物构成的改善，脂肪和蛋白质摄入增多，消耗减少，导致"运动缺乏、营养过剩"，对人们的身心带来不利影响。最后，现代生活节奏加快，社会竞争加剧，造成了城市居民机能（身体、精神、心理）与社会环境之间的不平衡，出现了"心理压抑综合征""无气力无感情""生活能力下降"等现象。高血压、冠心病、神经官能症、肥胖症等"现代文明病"呈快速增长之势。

当体育成为休闲的一种方式时，它的价值将爆炸式的增长，当休闲以体育形态出现时，价值可以持续永久。

三、休闲体育的社会促进功能

（一）休闲体育有助于促进现代人的身心健康发展

现代文明社会不只是科技进步和经济的快速发展，最主要的还有人类自身生活方式的巨大变化。社会物质基础和精神文明程度的提高，影响和改变着人们的传统生活方式，使人们的日常生活更加方便快捷，轻松愉快，丰富多彩。与此同时，据《2013年国民体质监测公报》显示：现代社会中体力劳动的大幅度减少与工作压力的加大，成年人的身体素质每况愈下，正逐渐呈现出未老先衰的潜在健康危机。青少年群体也呈现日趋严峻的身体健康问题。因此，健康成为人类社会共同关心的重大问题。而休闲体育作为一种健康的生活方式，以其鲜明的特性，满足个人身心发展需要，在现代社会中扮演着日趋重要的角色。

1. 休闲体育是一种健康的生活方式

人们生活方式的演变历史，就是根据自身的需要形成、更新和不断发展的过程。生活方式的构成要素主要有行为习惯、生活时间、生活节奏、生活空间、生活消费等。世界卫生组织（WHO）提出了"合理膳食、适量运动、心理平衡、戒烟限酒"的健康格言，休闲体育就是一种健康的生活方式。

2. 休闲体育是一种积极向上的人生观

人生观是人们在实践中形成的对于人生目的和意义的根本看法，它决定着人们实践活动的目标、人生道路的方向，也决定着人们行为选择的价值取向和对待生活的态度。休闲体育通过积极的人生目的、人生态度和人生价值体现出积极向上的人生观。

3. 休闲体育是个人健康成长的基石

人的成长过程可以说是生活方式与人生观相互作用、相互影响的过程。不同的生活方式和人生观作用于人，对个人成长的影响也不相同。积极健康的人生观对人的成长产生积极的影响。休闲体育生活方式对人的成长的影响是通过愉悦身心、促进健康的体魄来实现的。休闲体育成为人们习以为常的行为，不仅会影响个人的成长，而且对于巩固一定的社会制度以及促进社会发展都有重要的意义。

（二）休闲体育有助于促进社会经济发展

劳动力作为生产中最能动的因素，对于加速经济发展具有重要的意义。而通过休闲体育可以释放多余的能量，消除疲劳，恢复体力，缓解紧张情绪，减少或防治疾病，使人们具有健康的体魄。休闲体育又是一种文化精神生活，通过休闲体育可以陶冶情操，增长知识，增进友谊，培养人们的崇高美德。可见，休闲体育可以再生产出高素质的劳动力。有了这样的劳动力，对经济发展的推动是不可估量的。

另外，人们的休闲方式多种多样，休闲体育所需要的产品和服务也是多种多样的。为满足休闲的多种需要，发展规模庞大、种类繁多的休闲体育产业迫在眉睫。随着休闲时间的延长，休闲需求的增多，休闲体育产业的规模将越来越大。这一新的经济增长点，必将成为整个社会经济的支柱产业。

（三）休闲体育有助于促进社会文明进步

现代化使人们社会生活的各个方面发生了深刻的变化。这些变化的方向和性质有时却处于矛盾中，即：一方是人的日益社会化，另一方是人的隔阂和孤独；一方是渴望友谊与和谐，另一方却是残酷的竞争。这些矛盾使传统的家庭与社会纽带被切断，个人生活的孤独感，使人处于一种失范的状态，社会可能产生吸毒、自杀及危害社会的倾向。所有这些现象使现代人陷入了尴尬的境地。休闲体育作为一种以满足和适应人们的休闲需要为对象的新型活动形态，可以向人们提供社会规范教育的场所，是实践社会规范的模拟机会，同时也是人的社会化的重要内容，在人的社会化过程中具有重要地位和作用。休闲体育与人的社会化研究，对个人的社会化成长过程，培养现代人的竞争意识，扩展视野，丰富情感生活以及挖掘体育本身的价值和功能等方面，具有重要的社会价值和现实意义。

> **拓展阅读：**
>
> 　　如果你想聪明，跑步吧！如果你想强壮，跑步吧！如果你想健康，跑步吧！公元前776年，在古希腊奥林匹克村举行的第一届古代奥运会中，场地跑就是最早设立的竞赛项目，也是从第1届到第13届运动会上的唯一竞赛项目。古希腊人早在2000多年前就认识到休闲体育的重要性，他们认为："自由人如果不想使自己的生活沦为灾难，就一定要接受休闲人生的教育。"

复习思考题

1. 如何理解休闲与休闲体育？
2. 休闲体育活动的基本特点有哪些？
3. 人类社会不同发展阶段的休闲体育各有什么特征？
4. 休闲体育具有什么现代社会功能？

本章参考文献

[1] [荷] 约翰·赫伊津哈. 游戏的人 [M]. 傅存良译. 杭州：中国美术学院出版社，1998.

[2] 李相如，凌平，卢锋. 休闲体育概论 [M]. 北京：高等教育出版社，2011.

[3] [日] 川胜久. 广告心理学 [M]. 王志龙，史锦标译. 福州：福建科学技术出版社，1985.

[4] [美] 托马斯·古德尔，杰弗瑞·戈比. 人类思想史中的休闲 [M]. 成素梅，马会娣等译. 昆明：云南人民出版社，2000.

[5] [韩] 孙海植，安永冕，曹明焕等. 休闲学 [M]. 朴松爱，李仲广

译. 大连：东北财经大学出版社，2005.

［6］［法］罗歇·苏. 休闲［M］. 姜依群译. 北京：商务印书馆，1996.

［7］刘晨晔. 休闲：解读马克思思想的一项尝试［M］. 北京：中国社会科学出版社，2006.

［8］金川江. 从游戏到休闲：对休闲体育发展历程的多重解读［J］. 吉林体育学院学报，2011，27（2）：22~24.

［9］石振国. 基于休闲理论的体育课程建构［D］. 南京师范大学，2008.

［10］马惠娣. 休闲研究的理论探究［J］. 清华大学学报（哲学社会学版），2001（6）：71~75.

［11］张广瑞，宋瑞. 关于休闲的研究［J］. 社会科学家，2000（9）：17.

［12］Sebastian de Grazia. Of Time, Work and Leisure［M］. Vintage, 1994.

［13］B Shamir, H Ruskin. Sport participation vs sport spectatorship: two modes of leisure behavior［J］. Report of the first national conference on the psychology and sociology of sport，1982，16：9~21.

第二章　休闲体育文化

>>> **本章导语** >>>

体育不仅仅是一种身体运动，更是一种教育手段，一种生活方式，一种精神载体。休闲体育是人类社会的一种文化现象，因此，从文化的角度去认识和解读休闲体育，可以帮助我们更全面地理解休闲体育，拓展研究休闲体育的视角。本章根据休闲体育构成的逻辑关系，对文化、体育、体育文化及休闲体育文化做了阐述，分析了休闲体育文化的构成和特征，介绍了中西方休闲体育文化产生的基础及其特点。

>>> **学习目标** >>>

休闲体育文化是人们通过体育运动的方式，在休闲的实践过程中创造并共同享有的、关于体育运动休闲这一社会现象的物质实体、价值观念、制度规范和行为方式的总和。本章要求掌握休闲体育文化的本质与特征，明确休闲体育文化的构成，了解中西方休闲体育文化的异同及其形成的原因。

案例导入

2017年4月文化部正式印发了《文化部"十三五"时期文化产业发展规划》,其中提到要推动融合发展,要求"支持发展体育竞赛表演、电子竞技等新业态,鼓励地方依托当地自然人文资源举办特色体育活动","以'一带一路'建设、京津冀协同发展、长江经济带发展为引领,引导各地根据资源禀赋和功能定位,走特色化、差异化发展之路,充分发挥文化产业在脱贫攻坚战略中的积极作用,推动形成文化产业优势互补、相互协调、联动发展的布局体系"。同时,国家体育总局为了进一步落实全民健身国家战略,推出10项措施,其中之一就是在全国建成100个运动休闲特色小镇,充分反映"体育+旅游"、"体育+文化"、"体育+科技"等产业深度融合发展。

第一节 休闲体育文化的本质与特征

从文化的角度探讨休闲体育,是将体育运动作为一种休闲方式,放在人类文化的大背景下加以考察,以探索其发生和发展的过程、机制、影响因素,从而更加全面、准确地理解休闲体育的文化本质。

一、文化、休闲文化与体育文化

(一)文化

文化有广义和狭义之分。广义的文化是指人类创造的一切物质产品和精神产品的总和,包括物态文化层、制度文化层、行为文化层和心态文化层4个层次。物态文化层是人类的物质生产活动方式和产品的总和,是可触知的具有物质实体的文化事物;制度文化层是人类在社会实践中组建的各种社会行为规范;行为文化层是人际交往中约定俗成的以礼俗、民俗、风俗等形态表现出来的行为模式;心态文化层是人类在社会意识活动中孕育出来的价值观念、审美情趣、思维方式等主观因素,相当于通常所说的精神文化、社会意识等概念。其中,物质文化处于底层,是整个文化结构的基础;制度文化处于文化结构的中间层次;知识文化和心理文化称为精神文化,处于文化结构的上层,是人类精神生产和精神活动的产物。

狭义的文化专指语言、文学、艺术及一切意识形态在内的精神产品。狭义文化专注于人类的精神创造及其成果,从逻辑上,后者从属于前者,相当于广义文化的深层结构——精神层面。

 案例:中西方饮食文化的差异

从中西方饮食文化来看,食品由于地域特征、气候环境、风俗习惯等因素的影响,会出现原料、口味、烹调方法、饮食习惯上不同程度的差异。正是因为这些差异,餐饮产品具有强烈的地域性。中西文化之间的差异造就了中西饮食文化的差异,而这种差异来自中西方不同的思维方式和处世哲学。同时中华民族素有热情好客的优良传统。在交际场合和酒席上,热情的中国人常常互相敬烟敬酒。即使美味佳肴摆满一桌,主人也总习惯讲几句"多多包涵"等客套话。主人有时会用筷子往客人的碗里夹菜,用各种办法劝客人多吃菜、多喝酒。而在西方国家,人们讲求尊重个人权益和个人隐私,吃饭的时候,绝不会硬往你碗里夹菜,自主选择菜品,他们也不会用各种办法劝客人喝酒。

(二)休闲文化

在21世纪,文化的发展出现了四大趋势:文化的现代化、文化经济一体化、文化的国际化、文化的休闲化。其中,文化的休闲化是21世纪最为引人注目的文化发展潮流,休闲文化已成为人类文化的重要组成部分,是最能体现一个民族或个人本性的文化形态。休闲文化也有广义和狭义之分,广义的休闲文化是指与休闲相关的一切人类活动及其表现,它包括休闲的内容与方式、休闲的功能、休闲的历史走向和休闲的民族特色等,其核心是休闲这一社会现象所蕴涵的文化意义。狭义的休闲文化是指人们在工作、睡眠和其他必要的社会活动时间以外,将休闲时间自由地用于自我享受、调整和发展的观念、态度、方法和手段的总和;它与人们自由支配休闲时间的强度和方法密切相关,并反映在个人、家庭和社会群体的价值认同、文化素质培养、文化品位追求、文化消费倾向等诸多方面。

(三)体育文化

文化的树立与传承,始终与经济发展与文明程度有关,体育作为文化的重要构成，是人类文明发展的重要成果，也是世界人民的共同财富。所谓体育文化，广义是指人类在历史发展进程中，在体育方面创造的一切物质文明与精神文明的总和，即以与体育有关的价值观念为核心，同时包含体育行为方式、风俗、思想、文学、艺术、音乐、美术、知识以及物质成果在内的有机统一体。狭义体育文化往往是指有关体育的精神文明或观念文化。体育文化的萌芽、兴起、流行、发达，不仅关乎经济水平和生活方式，也体现着一个国家的政策导向和管理方式。近年来跑步、自行车运动在我国呈井喷式增长，似乎可以作为体育文化发展的证明。

案例：美国的自行车运动

中国以自行车大国闻名于世，但是自行车更多是以交通工具存在。相比之下，美国在推动全民自行车运动方面具有独到经验。在美国，骑自行车已经成为一种时尚，是运动消遣。纽约、洛杉矶等城市都出台了相关措施鼓励市民多骑自行车，还将增加自行车道纳入城市发展规划。

2012年4月，美国自行车杂志《Bicycling》评选出50个最适宜骑自行车的城市，排名第二的明尼阿波利斯市（以下称为"明尼市"）有美国第一条自行车公路，包括双向自行车道和一条人行道。市政府还成立专门机构——"自行车发展指导委员会"负责促进推动自行车基础设施建设和安全出行。一些以自行车为主题的酒吧和咖啡馆等也应运而生。明尼市有一家如博物馆般的自行车店，店名叫做"One on One Bikes"。这家自行车店在过去几年连续获得明尼市十佳自行车店，创办者吉恩曾是当地自行车界的传奇人物，他探索了许多条适宜的自行车骑行路线。吉恩一直想将当地自行车文化与艺术相结合，吸引多元化的顾客群体。

在纽约，自行车文化得到了大力度的宣传。每年市政府出版的自行车行驶路线地图会及时更新骑行路线，还有专门告知骑行者安全须知的小册子，通过多国语言印刷出版。此外，法律规定每栋大楼都必须安排一定的区域面积作为自行车停车场。自行车俨然成为美国的一种运动文化。在美国，自行车可以上地铁，搭公交。乘客上公交车前，可以把自行车"挂"在公共汽车前，随上随挂，随下随骑。地铁、城铁、铁路都设有自行车上车通道。

在美国，自行车也分为公路自行车、山地自行车和混合用途自行车。最便宜的只需50美元左右一辆，采用尖端科技的高级名牌自行车会卖到一辆二手小轿车的价格。

芝加哥密歇根湖畔的长约32千米的自行车骑行道，繁忙程度不亚于拥堵的十字路口。骑行在这条浪漫小道，可同时观赏湖光景色和芝加哥城市全貌。虽然芝加哥人对自行车情有独钟，但是自行车修理店却少得可怜，因为修理费是一笔相当可观的费用。为此，芝加哥成立了最大的非营利自行车组织"Working Bikes"，虽然自行车修理不是免费的，但他们常常组织活动呼吁当地人捐赠旧自行车，翻修后送给需要的人们。

二、休闲体育文化的含义与构成

（一）休闲体育文化的含义

休闲体育文化是人们通过体育运动的方式，在休闲的实践过程中创造并共同享有的、关于体育运动休闲这一社会现象的物质实体、价值观念、制度规范和行为方式的总和。休闲体育文化与文化、休闲文化和体育文化的关系如图2-1所示，是包含与被包含的关系。

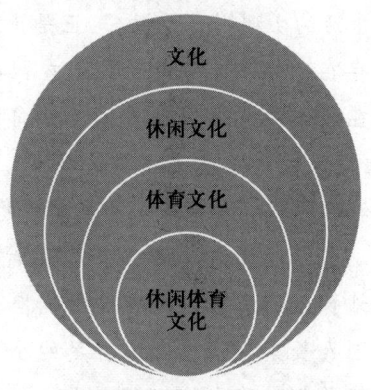

图2-1 休闲体育文化结构图

从图2-1中可以看出，休闲体育文化被包含于体育文化之中，体育文化被包含于休闲文化之中，而休闲文化又是文化的重要组成部分。

案例：东西方休闲体育性质与内容的比较

中国人信奉"生命在于静止"的理念，主静、重养是其典型表现，即在静中求动，在健中求寿、求道，这一理念起源于中国传统文化和小农经济，由此也形成了以修身养性为目标，以个体、娱乐、技艺、表演、健身和养生为主体的休闲体育方式。在运动形式上呈现出上下相随、左右相依、内外结合的整体性；在运动负荷方面强调动作的节制性，主张不破坏或激化人体的内部平衡。在具体内容选择方面，喜欢以静态为主，选择平和、悠闲、修身养性的项目，而且这些项目具有简便易行、经济投入少的特点，如打拳、练气功、种花、钓鱼、听戏、打麻将、打牌等。而西方人则信奉伏尔泰的"生命在于运动"的理念，主动、重畅，即在动中求静，在健中求泄和娱；在内容选择方面由于受海洋文明和动态的工业社会影响，形成了崇尚进取、争斗和冒险，喜爱动态为主的运动项目，而且这些项目呈现出"在动中求静，在健身中兼求养生"的特点。在休闲体育内容选择方面，美国《纽约时报》记者弗克斯·巴特菲尔德在《苦海沉浮》一书中描述："我们外国人劲头十足、精力充沛、行事快速，可能是因为摄入的热量过高、养分过多，可以尽情地消耗精力；而中国人却习惯于四平八稳、按部就班地行事。如果把我们的行动节奏比喻成快板，那中国人生活的步调则是柔板。"正是由于中西方在休闲体育文化的动静性质方面存在差异，才导致了二者在休闲体育内容方面呈现出差异性，具体表现在西方民族以冒险勇进、外向探求的性格为主，其内容多为快速激烈的运动，如拳击、击剑、摔跤、足球、篮球、排球、手球、橄榄球、曲棍球、冰球、水球等以及具有冒险性质的刺激性运动，如斗牛、跳伞、登山、蹦极、滑翔、赛车、高空走索、飞车特技、超长距离游泳、沙漠和极地探险、滑雪、攀岩等对抗性、冒险性和刺激性较强的运动项目。而中国人长期生活在自给自足的小农经济环境中，人们已经习惯了和谐、宁静及相对稳定的生活方式，因此形成了以个人修身养性为主，且具有缓慢柔和特点的项目。明代的洪应明在其《菜根谭》中，对中国人静态的休闲体育观和人生观进行了描述："从静中观物动，向闲中看人忙，才得超尘脱俗趣味；遇忙处会偷闲，处闹中能取静，便是安身立命的功夫。"由此可见，不同的文化起源与内涵是产生不同休闲体育文化和世界观的根本原因，而不同的社会环境和文化历程又是产生不同休闲体育性质和内容的主要原因。

（二）休闲体育文化的构成

休闲体育文化在人类文化的内容中只占极小的一个部分，但和母文化系统一样，其内在结构依然涵盖了文化的4个基本层面。

第一，物质层面。休闲体育文化的物质层面所包含的内容十分丰富，所有休闲体育活动所需的运动场地以及器材装备，无论是人造的还是天然的都属于休闲体育文化物质层面的内容，如体育馆、球场、球拍、球杆、球、游泳池、高尔夫球场、滑雪场、漂流场等。

第二，价值观念层面。休闲体育文化价值观念层面的内容主要包含人们的休闲观和体育观，人们对休闲体育功用的认识和看法，对休闲体育所具有的各种价值的理解等。同时，人们参与休闲体育本身就是用行为来表现人们对休闲的价值和意义的认识，对休闲体育的态度和看法，对休闲方式选择的倾向和态度。

第三，制度层面。首先，休闲体育可以体现出社会对闲暇时间的安排，体现出社会的经济发展水平以及人们的生活质量；其次，国家制定出台的众多体育法规也为公民参加体育活动锻炼提供了制度保障，保障了公民参与休闲体育活动的权利；第三，每一项休闲体育活动都有其独特的运动方法与比赛规则，这也是休闲体育活动能够顺利开展的保障，虽然这种运动方法与比赛规则不如法律法规具有严格的规范性，但是同样为人们参加休闲体育活动提供了选择。

第四，行为层面。体育运动以一种休闲的生活方式存在于人们的日常生活之中。对于个体而言，它本身就是一种行动。但是，它与其他休闲活动的区别在于，休闲体育活动既能够体现出人的自然属性，即满足人的本能运动需求，也能够表现出人的社会属性，即满足人的社交等社会性需求。除此之外，人们选择何种方式来进行休闲娱乐，也反映出人们的价值取向，体现出个人对体育活动的认识以及理解，体现个人积极的生活态度。

三、休闲体育文化的价值

(一) 增强个体自我完善的能力

人们在长时间工作或者学习后容易产生疲惫感,在这种状态之下,往往很难充分发掘出个体自身的潜力,而通过实践发现,适当参加体育休闲活动能够有效地改善这种状态。因为休闲体育没有竞技体育的竞争性与功利性,它能够摆脱物质的制约,人们可以依照内心的愿望自由选择,选择自己喜欢的并且擅长的运动方式,从中得到愉快和满足的情感体验,发现自身价值并且更好地进行自我完善。

(二) 满足个体精神解放的需求

一方面,参与休闲体育活动的个体是完全自由的,他(她)可以根据自身的意愿来自由选择想要参加的运动项目,在搭档、对手、运动强度、运动形式等方面也有充分的自主选择权,能够让身心得到很好的放松,在一种轻松的氛围中去感受自由,感受精神解放的愉快。另一方面,同传统意义上的体育运动不同,休闲体育运动的规则没有那么严格,而且也不会刻意去追求成绩和运动强度,它最主要的目的在于休闲,是一种完全自由放松的运动方式,能够让运动者得到身体、心灵的全方面放松,并且在这愉快放松的氛围中感受生命个体突破束缚的精神解放。

(三) 促进现代社会文明的发展和进步

一方面,在当今这样一个知识经济时代,人类社会开始进入一个以脑力劳动为主的社会。适当地参与休闲体育活动对改善脑力工作者的工作效率有显著作用。并且脑力工作者也可通过自身特有的方式来促进休闲体育的发展。另一方面,信息技术的发展、高楼大厦的林立疏远了人与人之间的交往,人情变得冷淡。通过共同参加休闲体育活动,可以促进人与人之间的合作交流,从而推动现代社会文明的发展和进步。

四、休闲体育文化的特征

休闲体育文化除了保持文化和休闲文化所具有的民族性、地域性、传承性和时代性等特征外,还具有一些其他特点:

(一) 娱乐性

体育进入休闲,是社会和谐发展和生活质量提高的标志。娱乐是人类在基本的生存和生产活动之外获取快乐的非功利性活动，它不仅包括在生理上获得快感，更主要是指心理上得到愉悦。早在古希腊时期，体育与休闲娱乐就融为一体，促进了社会文化的发展。休闲需求导致体育的娱乐化，其重要原因是：体育与休闲紧密地联系在一起，国外的体育学者甚至认为，娱乐是体育运动的基础。人们通过参加休闲体育活动在快乐中追寻健康，满足心理欲望和精神需求，这是休闲体育文化独有的娱乐性特征。

（二）个体性

首先，休闲体育是在工作、学习之余参加的体育锻炼，不需要按严格计划或技术动作要求，也不需要按规定时间、地点进行。人们根据自己的性格、兴趣和能力选择体育活动项目、时间、地点和参与方式。其次，休闲体育活动是依赖于自身的活动，有完成基本活动动作的能力，就可以从这种有意识的身体活动中体验到身心的愉悦和解脱，也就是说，只有参与者本身才能从活动中获得满足感、自由感，体会到其中的快乐和自在。

（三）泛竞技性

竞技和体育的关系是一个长期争论不休的话题。体育人类学的研究表明，竞技活动的盛行远远早于体育观念的产生。如果说游戏是休闲娱乐的灵魂，竞技就是激素。英文的"game"，兼有游戏和竞技的意思；而"sport"虽有较为纯粹的体育性质，仍然不失游戏的趣味。至于经济学上的"竞赛"（the theory of game），则带有竞争和博弈的含义。因此，"竞技"包含了"game""sport""competition""play"等意义，休闲体育强调的是"recreation"和"leisure"，即达到欢欣鼓舞、身心快乐、心情开朗、消除疲劳等休闲的目的，不注重竞技和比赛成绩。

（四）跨文化性

休闲体育活动项目众多，休闲体育文化的这一特点是由体育项目的国际化决定的。作为能够满足人类双重需要的体育活动，一直被视为文明、健康的休闲方式，无论其产生于何处，有着什么样的文化背景，都会被广大民众所接受。

（五）直接参与性

与其他许多休闲方式不同，休闲体育具有直接参与的特点，这种直接参与是指人的身心投入其中。个体必须全身心投入体育活动才可以产生满足双重需要的功效，也只有通过自身机体的运动才能产生体验和感受，因此，休闲体育文化的积累和体现总是在个人亲身参与的过程中完成，每个参与者就是休闲体育文化的体验者和创造者。

第二节 中西方休闲体育文化

由于中西方文化存在的地理环境不同，加之休闲价值观不同，导致休闲体育文化表现形式不尽相同。对于中西方休闲体育文化的比较研究应从不同的维度加以对比分析。本节从文化的构成要素，即信仰、符号、价值观和规范四个维度对中西方休闲体育文化的异同加以分析研究。

一、中国的休闲体育文化

我国休闲思想源远流长，在先秦时期就已经产生，并对之后的发展产生了深远的影响。

（一）传统文化对中国休闲体育文化的影响

中国传统体育文化是中国传统文化的组成部分，它脱胎于中国传统文化，又在传统文化的滋养中发育成长。中华民族曾以其灿烂辉煌的传统文化，对人类社会的历史进步做出了巨大贡献，而中国古代灿烂的体育文化更是传统思想的产物。

1. 儒家文化对中国休闲体育发展的影响

中国传统文化的源头在儒学。儒家文化影响下的中国古代体育，实现了社会性和阶级性的统一。儒学以"礼""仁"结构为核心，以"礼"规范人们的体育行为，并将"礼"作为人们体育活动中的界限和行为标准。

儒学的休闲文化是以孔孟为代表的儒家德行伦理为基础。儒家思想提倡"六艺"。"六艺"是指诗、书、礼、乐、射、御。"六艺"对规范社会、教育和引导民众具有重要的作用。从个人的休闲角度来说，一个人不仅要为社会做贡献，具有道德素养，而且要通过个人的人文修养以及各种"技艺"来充分展示自己的才智，展现人格之美，实现自我价值。

儒家文化在休闲体育方面表现为个人休闲要注重人际关系的和谐发展。特别强调形体和心智的正直，注重把形体要求与道德要求融合在一起。乡射礼经过儒家的改造，已被注入了人文内涵，它体现的是一种道，其基本精神成为一种人生态度和人生哲学。儒家的体育教育是束之于礼的,"勇而无礼则乱",如孔子所说:"君子无所争。必也射乎!揖让而升,下而饮。其争也君子。"这是告诉射手要调整好心态,从身心两方面来提高技艺,而不是怨恨超过自己的对手。儒家提倡君子不仅修身,还应尽量提升人文修养,成为博雅之士。除此之外,个人的道德修养、人文素养也是休闲的重要内容。

比赛时选手要在人格上互相尊重,上堂和下堂(即上场和下场)相互作揖致意,比赛完毕要一起饮酒,因为他们认为比赛是君子之争。乡射礼要求选手正确对待比赛的成败,要做到"发而不中,反求诸己",多从自己身上找原因,不要怨天尤人。可见,乡射礼已经从普通的射箭比赛上升到哲学层面。

最能体现中国古代休闲思想的著作是《诗经》。《诗经》中的许多诗篇都对当时人们的休闲活动进行了阐述,这些休闲娱乐活动主要包括田猎、游观、踏青、聚会、歌舞、射箭、游泳、垂钓和投壶等。那时人们的休闲活动以户外活动为主,同时辅以室内活动。前者具有亲近大自然、依时而动和健康向上的特点,室内休闲娱乐活动更多地体现出人们的礼仪性(图2-2)。

图 2-2 投壶图 任渭长绘制(清代)

2. 佛教文化对中国休闲体育发展的影响

佛教作为外来文化,渗透中国文化的各个领域,是中国传统文化的重要组成部分。中国的佛教尤其是禅宗的休闲理论根植于透视主义。佛家的休闲思想更多是自我身与心的统一和谐,"随缘任运"和"以人复天"的自由是佛家休闲思想的典型代表。禅宗强调，要达到"随缘人生"的境界，首先要破执（图2-3）。人只有在彻底解除一切外部世界和内心世界的种种执着后，才能有"放下一切"的胸襟和气魄。因此，所谓"随缘人生"，实质上就是要顺其自然。禅宗要人们消除执着，保持一颗平常心，入俗而不为俗所累，做个无心之人、无求之人、无事之人。这种豁达、闲适、洒脱和超然的生活态度和生活方式是中国人的一种生存智慧，它有助于消除人们生活中的种种不良情绪，进而摆脱生存困境，让人们生活得无拘无束、自由自在。

图2-3 禅定图 莫高窟第285窟（西魏）

佛家重视养生，注重以"修行"来达到灵肉的升华解脱，促成生活的和谐自在。禅定中的修炼过程强调调身、调息、调心，是以一念统摄万念、意守一念而达到无所守为基本原则。

已有2300多年历史的敦煌莫高窟，藏有内容丰富的佛教壁画。通过壁画的描绘清晰地展现了休闲体育与佛教有着密不可分的关系。休闲体育在佛教中主要有禅坐和武术两种形式，也是僧人修炼身心、强身健体、保卫寺院的手段，是佛教僧尼日常活动的一部分。敦煌莫高窟的大量壁画展现了骑射、摔跤、追逐等画面，这些壁画也说明佛教文化与中国传统体育有着密切的联系（图2-4）。

图 2-4　敦煌莫高窟第 321 窟壁画（唐代）

3. 道教文化对中国休闲体育发展的影响

道教源远流长，其主要来源有我国古代的宗教和民间巫术，战国、秦汉的神仙方术，先秦老庄哲学和秦汉黄老之学，儒学与阴阳五行思想及古代医学与体育卫生知识。经过魏晋南北朝时期的发展与整顿，道教在隋唐时达到繁荣阶段，到宋元时期达到鼎盛，明清以后道教开始世俗化，其影响进一步扩大。

道家养生学的主旨是自然、无为、返朴。从静中体会天地自然的奥秘，从动静合一中体会"道"的境界，这种境界是个体意识与宇宙意识的合一，是天人的和谐。老子提出"清净无为""返璞归真""以静养生"的理念；庄子提出"恬淡虚无""任其自然"，并编制了"熊经鸟申"的导引、吐纳等方法。道家的生命学说和养生方法促进了中国传统保健体育、养生体育的形成和发展。养生学是道家和道教文化的核心内容，《西升经》中的"我命在我不在天""天人合一""形神并完"等观念，阐述了系统的生命观和健康观，突出强调了肉体与精神的统一。很多养生术如我国传统气功也主要来自道教的内丹学。以吐故纳新，除欲净虑为旨，炼精化气、炼气化神、炼神化虚、炼虚合道，主要包括导引术、行气术、存思术、内丹术等内容。道家修炼在强身健体、提高心智、防腐治病、延年益寿等方面有较为突出的效果。

道家思想丰富了中国传统武术，促进了武术的发展。道教武术在中华武术中独树一帜，宋代武当派内家拳技祖师张三丰悟通太极"以静制动，以柔克刚"之理，仿效太极变化而命名太极十三势。张三丰所创的内家拳技源于武当道教，其定名、路数、目的都是从道经中的内容演绎引申而来，可以说道家思想是武术论的基础。

道家思想最主要的贡献还在于它倡导一种积极的人生态度与人生理想。以自然恬淡、少私寡欲的生活情趣，清净虚明、无思无虑的心灵境界，以生活情趣与心灵境界为主，以养气守神等健身方法为辅的良好的生理状态构成的人生哲学，这种人生哲学早已成为中国人休闲观的重要精神支柱之一。

（二）休闲娱乐活动对休闲体育发展的影响

伴随着经济文化的不断发展，劳动力水平的提高，人们的生活水平有所改善，促进了娱乐体育的发展。原始时期的祭祀舞蹈经过加工，在西周时形成经典。在这些舞蹈中，健身的内涵得到进一步的艺术升华和张扬，逐渐形成民俗活动。秦朝专门设立了管理宫廷乐班的"太府令"并以体育技能"射"命名官职。到了汉唐时期，"舞"受到了高度重视，发展至鼎盛时期，唐太宗李世民亲创"秦王破阵乐"，将武舞提高到一个新的高度。秦汉时期，社会教育形式逐渐冲破旧的束缚，朝娱乐化方向发展。此外，部分军事训练项目逐渐从军事中分化出来，朝竞技、表演的方向发展。当时较为流行的"角抵戏""讲武之礼""举重"等内容就是经过传承和演变而来的。《汉书·武帝本纪》记载了"元封三年春作角抵戏，三百里内皆来观"的盛况。到了汉代，上至天子诸侯，下至豪门贵族，无不对田猎沉醉入迷，以至相习成风。魏晋南北朝时期，骑射得到了很好的发展。北齐皇帝常于每年三月三日亲诣射所，与群臣行射礼。秋千活动作为一项娱乐性的体育活动，历史悠久，唐玄宗称宫女荡秋千为"半仙之戏"，人们竞相模仿，形成了"万里秋千习俗同"的局面。打秋千还成为古代诗词、歌赋、绘画作品中反映女性体育活动的重要题材。元朝、明朝直至清朝秋千运动都很盛行。风筝是由春秋时期鲁国巨匠鲁班所创，已有两千多年的历史。唐宋时期，潍坊各地扎放风筝已非常普遍，宋代风筝在民间流行甚广，明清风筝制作工艺达到相当高的水平。如今风筝不仅是人们的娱乐健身之物，还是供人们欣赏的艺术佳品。蹴鞠作为一项娱乐活动在汉代得到百姓的广泛喜爱。到了唐代，蹴鞠十分兴盛，一度被统治阶级所推崇，成为宫廷的体育内容，唐代的女性也参与蹴鞠活动，足见这一活动的普及。

丰富多彩的娱乐活动在史料中有大量的记载，如《史记·苏秦列传》记载了齐国的临淄之民"无不吹竽鼓瑟，弹琴击筑，斗鸡走狗，六博蹋鞠者";《礼记·杂记》记录了子贡在观"蜡舞"后对万人沸腾的热闹场面发出"一国之人皆若狂"的感慨；《列子》中记载了宋国有人能踩着高跷舞弄七剑的绝技。战国时期形成了带有社会化性质的群体活动，如春游、钓鱼、斗鸡、斗牛、走狗、赛马、高跷、象棋、六博、牵钩（拨河）、田猎、武舞、摔跤、赛龙舟、打秋千、放风筝许多中华民族所特有的体现祭祀、教育、益智、娱乐、社交、军事等内涵的体育文化娱乐活动。

拓展阅读："古代丝绸之路中的休闲体育"

丝绸之路始于长安，经河西走廊到敦煌，西出阳关，过楼兰、喀什、叙利亚，直抵开罗和罗马，全长约 7 000 千米。它不仅是一条古代国际商贸通道，而且是一条重要的中西方思想观念、文化、艺术、体育、经济、宗教交流的通道。

从文化的起源看，中国文化从来都不是"西来"的，是由我们的祖先独立创造的。但在文化的发展过程中，有时也会出现某些相似之处。如几乎在同一时期，东西方都出现了非常近似的体育文化，体育文化通过传播和交流，互补融合，更臻完善。

伴随着丝绸之路上中西方文化交流的日益频繁，中国古代的角抵、百戏、棋弈、舞蹈等源源不断传入西方，为各国融汇吸收，丰富了各国人民的精神文化生活。波斯、东罗马帝国的杂技、幻术、马戏、舞蹈等陆续传入我国，对我国人民的精神文化生活也产生了重大影响。据史料记载，公元600年，隋炀帝曾在丝绸之路的古都张掖举办了来自世界27国的商贸盛会，并进行了角抵、百戏、马术、杂技、乐舞等表演和比赛。到了唐代，与各国通商交往的国家多达70余个，仅长安（今西安）就居住着数万西方人士，成为当时中西经济、文化交汇的国际大都市。当然，体育文化并不是一种单纯的文化形态，它和哲学、军事、宗教、养生、游戏、娱乐、舞蹈、音乐、杂技等其他文化形态也具有密切的关系。古代丝绸之路的体育通过对不同文化形态的交融、变化进行研究，得到大量有关体育文化形态发展、演变的线索，这是从历史发展的角度展现出的一种纵向的表征。

古代丝绸之路的体育发展具有明显的经济、地域、环境、文化、民族等特征，它不同于中原地区的体育观念，其形态具有丝绸之路"尚武"的民族精神品格。丝绸之路地区是多民族地区，生存方式以游牧为主，沙漠、戈壁、草原是他们栖息的故土。他们逐水草而居，以射猎为生，这一切决定了丝绸之路上各民族勇悍刚烈的性格特征，也体现了游牧经济的特点。丝绸之路的地理环境是连绵的祁连山脉、阿尔泰山脉、昆仑山脉、沙漠、戈壁，气候寒冷干旱，常有沙尘风暴，如此恶劣的地理环境和严酷的气候条件，催生了各民族顽强、坚韧的性格。独特的地理环境、经济结构等所形成的文化特征，构成了丝绸之路各民族生存所需的娱乐活动。这些活动包括弓箭、角抵、百戏、举重、马球、步打球、蹴鞠、投壶、棋弈、武术、马术、游泳、竞走、投掷、游戏、养生等。这些长久盛行的欢娱文化现象，已变成一种文明形式，并逐渐与宗教节日融合。当然，古代体育不是在任何时候和任何场合下都被允许，只在一些特定的与庆典有关的场合下举行，作为神圣仪式的组成部分而存在。

古代丝绸之路的体育，是中国古代体育文化形态的重要组成部分，其中凝聚着特定的文化特征和内容。它的产生，既是一定社会历史条件孕育的结果，又受到各民族社会习俗的影响和制约，它既服从于当时社会的整体需要，又取决于人们的价值取向，因而呈现出鲜明的时代色彩和民族精神。自20世纪初以来，随着史学研究的不断科学化，文物考古工作的蓬勃发展，大量有关展示丝绸之路古代体育活动形式的文物被发掘出来，这些弥足珍贵的宝藏，既有石窟壁画，又有墓葬彩绘砖画；既有专门表现体育运动形式的幡绢画，也有汉简和对古代体育运动的形象描绘；既有如《碁经》《呼吸静功妙诀》《秋射》《相剑刀册》等论著，又有体育实践的各种功法。由此，可以获得丝绸之路古代体育谱系的历史生成和文化属性、结构以及形态特征、谱系和体育发展的关系。它伴随着体育由形成走向成熟，不仅产生了"棋谱""武谱""乐谱""舞谱"等，在外在形态上趋向定型化和程式化，而且涉及体育的特殊生成规律、传承机制及构造法则。这种谱系化的衍生，使得体育从本体到形态都有着一个十分明显的进化体系和生存发展的轨迹。

（三）中国休闲体育文化的表现形式

休闲体育是休闲的一种活动形式，它是以体育为途径和载体、以休闲为目的,为获得休闲体验,实现身体和精神的"畅"而进行的活动。休闲体育文化既体现娱乐性、艺术性,又包含个体性。以个体的休闲体育体验为依据,我国休闲体育文化的类型可划分为身体性休闲体育文化、精神性休闲体育文化、心身性休闲体育文化、信仰性休闲体育文化(图2-5)。

图2-5　投壶　北京故宫博物院馆藏(清代)

1. 身体性休闲体育文化

主要目的是锻炼身体、增强身体功能或实现身体感官快乐(图2-6至图2-10),具体包括:

投射类:击壤、投壶、射箭、弹弓、吹箭等。

嬉球类:蹴鞠、马球、捶丸、踢石球等。

角力类:角抵、相扑与摔跤、扛鼎。

竞技类:龙舟竞渡、绳伎、游泳、跑步等。

图2-6　蹴鞠图　上海博物馆馆藏(元代)

图 2-7　马球　陕西富平县北吕村发掘的唐代知名人物李邕的墓葬壁画

图 2-8　捶丸　明宣宗行乐图（局部）

图 2-9　相扑图　现藏于法国国家图书馆（唐代）

图 2-10　游泳　敦煌莫高窟第 420 窟（隋代）

2. 精神性休闲体育文化

精神性休闲体育主要是通过学习、研究等活动发挥人的智慧、情感、道德能力。从事此类休闲活动在古代主要是统治阶级、贵族知识分子的权利，如吟诗作对、琴棋书画等。但是普通百姓同样有精神生活的需求，劳动人民的积极参与，创造了很多适合自己的活动方式，极大地丰富了这类休闲活动。精神性休闲体育活动类型主要有棋戏：围棋、象棋、弹棋；博戏：六博、双陆、纸牌、麻将、骰子戏，还有猜谜、七巧板与九连环等益智类休闲活动（图 2-11 至图 2-13）。

图 2-11　弈棋　故宫博物院（五代）

图 2-12　樗蒲　甘肃高台县许三湾魏晋墓

图 2-13　博戏　西藏布达拉宫壁画（清代）

3. 心身性休闲体育文化

心身性休闲活动是指既能够强身健体，同时还能够实现智力发展、技能提高的休闲活动。这类休闲活动将心理活动与身体运动紧密地结合在一起。项目类型如武术的武艺、博拳、太极、剑器、导引、吐纳、五禽戏、坐禅、气功、登高、风筝、秋千、踏青、垂钓等，强调人与自然和谐相处、身心合一、天人合一，充分体现我国传统文化的智慧（图 2-14 至图 2-16）。

图 2-14　习拳　敦煌莫高窟第 288 窟（西魏）

图 2-15　导引图　湖南省博物馆（西汉）

图 2-16　秋千　故宫博物院（清代）

二、西方的休闲体育文化

（一）古希腊休闲体育文化

古希腊是西方体育的源头，在城邦制度的支撑下，古希腊体育取得了很大的成就，尤以古代奥林匹克运动会、斯巴达体育和雅典体育以及古希腊哲人的体育思想为最。古希腊是建立在奴隶制基础上的社会，休闲只属于具有特权的奴隶主和贵族阶级，这使休闲成为特权阶级经济、政治和文化上尊贵地位的重要标志。到了荷马时期，希腊的氏族社会开始瓦解，体育作为祭祀仪式更加趋向一种广泛意义上体现着美的生活。古希腊人把休闲看作锻炼自己、提高修养的途径，认为休闲是自由人的人生基础，是人生的目的，而工作是实现这个目的的手段。休闲活动主要包括：政治、哲学、教养活动、学问、美术、趣味活动、宗教文化仪式（赞美宙斯神的仪式）、竞技大会以及奥林匹克运动会等定期举行的仪式。古代奥林匹克运动会是古希腊人的伟大创举，是体现人类文明和进步的一个巨大的文化源。体育在这里被赋予了休闲的价值，创造了人类生活的安定与和谐，寄托着人类理想的希冀与追求。古代奥林匹克运动会在古希腊人的心目中是整个民族精神的体现和象征（图2-17）。

图2-17　古代西方"类曲棍球"游戏图

亚里士多德被公认是第一位对休闲进行系统研究的学者，被誉为"休闲研究之父"。他所提出的"休闲是一切事物环绕的中心""只有休闲的人才是幸福的"等观点深刻地影响着西方文明的演化与发展。他阐述了快乐、幸福、休闲、美德和安宁生活等休闲问题，认为休闲是一种心无羁绊、不需要考虑生存问题的状态，是一种沉思状态。此外，早期的希腊哲学家们还主张把学问与休闲理想联系在一起。在希腊语中的"休闲"（schole）是英语中"学校"（school）一词的辞源，他们提出要想使生活避免沦为灾难，就一定要进行休闲人生教育的观点。

古希腊人的"休闲"不能解释为一般的消遣和娱乐，它还含有主动进行学习，重新创造生活和提高生命质量的内涵。在他们的观念中，"休闲"是一种以创造生命活动、完善自我为目的的闲暇活动。

在古罗马时代，法律健全、社会安定、经济发展，由此出现了可以享受休闲的有闲阶级和富裕阶层。奴隶制度使古罗马的有闲阶层每年能拥有大量自由支配的时间。古罗马人更盛行消费型的休闲，他们开发浴室、公园、剧场、游乐园、体育运动场等公共休闲设施，大力创造休闲环境。

相对古希腊人来说，古罗马人并没有那么看重休闲。尤其是在公元393年，罗马皇帝狄奥多西一世以异教之罪废止了古代奥运会，并于公元426年，烧毁了奥林匹亚所有建筑。另外，当时古罗马所出现的休闲也只属于少数特权阶级，他们强调消费性休闲，鼓吹奢靡的风气，由此也成为古罗马没落的重要原因之一。

(二) 欧洲中世纪休闲体育文化

古罗马没落后,封建制度和天主教登上了历史的舞台,中世纪初期也叫休闲的"黑暗期"。圣·奥古斯汀和圣·本尼迪克特的宗教观念提倡所有教徒都必须从事体力劳动。他们认为劳动是神圣的,休闲是世俗的,这导致人类的本性从玩转变为工作。休闲活动更多地被赋予宗教色彩,形成"宗教—个人"型的休闲形式,休闲活动与天主教的宗教秩序相一致,活动包括宗教仪式、周日活动、在教会的广场及村落的公用广场等地举行仪式。

中世纪社会形成了以土地关系为基础的封建制度,其中封建领主和骑士集团是统治阶级,从事农业的农奴等则是被统治阶级。这一时期封建领主热衷骑马竞技、剑术、枪术、跑步、投石等身体运动,信仰基督教的骑士们除了上述运动外还重视修炼骑士精神。

中世纪的另一个特征是城市的诞生和行会的稳定,独立的商人和手工业者逐渐形成早期的城市市民,也因为积累了大量的财富而更加追求休闲安乐的生活。

文艺复兴时期形成的"灵肉一致"观对"身心合一"的人的强调,冲破了中世纪以来将人视为灵魂并贬低身体以求灵魂超脱的传统观念束缚,思想的解放带来对人的自然存在——身体的重视。由此,休闲体育成为时代风潮,广泛流行于城市上层社会和市民阶层。

为了保持身体健康,人们纷纷以更大的热情和更好的技术从事各种体育活动,攀爬、长跑、投掷、击剑、舞蹈、桌球、滚铁圈、猎鹰、打猎、骑马、箭术等活动在社会上十分流行。

文艺复兴时期意大利年轻的妇女们经常荡秋千,同时还热衷于跳舞、骑马、打球和做游戏。手球和网球被视为是有价值的、高雅的身体活动,适合所有贵族阶层的气质。手球在14世纪成为一项较为普及的体育活动,而到了15世纪中期,许多妇女都掌握了娴熟的手球技术。

文艺复兴把人类的情感从充满金钱欲的中世纪解放出来,把人类的理性从宗教的戒律中解放出来,从而构筑了之后产业革命的伦理基础,并形成了近代欧洲上流社会社交活动和休闲享受的风气。

(三) 欧洲近代休闲体育文化

工业革命之后,随着城市人口的集中、城市劳动者的出现、人们生活方式的改变,劳动时间和非劳动时间区分更为明显,从而加剧了社会等级分化。工业革命对人类的工作与休闲造成了巨大的影响。社会不仅制造了一小部分既有钱又有闲的"有闲阶级",也制造出了工人阶级。"有闲阶级"是指富裕起来的钢铁厂厂主、矿业主、纺织厂厂主以及牧场主们,他们追求纵情的享乐,优越的社会地位;而工人阶级则把从事劳动生产放在首位,很少能体验到公共闲暇,即便在空闲时也无条件选择个人休闲方式。

超长的劳动时间和过度的劳动强度引发了争取缩短劳动时间的工人运动,并最终导致标准工作日制度的形成。工人阶级的休闲与过去封建领主等有闲阶级享受的休闲有本质的区别,工人阶级的休闲只是用来恢复体力和维持劳动力的再生产,其休闲思想也只是一种乌托邦。

三、中西方休闲体育文化的比较

(一) 中西方休闲体育文化的共融

中国的休闲传统与休闲智慧不仅可以与西方的休闲思想相媲美,而且还独具特色。美国著名的休闲研究学者托马斯·古德尔教授认为:中国人休闲主"静"(注重内省),而西方人主"动"(注重外在表现),但这并不能否认中国人和西方人对休闲境界追求的一致性。

同样,在东方也存在东西共融的观念。新罗时期学者崔致远所著的《双溪寺真鉴禅师碑》一书中提道:"夫道不远人,人无异国。是以东人之子,为释为儒,必也西浮大洋,重译从学。"体现了新罗人为寻求真理而去国外学习的进取心。

中西方休闲体育的共融体现在以下两方面的同一:

1. 休闲体育目标的同一性

不论是西方亚里士多德的休闲哲学,还是东方儒释道的休闲观念,"休闲"都带有理想的内涵和人文的内容,是人们普遍向往的目标和渴求的境界,是人们对真、善、美的真诚追求。

2. 休闲体育形态的同一性

"休闲"活动不是个体的,而是在生命共同体中实现的。在东方,集会、庆典、节日等活动十分盛行,西方人休闲生活的群体性特征更加明显。他们喜欢集体运动甚至集体沐浴,古罗马的大型浴场就是一个很好的范例。无论在东方还是在西方,人们进行休闲的目的是一样的,都是在追求快乐和幸福,区别只在于方式。

（二）中西方休闲体育文化的差异

全球化背景下中国传统体育与西方体育差异显著。西方体育的源头在古希腊，而中国传统体育的发端在春秋战国时期。分处于欧亚大陆两端的中国和古希腊都创造出辉煌灿烂而又风格迥异的文化。在休闲体育文化方面，由于地理环境、社会文化背景、种族、政治经济制度、宗教与祭祀、教育等诸方面的差异，致使中西方休闲体育文化在价值观念、运动形态和运行模式上存在着明显差异，这在很大程度上导致后来中国与西方体育完全不同的发展道路。

1. 文化传承的差异

文化传承与宗教信仰的差异导致了东西方对休闲体育文化认知的不同。中国自古以来以儒家学说为核心思想。儒家思想讲究忠、孝、义，其精深奥义在于儒家文化的外形：求美、求善、求仁义；忧国、忧民、忧天下；重文、重礼、重气节；畏天、畏地、畏天命。在这样的思想熏陶下，休闲总是与社会责任联系在一起。儒家讲究修身养性，追求内心的平静，淡泊明志，寻求与外界的平衡。由此形成的中国休闲体育文化就是以静态特征为主的文化现象。《诗经》《楚辞》《汉赋》《唐诗》《宋词》和《元曲》涉及的衣食住行、琴棋书画与诗词歌赋均包含有休闲体育文化的元素。

西方休闲思想的文化渊源来自古希腊和希伯来文化。柏拉图在《理想国》中写道："休闲'是以自我启发和自我表现为目的的自由时间'"。古希腊著名的哲学家亚里士多德在《政治学》一书中对快乐、幸福、休闲、美德与安宁进行了阐述，并在《伦理学》第十二卷中指出"幸福存在于休闲之中"。西方的休闲哲学十分崇尚自由，崇尚人的自身发展和自我满足。

2. 地域文化的差异

马克思指出"地理环境是孕育人成长和制约人活动的舞台和地平线"。不同的地理环境孕育了不同的传统文化和民族性格，从而形成了各具特色的传统体育个性。

长达数千年的农耕文明培养出中国人趋于封闭和内敛，崇尚静心、保守、和平等特有的性格。世世代代自给自足的以小农经济为基础的社会环境中，人们已习惯于和谐、宁静及相对稳定的生活方式。由此形成的民族特性表现为对大自然依附性很强而征服性不足。中国人的性格特点造就了具有自身文化意义上的休闲体育方式，如琴棋书画、静坐修道、武术太极、养生以及民间的各种神技奇能等，体现了中华文化的特点和中华民族爱好和平、追求和谐的禀赋。这种超越于物质功利的休闲体育方式，很好展现了休闲最为核心和关键的人本特质——身心和谐、天人合一。

西方文化源于爱琴海的古罗马、古希腊。艰苦的农业环境使得西方人必须从海洋中获取资源。就在与大海的不断抗争和较量中，养成了勇于冒险、自强不息的民族性格，造就了西方人较为外向、自由、开放的个性。西方人的休闲方式往往与领土扩张和侵略战争有关，著名的奥林匹克运动便是由战争而兴起。大型的体育竞技、节庆活动、宗教盛事都伴随着部落的集体活动展开。西方的休闲体育活动追求感官的刺激，热情奔放，活动频繁，场面宏大，拳击、击剑等具有冒险性、刺激性的活动备受青睐，反映出海洋文化的休闲体育特征。

3. 社会制度的差异

社会演进方式的差异导致了东西方休闲观念、休闲普及性及休闲公平性的不一致。我国的封建制度加上儒家文化，社会阶级观念浓重。于是，休闲方式也往往反映出社会阶层性。贵族的休闲活动往往与劳作无关，而平民的休闲活动与劳作息息相关。百姓间流传的民谣、歌曲、舞蹈往往包含农耕的因素，反映的是人们劳动的场景。

文艺复兴以后，人本主义得到了发展。处于资本主义社会的西方国家大力发展生产力，社会经济与科技水平得到了大幅度的提高。休闲理想从贵族走向了民众，从少数人的专利变成了大多数人的权利。正如皮普尔所说，休闲是"上帝赐予人类的礼物"，表明西方国家在很久以前便认为休闲是每个人应该拥有且必须拥有的权利。休闲的大众化成为中西方休闲的差别之一。

4. 生产水平的差异

历史上，东西方文明的最大区别是生产力的不同。自古以来人们都日出而作，日落而息。劳动挤占了大量闲暇的时间。耕作成为人们生活的重心，因此，休闲也被扭曲成了游手好闲，休闲观念的扭曲、闲暇时间不足成为东方休闲发展的阻碍之一。

工业革命实现了西方国家从人力向机械力的过渡。机械的出现带来丰富的物质基础的同时，也将人类从传统的生产方式中解脱出来。人们有了更多的闲暇用于休闲，相关休闲产业也发展起来。人们力图在休闲中获得知识的积累、技术的发展、思维的开拓。同时，西方生产力的蓬勃发展带来了更多休闲活动。火车、汽车缩短了地域间的时空距离，照相机为生活带来了乐趣，电话则大幅度扩大了人们的社交范围和接触频率。

复习思考题

1. 简述休闲体育文化的内涵和特征。
2. 中国传统文化对休闲体育文化的影响主要表现在哪些方面？
3. 纵观东西方休闲体育文化的历史，其演变和发展有什么特点？

本章参考文献

[1] 周爱光. 儒家休闲哲学与体育休闲观 [J]. 体育科学, 2008, 28 (11): 72~77.

[2] 朱学英, 余利斌. 论我国休闲体育的文化特征 [J]. 湖北体育科技, 2013, 32 (11): 958~961.

[3] 单清华, 王振涛, 刘莹等. 儒家文化对中国古代体育发展的影响以及现代价值探究 [J]. 体育与科学, 2007, 28 (4): 60~81.

[4] 李重申, 韩佐生. 敦煌佛教文化与体育 [J]. 敦煌研究, 1992: 8~10.

[5] 吴树波, 吴树堂. 佛教休闲思想初探 [J]. 中国石油大学学报（社会科学版）, 2011, 27 (2): 81~83.

[6] 王斌. 道教文化与中国传统体育 [J]. 北京体育大学学报, 2004, 27 (1): 33~34.

[7] 毕业, 童莹娟, 李秀梅. 道家思想对中国体育文化影响管窥 [J]. 体育文化导刊, 2005 (4): 74~75.

[8] 聂啸虎. 中外古代休闲体育思想纵横谈 [J]. 体育文化导刊, 2008: 77~80.

[9] 罗强. 文艺复兴时期的"灵肉一致"观及其对体育的影响 [J]. 体育学刊, 2014, (4): 17~21.

[10] 付玉坤, 刘雯航. 全球化视角下的西方体育文化发展 [J]. 北京体育大学学报, 2006, 29 (3): 297~298.

[11] 张宇飞, 黎海燕. 试论古希腊体育运动的休闲意蕴 [J]. 学术论

坛，2014：122~126.

［12］谢光辉，卢锋，张玥. 休闲体育文化解析［J］. 成都体育学院学报，2011，37（2）：48~50.

［13］张锐，李英. 休闲体育的精神与追求——源于哲学的思考［J］. 北京体育大学学报，2014，37（7）：12~17.

［14］李国玲. 体育休闲在近代美国的发展进程［J］. 成都体育学院学报，2005，31（2）：60~63.

［15］许宗祥. 休闲体育概论［M］. 北京：人民体育出版社，2007.

［16］马勇，周青. 休闲学概论［M］. 重庆：重庆大学出版社，2008：58~67.

［17］吴文新，张雅静. 休闲学导论［M］. 北京：北京大学出版社，2013.

［18］郭鲁芳. 休闲学［M］. 北京：清华大学出版社，2011.

［19］李金梅，李重申. 丝绸之路体育图录［M］. 兰州：甘肃教育出版社，2008.

［20］杨弢，姜付高. 中西方体育文化比较［M］. 北京：社会科学文献出版社，2008.

［21］张媛. 休闲概论［M］. 上海：上海交通大学出版社，2012.

［22］郭红卫. 界定体育文化［C］. 体育文化遗产论文集，2014.

［23］宫新清，尹军. 中西方休闲体育文化的比较［J］. 首都体育学院学报，2009，21（5）：547~549.

［24］曾庆荣. 关于休闲体育文化的理性思考［J］. 大众体育，2013（6）：141~142.

第三章 休闲体育行为

>>> **本章导语** >>>

休闲行为研究主要是为了探讨人在自由时间中在哪、和谁一起、做什么事情、感受到哪些体验，对于自身的生活品质、健康、生活意义等产生哪些影响。本章主要从行为心理学视角，对休闲体育行为进行理论阐释，从理论上帮助学习者加深对休闲体育行为本质、特征及影响因素的理解，更好地促进休闲体育活动的参与和开展。

>>> **学习目标** >>>

休闲体育行为是指人们在闲暇时间里，为了达到娱乐、健身、消遣、宣泄等目的，有意识地以身体练习为方法和手段，在生理、心理、社会文化、审美、娱乐等方面追求积极体验的一切活动。通过本章的学习，应掌握休闲体育行为的本质和特点；了解不同群体的休闲体育行为特征及制约因素；根据休闲体育行为促进的内容更好地组织休闲体育活动。

案例导入

20世纪六七十年代，我国人民参与的体育运动是闲暇时做广播体操、打太极拳、甩呼啦圈、游泳……而今人们闲暇时参与的体育运动五花八门，跳广场舞、路跑、攀岩、远足、冲浪、蹦极、滑翔伞、潜水、高山滑雪等，乐此不疲。不同年代、不同年龄、不同性别、不同地域人们参与体育活动的项目、时间、场所等方面表现出一定的差异性。产生这种行为差异性的原因是什么？在观察一个时代、群体或个体的休闲体育特征时，通常通过人的行为显性指标来完成。与此同时，对于外在表现的同一种运动现象，其内在的动因可能决然迥异。足球运动员在运动场上进行比赛，纠结的是赛事的输赢结果，这种行为属于竞技体育的范畴。普通大众闲暇时间相约在绿茵场上切磋球技，尽管同样关注比赛的输赢，但真正追求的是活动过程中的身心愉悦，这种行为属于休闲体育范畴。诸如上述现象及其内在原因，必须用理论加以解释，才能更好地指导和服务休闲体育实践。因此，运用心理行为学的观点，理解休闲体育的内在含义是一个更深入的探索。

第一节 休闲体育行为的本质与特点

休闲是个人或群体以自愿而非强迫性的方式，通过自由选择的活动，满足自我心理或生理欲望的非工作性质的活动。西方学者在《人类思想史中的休闲》一书中指出：休闲是人的一种生活状态。体育活动作为一种休闲选择，也是人的一种生活方式，是社会现象的一种体现。从根本属性看，休闲体育活动是一项以体育活动为特征，追求运动中愉悦体验和回应人类休闲本性的一种生活方式。

休闲体育的具体表现形式是人在闲暇时间所进行的体育活动，它是以人的具体体育行为方式显现的。因此，研究休闲体育就离不开行为的视角。

《中华大辞典》对行为的定义是：行为是人有意识的活动。行为的动力来自本能、驱力或者需要。有必要从社会认知的角度来研究人们的行为以及产生行为的动机，从而更全面的了解人的行为。

一、休闲体育行为的本质

休闲体育行为是人们在闲暇时间里，为了达到娱乐、健身、消遣、宣泄等目的，有意识地利用身体练习的方法和手段，追求生理、心理、社会文化、审美、娱乐等方面的积极体验的活动表现。简言之，休闲体育行为是人在休闲体育活动中所表现出来的一切行为特征。

对这种特定的社会活动进行专门研究，是从"行为"的角度，通过对人参与休闲体育活动的心理与休闲体育活动的表现形式等进行考察，系统分析人的休闲体育需要与特征，探究休闲体育行为规律，以及社会制约与人的休闲体育行为的关系，协调休闲体育服务与休闲体育需求之间的关系，减少人民群众参与休闲体育活动的阻力、摩擦力和反作用力，提高人们休闲生活的水平和生命质量。

休闲体育行为与其他休闲行为一样具有客观的规律与共同的特点。人类任意的意识行为，都受一定目的的支配，在一定需求驱动下进行。按照经典的马斯洛需求层次理论，人在满足基本的生理需求、安全需求之后，必然会向自我实现的需求提升。休闲是人自我满足、自我实现的重要追求之一。随着人类社会经济快速发展，物质生活水平不断提高，人的精神生活需求也在不断提升。尤其是改革开放以来，我国经济飞速发展，人们生活水平有了较大的提高，与之相应的对休闲的追求以及休闲生活水平也在不断提高，休闲的内容和形式发生了很大变化，休闲生活的现代特色日益凸显，追求健康快乐的休闲活动已成为时代最强音，体育等文化休闲也渐渐成为人们休闲活动的重要组成部分。

从根本属性看，人的休闲体育行为是指在休闲需求驱使下，以体育活动为特征，追求运动中的愉悦体验和回应休闲本性的一种生活方式。

拓展阅读：几种主要行为理论

1. 驱力理论

驱力理论最早是由伍德沃士于1918年提出的，是一个早期的动机理论。该理论假定，人和动物的行为均受内部能量源的驱动，是经由学习而不是遗传所引起的。这种内在刺激引起的反应，能释放一定的能量或冲动，组织和推动行为满足自身的需要。

20世纪30年代，美国学者赫尔用数学公式 $E=D*H$ 描述反映了驱力理论的基本观点。公式中，E 表示从事某种活动或某种行为的努力或执着程度，D 表示驱力，H 表示习惯。赫尔认为，个体进行某项活动或行为的努力程度或执着程度取决于个体由于匮乏状态而产生的内驱力，以及由观察、学习或亲身经历所获得的关于这一活动或行为的效果体验，并特别强调建立在经验基础上的习惯对行为的支配作用。他认为，习惯是一种习得体验，如果过去的行为导致好的结果，人们有反复进行这种行为的趋向；如果过去的行为导致不好的结果，人们会回避这种行为的倾向。

2. 合理行为和计划行为理论

菲什拜因和阿耶兹提出的合理行为理论（the Theory of Reasoned action, TRA）认为，行为意向出现在行为之前，且行为意向取决于个体对这个行为的态度、社会规范或社会压力。合理行为理论是预测锻炼行为的可行模式。计划行为理论（the Theory of Planned Behavior, TPB）是对合理行为理论的修订，即增加一个称为"行为控制感"的变量。

态度是由锻炼信念和锻炼结果的评价或价值决定的。主观标准包括重视他人的信念和服从那些信念或他人的程度。为使测量结果与行为本身一致，这些模型中变量的测量也应该与锻炼行为高度一致。

阿耶兹对行为控制感的定义是知觉到的完成行为的容易与困难程度，它对意向有动机作用。那些想参加锻炼却没有或很少有机会的人是不可能进行锻炼的，不论他们的态度及所受社会影响如何。阿耶兹认为：行为控制感在接近实际控制时，对行为的预测非常准确。

3. 社会认知理论

在社会认知理论（Social Cognition Theory, SCT）中，班杜拉对环境决定论和个人决定论提出了批判，他认为个体、行为、环境三个因素相互作用和影响，把这种观点称为"交互决定论"。

在不同因素的相互作用中，最为关键的可能是自我效能，即有能力成功完成行为的信念。为此，班杜拉又提出了自我效能理论（Self Efficacy

Theory，SET)。自我效能指有能力完成任务并达到预期结果的信念，由四个主要因素影响，分别为：成功的经验（行为的）、榜样（认知的）、言语劝说（社会的）、情感或生理的唤醒（生理的）。结果期望包括生理期望、社会期望和自我评价三个方面。

二、休闲体育行为的特点

休闲体育是现代社会的一种生活方式，休闲体育行为具有其自身的特点。

（一）目标性

人的行为的第一要素就是明确的目标，这个目标在行为开始时就存在于观念之中。从休闲体育行为者受到刺激开始，行为目标就已经形成，经过一定的心理活动产生动机，然后引发行为，这一切都围绕其目标进行。目标是可以细分的，细分过程就是体育活动目标逐步、逐层明确化与具体化的过程。

（二）可控制性

可控制性包括自我控制和间接控制。自我控制是指休闲体育活动者在休闲体育行为的每一个阶段，都会自觉或不自觉地调整和修正自己的行为决策，以便更快地实现预期目标。间接控制则是指外界的环境因素改变会引导、修正和改变体育活动者的休闲体育行为。

（三）可选择性

由于休闲体育活动可供选择的项目、活动场地、形式和规则多种多样，可选择性强。人们既可在正规的球馆、操场、健身房等运动场所得到满足，也可在社区、大自然的青山绿水中体验人生，享受生活；既可以参与有组织的群体活动，也可以参与零散的聚合甚至独自一人的活动；既可以是球类活动中正规的规则游戏，也可以是秧歌、舞蹈等随心所欲的活动等。

（四）连续性

休闲体育行为者往往不能通过一次行动就达到预期目标，必须连续或重复进行，连续性的特点保证了休闲体育运动行为功能的持续发挥。

（五）可变性

休闲体育行为者在实现目标的过程中，由于外界条件的发展、变化以及行为者个人内部因素的变化，行为方式也会产生影响。为此，了解休闲体育行为者行为方式变化的原因和规律，并适应这种变化，才能更好地满足人们的休闲体育需要。

（六）娱乐性

休闲体育作为休闲生活的重要组成部分，其意义在于它使身体运动取得了独立的价值和乐趣，具备了独立完整性。休闲体育的本质是追求运动中的快乐，如运动的快感，节奏的体验，感情的激荡，互相亲近的安慰……它既不像高水平竞技那样追求高强度训练后的运动成绩，也不像一般的身体锻炼那么枯燥无味，甚至不把增强体质作为唯一目的，而是作为一种富有乐趣的生活内容，使个人在精神和肉体上都得到休息、放松和享受。

（七）创造性

健康的身体给我们带来纯粹的快感，提供闲暇时的兴致和精力。休闲体育在与环境的融合、同伴的交往以及各种活动的参与中，既有延续性又有创新性，它给主体以审美的体验，引起情感产生变化，达到人的自身超越，这种超越便是创造力的激发。

（八）探索、新奇与冒险性

具有挑战性的休闲运动，当其难易程度与行为者的技能相匹配时，行为者会高度投入与享受，从而忘记了时间与周围环境的存在，进入"畅"的最佳状态。如各种惊险休闲游戏——蹦极、攀岩、潜水、跳伞、漂流、跑酷等，可以极大地满足行为者的探索欲、新奇性与冒险精神。

拓展阅读：跑酷

跑酷又称作"城市疾走"，开始于20世纪80年代的法国，由法国的大卫·贝尔所创立，常被归类为是一种极限运动，以日常生活的环境（多为城市）为运动的场所。它没有既定规则，做这项运动的人只是将各种日常设施当作障碍物或辅助，在其间跑跳穿行。目前有多种中文译法，除"跑酷"外，还有"暴酷""城市疾走""位移的艺术"，香港译作"飞跃道"。法国电影 Banlieue13（暴力街区13区）展示的便是街头文化——跑酷，主角大卫·贝尔就是街头文化跑酷运动的创始人之一。

> 作为一项极限时尚休闲运动，跑酷深受年轻人的欢迎，并渗透到他们的生活中，成为一种重要的休闲体育行为。休闲体育行为作为行为学的重要范畴，具有自身独特的特点，其产生与发展受到多种因素的影响。

三、不同人群的休闲体育行为特征

（一）不同年龄群体的休闲体育行为特征

中国群众体育现状调查结果发现，不同年龄人群参加体育活动的情况呈现典型的"马鞍型"特征，即年龄处于两端的人群（青少年、老年）参加体育活动的比例高，中年、成年人的比例低。产生这种现象的原因是：青少年活泼好动，精力充沛；老年人时间充裕，健康意识强，因此他们在闲暇时间里参加体育活动的意愿更强，行动更积极。而中年人，由于正值事业为重的年龄，工作压力大，家庭责任重，业务和交际活动多，在闲暇时间里参与体育活动受到许多条件限制，参加人数的比例较低。

不同年龄的人群总是选择与自身能承受的负荷相对应的运动项目，同时也多倾向便于操作、趣味性强的项目，年龄特征十分明显。随着年龄的增大，参与对抗激烈，负荷较强的球类运动的人数比例下降，而运动负荷相对较小，又便于自我控制的操类运动比例在上升。

1. 儿童休闲体育行为

儿童是国家未来的主人，他们参与的活动对其生理、心理社交各方面的发展相当重要。儿童休闲体育行为多以运动游戏的方式出现。对儿童而言，生活即是游戏，没有游戏生活了无生趣。由于在儿童阶段早期，休闲认知的观点尚未建立，因此儿童只是出自于自然而单纯的玩游戏，并非要具体的达到某种目标。此外，通过参与运动游戏，儿童与其所接触的环境产生互动，进而从运动游戏生活中学习与他人沟通、交际、合作等技巧。

儿童时期一般又可以分为婴儿期、学龄前期（4~5岁）、儿童中期（6~8岁）、儿童晚期（9~12岁）等不同阶段，在婴儿期、学龄前期的运动游戏主要以家庭、托儿所、幼儿园为中心，然而在现代社会中，儿童的照顾与生活往往受父母工作因素的影响。随着年龄的增长，到了儿童中、晚期阶段，许多家长逐渐重视孩子的发展。对于儿童阶段的活动内容应该注意锻炼和培养儿童的基础运动能力和基本的社交技巧，重点应该着重于提供适当的活动机会，帮助儿童与同伴之间建立正面的互动行为及发展运动的相关能力；此外，老师、家长在引导儿童从事活动时，"应以符合儿童的思维逻辑方式加以引导，而不应使用僵化的方法，要留意儿童的注意力较成年人短，在进行休闲体育活动时，应根据儿童身体发育的特征有针对性进行"。

2. 青少年休闲体育行为

青少年时期是人类生活、心理发育成长的主要阶段，也是成长过程中容易造成角色混淆的时期。由于父母或长辈会期待青少年行为举止既保有成人一般的稳重，又盼望他们有儿童的天真活泼，因此这段成长过程属于最具挑战性的时期。青少年时期的发展是一个渐进式的过程，青少年会通过各种方法来满足其生理、心理与社交方面的需求。友情对青少年阶段而言相当重要，朋友间相互的认知接受、认同、支持与鼓励，无形中便建立共同的兴趣与价值观。在同伴团体中能够被肯定与接纳，是建立青少年人格发展与社会关系的重要因素。休闲学者将青少年主要参与的休闲体育活动分成两大类，其中第一类是社交活动，第二类是动态体能活动。由于青少年时期生活重心是以学校为主，因此，休闲机会往往与学校及同学间的关联性高。针对该年龄阶段的休闲活动应以建立社交活动，促进个人发展以及培养独立自主的精神为重点，使其通过休闲体育活动得到身心的均衡发展。除了上述要求之外，青少年时期的休闲体育活动还应当不只局限于固定的地点、对象或活动性质，而应在活动内容与设施方面具有创新变化的特点，以提高青少年参与的兴趣。

3. 成人休闲体育行为

成年时期是人生中最长的时期，大约从 21~65 岁，通常人们将其视为早、中、晚三个时期来探讨。

成年早期的年轻人生活主要以社交和工作为主，随着工作环境的改变，年轻人需要离开父母，远赴外乡开启自我独立的生活。在成年早期阶段，有两个主要的因素将直接影响年轻人的休闲生活追求，一是选择异性伴侣或结婚，二是子女的出生。选择异性伴侣或结婚，是一个人倾向于拥有安定家庭生活的开始。在家庭建立的最初阶段，夫妻的休闲体育安排缺少自由，必须配合工作及年幼子女的需求，因此已婚者大部分的休闲体育活动大多以家庭为主，或是与子女有关的活动，通常没有足够的时间从事休闲体育活动。

成年中期一般子女已长大成人，家庭义务的减轻，使休闲体育的兴趣可能又再度活跃起来。有研究说明，工作时间缩短、家庭成员减少、家庭收入增加、较多的教育机会，都使现代中年人有更好的休闲体育参与状况，而大多数成年人参加休闲体育是基于关心健康的动机。许多中年人的休闲兴趣由家庭为主的休闲，转变为发展自身的休闲兴趣为主。成年中期是事业上最有竞争力的时期，休闲体育兴趣也会包括竞争性的活动和以家人为主的活动，这个阶段产生的休闲行为的消费模式，如有计划的旅行、参加体育活动、各种社团活动等；成年中期的后一阶段，夫妻的休闲兴趣更集中于两个人共同从事的活动，职业的兴趣也集中在嗜好和志愿性活动方面。

成年晚期的休闲体育生活强调以提高个人内在需求为主，在休闲体育活动设计上应鼓励成人养成自我引导的休闲体育行为，并善用自由时间增进其从事个人终身性休闲运动或活动，在活动上要适当鼓励成年人多接触与休闲体育相关的活动，好让自己有多样化的休闲生活形态。

随着全球一体化进程的加快，我国企业面临着境外资本集团越来越激烈的竞争。与此同时，成年人的工作压力不断加大，工作节奏和生活节奏也越来越快，很多成年人感到紧张和疲惫，产生一系列身心疾病，破坏人体平衡，导致免疫力下降，因此需要学会心理减压，学会适度"发泄"。成年人缓解压力、调节身心最有效的途径是旅游、度假、体育运动、娱乐活动，把自己疲劳的身心置于大海、森林、原野等，寻找回归自然的惬意和人与自然的和谐。因此，休闲体育在成年人中的地位不可忽视。

4. 老年人休闲体育行为

休闲与娱乐是老年人生活的一部分，也是他们的基本人权。老年人参与休闲体育活动，既有助于老年人的身心均衡发展，也能使其晚年生活更愉快、更充实，并有助于延年益寿。

我国对老年人休闲体育活动虽然相当重视，但与发达国家相比，仍有努力的空间，尤其是如何为保障老年人参与休闲体育活动提供更好、更全面的服务。同时，老年人的休闲体育活动要将安全护理放在首位，尤其是高龄老人，最好能有专门人员的陪伴，使他们高高兴兴的活动，平平安安的回家。

> **拓展阅读：最受欢迎的十项休闲活动**
>
> 据香港某杂志介绍，当今最受欢迎的十项休闲活动是：钓鱼、爬山、击剑、耕田、出海、骑马、跳舞、驾驶飞机、画画、打高尔夫球。
>
> 钓鱼是一项训练耐力的休闲活动，常规装备很简单，一支钓竿，一把鱼饵加一个水桶就可以出发。登山也是一种时尚运动，既可以锻炼意志和体魄，又同时欣赏大自然的美景和呼吸新鲜空气。击剑本是中世纪欧洲贵族爱好的一种武艺训练，现在也逐渐成为大众喜爱的休闲运动。耕田是一种返璞归真的时尚，在空气清新、生活节奏缓慢的乡村生活实属惬意。跳舞是陶冶性情、愉悦身心的一种活动，无论是民族舞还是交谊舞，一旦爱上，便让人难舍难弃。驾驶飞机翱翔蓝天，可能是每一个人的梦想。但是由于客观条件的限制，只有很少一部分人有机会实现这个梦想。琴棋书画是古代衡量一个人是否受过良好教育的标志，在当今生活节奏紧张的条件下，抽空学习画画、习练书法是既高雅又怡情养性的活动。

（二）不同性别群体的休闲体育行为特征

不少学者在研究中发现，不同性别的人在运动中会表现出具有明显差异的体育行为。事实证明，不同性别群体在时间的分配、空间的选择、休闲体育的目的与内容方面都表现出不同的行为特征。

1. 休闲体育时间占有量的性别差异

无论工作日还是休息日，男性的休闲时间都高于女性，形成这种差别的原因是男女传统型的分工模式造成的。在中国，女性保持较高的就业率，虽然比男性的平均职业工作时间支出的少些，但家务劳动耗时却大大高于男性，导致女性的休闲时间少于男性。

2. 休闲体育目的的性别差异

男性在参与休闲体育时，以锻炼身体、休闲娱乐和放松身心、恢复体力与精力等内容为目的，而女性则多以锻炼身体、休闲娱乐、预防疾病、健康长寿、消磨时间等为目的。两者存在交叉，但各自的目的有所不同。

3. 休闲体育内容的性别差异

休闲是个人选择的表达，也是个人能力的一种反映。现代女性休闲方式虽然日趋多元化，但与男性相比，女性的休闲形式仍然不够丰富多样，且被动接受性活动多（如看电视），积极主动性活动少（如下棋等）；休闲活动范围较窄，半径小，社交活动对象多是固定的家人、朋友，休闲场所多在家庭内部。相比而言，男性参加更多的体育和社交活动，活动范围广。日常生活中，男性休闲与女性休闲在内容上存在差距，男性更侧重社会交往型、学习提高型这种积极的休闲，以达到发展自我、完善自我的目的。

4. 休闲体育质量的性别差异

美国学者戈比认为，休闲活动存在 5 个不同的层次：放松、消遣、发展、创造及感觉超越。目前，我国公众的休闲意识还不强，休闲层次仍主要是放松身心，还处于比较低的层次。而女性休闲质量更是大打折扣。女性在休闲过程中普遍觉得无法像男性一样获得完全的休闲感觉，常常是一边看电视，一边照看孩子或者做家务，休闲和工作在很多时候是同时进行的（表 3-1）。

表 3-1 不同性别群体参与休闲体育的差异性

性别 类型	男	女
休闲时间	时间长、频率高	时间较短、频率较低
休闲目的	锻炼身体、休闲娱乐和放松身心、恢复体力与精力	锻炼身体、休闲娱乐、预防疾病、健康长寿、消磨时间
休闲内容	积极主动、丰富多样	范围较窄、内容较少
休闲质量	放松身心	休闲与工作并行

第二节 休闲体育行为的制约因素

在现实生活中，人们的休闲体育行为会受到多种因素的影响，既有客观条件的制约，如时间、场地、年龄、性别、动作技能等，也有主观因素的限制，如情绪、观念、心态等。这些因素可能会对休闲体育行为产生抑制的消极作用，也可能会促进休闲体育行为的产生。

一、休闲体育行为制约因素的含义和类别

制约因素指的是那些限制人们参与或享受休闲的因素。20 世纪中后

期，一些学者在研究休闲体育行为时，发现一些因素会制约或抑制人们参与休闲体育活动，由此提出了休闲体育行为制约。克劳福德和戈比指出人们原有一项休闲偏好，然而由于制约的介入，使休闲偏好无法实现。换言之，如果没有制约因素的存在，人们就会进行休闲活动。因此，休闲体育行为制约就是指影响人们喜不喜欢或能不能参与休闲体育活动的因素。

事实上，当人们想参与某项休闲活动时，首先会评估参与的可行性，或许是获得父母的允许，调整个人时间等，此阶段也常常是搜集信息的阶段，例如：要去哪里？何时去？如果是参与集体的休闲活动，还会牵涉寻找适当的同伴等。所以说，人们决定参与活动的过程很复杂，受许多的因素影响，包括内在及外在因素，有些因素影响很大，有些影响有限，而这些因素会影响人们的体验，因而是休闲行为制约的来源。休闲体育行为制约因素可以分为"个人、人际、结构"三类。

美国学者克劳福德及戈比曾以"家庭休闲阻碍"为主题探讨休闲制约因素对人们休闲行为的影响。他们在研究了家庭成员与夫妻共同参与的活动及家庭的休闲阻碍因素后指出，人们原有一项休闲偏好，然而通常由于阻碍因素的出现或介入，使休闲偏好无法实现。换言之，如果没有阻碍因素的存在，则人们就会进入休闲活动。

参考克劳福德及戈比的休闲阻碍三种类型，我们也可以认为休闲体育行为的制约因素可划分为个人内在制约、人与人之间互相影响的制约、结构性制约三个层面（图3-1）。

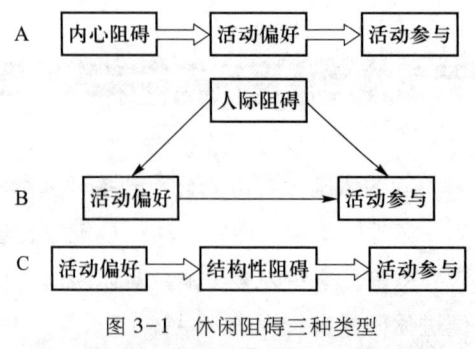

图 3-1 休闲阻碍三种类型

（资料来源：Crawford & Godbey 1987）

1. 个人内在制约

是指那些与休闲偏好有关的个体心理状态或属性，这些因素存在于个体身上，包括缺乏自我效能感、个性、人格特质、身体能力、心理状态和态度（包括对休闲价值的主观评价、自身兴趣、压力、挫折、焦虑、烦恼、沮丧等）。例如：因为曾有过溺水经验，所以不喜欢游泳。

2. 人与人之间互相影响的制约

是指发生于个体间的社会互动和社会关系。个体因没有适当或足够的休闲伙伴而影响其休闲喜好或参与的因素。缺乏同伴、与其他参与者的休闲偏好不同以及双方时间无法配合等，都会影响个体参与休闲体育活动。例如没有朋友一起打乒乓球，因而自己没有参与。

3. 结构性制约

是指影响个体休闲喜好或参与的外在因素，一般可说是介于活动喜好与参与之间的影响因素，包括了设施的可利用性、经济成本、时间、工作、气候、家庭义务、健康和交通、设备、休闲资源、休闲体育活动机会、社会地位等因素。结构上的制约可因对休闲体育活动参与有高度喜好而将其克服。

以上三个层面的制约因素既相互区分又相互联系，共同作用于个体参加休闲活动的决策形成过程。事实上，当人们的动机足以克服休闲制约因素时人们就能够参加休闲活动。参与休闲体育活动的过程中，个人的知觉与行为会不断地与环境产生互动，而外在环境与个人因素的影响程度也会随时间的改变有所不同。当个人想增加休闲体育参与频率或强度时，存在某些因素阻挠从而减少参与或完全不参与。个人仍然参与休闲体育活动但无法达到想要的满意度时，这些因素可以称为休闲体育行为制约因素，他们会对休闲体育行为产生负面影响。

二、休闲体育行为制约因素的克服

由于休闲体育行为制约因素会影响人们原本对休闲体育活动的期待，因此必须找出克服休闲体育行为制约因素的方法。在人们进行休闲体育行为的过程中，消除休闲体育行为制约因素的主要途径有：

（一）克服制约因素

曼内尔和克莱伯指出克服休闲制约因素的方法包括"认知"与"行动"两方面，即是采取认知策略（cognitive strategies）和行为策略（behavioral strategies）。

认知策略就是降低认知不协调的过程，把有制约或阻碍的活动视为是没有兴趣或是没有价值的，强调所选择的活动的利益，认识到他们所做的休闲活动选择的好处，并且减少以前有兴趣但是没办法参与的活动。例如，一个学生如果相信跑步可以强健体魄，而他认同强健体魄是好事时，则他对跑步的态度会呈现正向偏好肯定的态度；若他觉得跑步会造成罗圈腿，而这件事情是让他非常不能忍受的，或许他就会开始讨厌跑步这个活动。当他明白跑步并不会造成罗圈腿时，他就克服了这种制约。又如，一个人有机会参加社区组织的舞会（在这里跳舞是一个他喜欢的活动，社区是一个结构性促进者），这个人梦想去跳舞（内心的促进因素），然而他不知道有没有熟人会去（人与人之间的制约），而且遇到陌生人会不舒服（内心的制约因素），加之过去的经验，在舞会中没有一个认识的人是一个很不好的体验（内心的制约因素）。在这一过程中，他如果能够克服潜在的不安因素，就会将参加舞会付诸行动。又如，家长并不想去参加户外运动，但是因为孩子要去，为了陪伴孩子，家长会选择参与，这表示人们会因为社交关系而产生克服休闲制约的力量。

行为策略包括修正休闲的观点或行为。例如，当一个常常一起去钓鱼的同伴突然不去时，可以约其他朋友一起去，而不因没有同伴放弃钓鱼活动；另外也可以通过改变钓鱼的时间及频率，保持这种休闲活动。

因此，克服制约因素就可以促使人们参与到休闲体育行为中。

拓展阅读：杰克逊调查

杰克逊和鲁克在 1995 年做了一项研究，他们调查 425 名中学生在参与活动遇到问题时，是否还会继续？有 23% 的学生指出常常遇到困难，他们描述了很多在日常生活中遇到的制约：其他义务（例如：学校、家庭）、很难完成的活动、身体不好以及缺乏技巧、同伴、自信、交通问题、父母许可等。举例来说：在竞争性活动中，最常遇到技巧上的制约，这也许会降低对活动的渴望（认知策略），也可能提升技巧的能力程度（行为策略）。

时间管理是克服休闲制约因素最重要的行为策略，萨姆德尔等人指出在时间管理上应对休闲制约的策略，首先要控制每天的例行工作；其次要找家庭成员帮忙，分配处理家庭事务；再者就是选择较不花费时间的运动；最后，很多成年人反映接受生活方式的改变，在某些状况下，可以继续参与原本的休闲体育活动。

（二）休闲活动替代

曾有学者对从事户外休闲活动的人开展研究，以了解当他们因为社交、自然环境或是管理情况的改变，如何寻找替代活动来取代原本受人喜欢的活动。例如，当每年都会跟你一起去参加独木舟活动的朋友，因搬家而无法再跟你一起去活动，你会怎么做？休闲替代理论建议人们选择能提供与原本活动类似的心理体验、满意度和利益。例如，如果冒险和挑战是最初参与的动机，如果某项活动符合这些需求，这项活动就有可能被选择或是替代原本的活动。

有学者提出当休闲面临质量下降，可能的行为选择包括四种不同的类型：第一种为时间替代行为。休闲者在活动过程中面对其他人干扰时，采用的行动是改变自己活动的时间。例如，社区健身俱乐部下午人很多，为避开其他人的干扰，健身者选择在晚上去俱乐部健身。第二种为资源替代，即某种休闲体育活动热衷者在环境受到制约时改变活动地点但依然不改变本身喜好的活动。例如，登山健行者与登山自行车爱好者活动冲突时，自行车骑乘者为闪躲登山健行者所造成的干扰，可能会改变既有路线甚至自行开辟新的路线。第三种为活动替代，即休闲活动者没有离开原来的环境区域，改变原本想从事的活动类型。例如，河岸步道中散步的游客容易与单车活动者相互干扰，有人放弃原本想从事的活动（散步或是骑单车）转而从事放风筝等活动来满足自身的休闲需求。最后一类为绝对替代，也就是说资源与活动类型均一同改变，休闲活动者对活动内容和活动场所都不满意，可能不再参与该休闲活动，也不再到该场所休闲，而更换其他活动内容和地点。

有人认为就休闲活动替代而言，最重要的是对于休闲要有观念上的改变，即正面地看待休闲阻碍。

善于利用心态或是行为的改变，鼓励个人用不同形式参与休闲活动，休闲活动才能对个人发挥功效，使个人享受情绪疏解的愉快，增进体能、智力和人际关系。克服休闲制约的关键就是人们要会采取策略，保持参与休闲活动的动机与行为。

第三节 休闲体育行为促进

休闲体育行为促进是以行为学习理论等为依据的一种促进人的休闲体育行为的方法，它是通过有计划、有组织、有系统的社会活动和教育活动，影响人们休闲体育行为的相关因素，促使人们自觉地改变不爱运动的休闲生活方式，以达到自觉参与休闲体育活动，促进运动休闲行为和提高生活质量的目的。因此休闲体育行为促进是一种使人自觉形成休闲体育行为的过程，它是休闲体育相关行为和教育、组织、经济和环境支持等相关因素的总称。

休闲行为都是个体在后天的生活环境中通过学习而获得的，休闲体育行为也是个体在某种特定情境中进行某种特定学习的结果。既然休闲体育行为是习得的，休闲体育行为与个体所处的环境有着密切的关系，那么通过维持休闲体育行为的环境，采取一定的措施让个体系统地学习休闲体育知识，就能够对个体的休闲体育行为起到促进作用。

一、休闲体育行为促进及其理论基础

瑞莱利用克劳福德提出的休闲制约模型来解释可以促进休闲参与的资源。第一是内心的促进，包括了"个性""过去的经验"以及"自我能力"。第二是人际促进，包括了个体间或是团体间的人际促进，它能提升休闲偏好的结构，并鼓励休闲参与。最后是社会结构促进，包括改善休闲环境，提供休闲机会等。

实际上，休闲体育行为促进行动的主体可以是个人、某种组织或社区，其角色可以是休闲体育政策的制定者、休闲体育技能传授者、休闲体育环境营造者或其他能够对人的休闲体育行为造成积极影响的因素。休闲体育行为促进比一般的休闲体育教育可提供的工作空间更为广泛，并且将休闲体育行为支持性环境的建立放到了相当重要的位置。休闲体育行为促进是促使人们提高、维护和改善他们自身休闲体育行为的过程。

关于休闲体育行为促进的机制，行为学认为人的行为反应模式是长期学习强化的结果，因此通过一定的方法可以让个体的行为发生改变，因为行为的发生以及持续存在都有着内在规律，它们与环境中各种因素的存在有着密

切的关系，只要认识这些环境因素或者维持行为的内在规律，就有可能设计有效的教育策略和干预技术来影响或改变个体的行为。

> **拓展阅读："马拉松热"体现人们体育观念的转变**
>
> 　　2008年北京奥运会后，我国处于从金牌大国到体育大国、体育强国的转型期，体育能否走进普通民众的生活成为一个关键因素。经济的发展，生活质量的提升让更多人意识到运动和健康密不可分，这也促使越来越多的普通民众健身意识的觉醒。相比足球、篮球、网球等运动，跑步便成为绝大多数人锻炼的第一选择，因为它最经济，也是最大众化的运动方式。马拉松运动既没有经济的门槛，也没有阶层的限制。在我国最近5年来的各项体育调查中，跑步都是参与人数最多的健身运动方式。城市里的跑步族日益涌现，也促使全国各地逐渐掀起了"马拉松热"。"人们对于健康、休闲以及拥有更高质量生活的意识，正在随着城市经济发展的步伐逐渐增强。跑步是人类最自然、最能接受的锻炼方式，因为人们不再只关注追求物质，更多开始转向身体健康和精神领域。"国内多项体育赛事的运营者、世拓集团掌舵人马健明认为中国的"马拉松热"其实也是我国普通民众开始主动投身全民健身的体现。对于那些普通参赛者而言，他们在马拉松等跑步赛事中达到了锻炼的目的，对城市来说，吸引了更多的旅游者带动经济增长，提升社会效益，进一步打响了城市的知名度。这样的多方共赢不但延续了赛事的火爆，也带动更多人投身跑步健身的热潮，进一步扩大了健康锻炼的群体效应。"马拉松热"现象背后其实是全民健身需求的本能体现，同时也是各级政府和体育部门为人民群众锻炼搭建的良好平台的体现。

二、休闲体育的促进方式

　　行为促进是当代行为学、心理学、运动医学等领域的前沿性技术。人的行为具有规律可循。我们为什么喜欢某项体育运动、为什么常常与某些人一起活动，都有章可循。喜欢某项运动是因为这项运动简单易行或娱乐性强；与某些人一起活动是因为有共同的喜好，趣味相投。日常生活中，人们的行为常常就这样被自然地强化着，慢慢地演变成一种习惯。根据行为的结果，强化可以分为正强化与负强化。

（一）正强化

正强化是指行为在某种情境或刺激下出现后得到一种刺激物，如果这一刺激物能够满足行为者的需要，那么以后在类似的情境或刺激下，该行为的出现概率会升高。如果用公式表示，可以将该过程记作 S—R—SR+，S 代表一种情境（situation）或刺激（stimulus），情境指的是个体发生行为时的周围环境、生理状态等因素，这些因素可能导致行为的发生或者影响个体对某些刺激的反应；刺激指的是行为发生之前所发生的事件，即前奏事件（antecedents）或者诱发因素，会引起个体行为发生，R 代表在某一特定情境下所引起的反应（response），即行为；SR+代表行为出现后所获得的刺激物。

采用正强化对个体的休闲体育行为进行促进，首先要确定正强化的目标行为内容。例如，是培养促进对象打篮球的休闲体育行为还是打乒乓球的休闲体育行为。另外，如果仅仅只用正强化来促进个体的休闲体育行为，那么这个目标行为应该是个体已经能够表现出来、但目前发生次数较少的行为。如果个体的能力还不足以表现出该行为，那么除了正强化技术的使用之外，还需要结合运用其他技术，如行为养成技术等。

采用正强化技术的第二步是选择强化物。选择什么样的刺激物作为强化物，一般要进行一个刺激偏好评估的过程。这一评估主要实现三个目的：一是确定个体所偏好的刺激物；二是确定个体偏好的程度；三是在何种情况下这些刺激物的偏好程度会发生改变，比如参加一次活动有机会与热衷的体育明星见面但自己却面临要加班等。一般来说，刺激偏好评估可以通过两个步骤来完成：一是收集大量可作为强化物的刺激物；二是系统地将这些刺激物呈现给个体，让个体确定自己所偏好的刺激物以及偏好的程度。

（二）负强化

负强化指的是当一个行为发生之后，导致某种刺激的移去、减少或延缓出现，那么今后该行为的出现率会增加。简单地说，就是当目标行为发出之后，所跟随的是厌恶刺激的移去或者个体的逃避，最终导致目标行为的增加，这就是负强化。

对个体来说，之所以要做出某些行为来让一些刺激移去、减少或者延缓出现，是因为这些刺激物令个体感到讨厌或者烦恼。例如，一个刚参加完运动的人，由于对该项运动技术的生疏，往往会表现出运动错误较多或动作笨拙，一旦因此受到他人的冷眼或讥笑，通常会产生心理压力，从而产生一种参与运动的负面影响，如果不能正确处理，通常会失去参与该项运动的勇气或兴趣。休闲体育行为的促进就是要减少这种负强化的作用。

三、休闲体育行为促进的内容

休闲体育行为促进的核心问题是促使个体或群体养成习惯性运动休闲行为和休闲体育生活方式，尤其需要建立一个对休闲体育行为的支持性环境。早期的休闲体育行为促进主要关注人们运动技能的获得。在工业化社会中，人机体活动的单调性和片面性将人的全面身心活动与发展问题摆到了显要位置，而现代文明病对人类健康的摧残，使现代人将健康休闲生活方式的建立作为体育行为教育的主要内容。休闲体育行为促进教育虽然不是健康休闲社会方式发生改变的充分条件，但是一个合理设计的、有效的休闲体育行为促进教育却可以促使人群的运动休闲方式向好的方向转化。当前的休闲体育行为促进教育已经不再是一个简单传授某种运动休闲技能的活动。它将运动休闲技能及其相关信息提供给人们的目的在于：使人们自主进行适宜运动行为的完善和休闲生活方式的改变。在发达国家，休闲体育行为促进已经把体育行为教育的重点从传授运动知识、强调掌握运动技能、强身健体提升到生命质量、休闲生活质量意识的提高上；从个体休闲体育行为的养成上升到创建休闲体育的环境和政策上。

休闲体育行为促进的内容与人们进行休闲体育运动时的影响因素相互制约。可以从以下几个方面来进行引导：

1. 制定体育公共政策，加强政府部门引导

休闲体育作为大众体育不可缺少的一部分，如果纳入国家群众体育发展规划之中，得到国家政府部门的有力支持，就能形成一定的规模并达到与社会经济发展相适应的程度。且由于休闲体育具有自主性、自愿性的特点，组织形式更加体现自发性特征，以家庭、朋友、同事和体育俱乐部为主体的休闲体育活动将不断增多，成为群众性体育活动的主体。

2. 营造支持性环境，加强舆论宣传引导

各种形式的媒体正在越来越广泛的关注休闲体育、深刻影响着休闲体育活动。加强舆论宣传引导，可以提高居民对休闲体育功能、价值的认识，培养终身体育思想，使体育深入社会、家庭，从而让休闲体育行为成为人们休

闲时的重要选择。

3. 强化社区活动，增强休闲体育的易参与性

因为不同阶层、不同年龄、性别、职业的居民参与休闲体育的目的各异，但人们在参与休闲体育行为过程中，都会考虑休闲体育场所离家的远近以及参与性的难易程度，因此可以在生活区附近增加休闲体育设施，开发一些对场地器材要求不高、简便易行，趣味性、观赏性和健身性都较高的体育活动。

4. 优化休闲体育服务体系、扩大休闲体育的多样性

在日常生活中，群众性体育的组织形式是多元化的。同样，在休闲体育的活动内容选择上也应丰富多彩，通过更多选择的可能来满足不同阶层的需要。现阶段，人们从原来单一的跑步形式逐步扩展到球类、爬山、游泳、健身操、极限运动、电子游戏等多种形式，从参与型休闲体育活动到观赏型休闲体育活动相互融合。

除以上几点之外，国家体育事业的结构调整和体育行政管理部门的职能转型等也会对休闲体育行为促进起着重要的作用。

拓展阅读：《全民健身条例》的颁布为人们进行体育锻炼提供保障

《全民健身条例》于2009年10月1日正式实施。条例主要包含5个方面的内容：第一，明确了公民在全民健身活动中的权利；第二，强调了各级政府及有关部门发展全民健身事业的责任；第三，结合不同人群，进一步规范和促进全民健身活动的开展；第四，利用各类公共场所安排全民健身活动场地，大力推动已有体育设施开放；第五，规范全民健身服务，保障全民健身安全，推动体育市场和体育产业的发展。

复习思考题

1. 什么是休闲体育行为，它有哪些特点？
2. 分析不同人群的休闲体育行为特征。
3. 简述休闲体育行为的制约因素。
4. 概括促进休闲体育行为的策略。

本章参考文献

[1] 徐佶. 休闲体育行为 [M]. 北京：人民体育出版社，2010.

[2] Geoffrey G., Duane W. C., Xiang you S. S. Assessing hierarchical leisure constraints theory after two decades [J]. Journal of Leisure Rese, 2010: 111~134

[3] 邱亚君. 休闲体育行为变通策略的探索性研究 [J]. 体育科学, 2011, 31 (7): 8~16.

[4] Laura W, Karen D. Constraints and negotiation processes in a women's recreational sport group [J]. Journal of Leisure Research, 2012, 44: 463~485.

[5] 邱亚君. 女性休闲体育行为与限制因素的质性研究——基于社会性别的视角 [J]. 体育科学, 2012, 32 (8): 25~33.

[6] CO Oh, SO Lyu, WE Hammitt. Predictive linkages between recreation specialization and place attachment [J]. Journal of Leisure Research, 2012, 44 (1): 70~87.

第四章　休闲体育教育

》》本章导语》》》

　　于光远先生曾经说过："我们正在进入普遍有闲的社会，休闲时间多了干什么？这是时代的大课题"。休闲教育是使人"成为人"的过程，是人全面发展的需要，对一个人的身心健康发展、社会关系和谐、精神家园的构建具有重要价值。休闲体育教育不仅教人们如何度过自由时间，更教育人们如何有价值地使用自由时间去完善人的生命过程，提高人的生命质量，成为真正心智健全、人格完善、热爱工作、热爱学习和热爱生活的人。

》》学习目标》》》

　　通过本章学习，让学生了解休闲教育和休闲体育教育的概念、国外休闲教育和休闲体育教育的概况，掌握休闲体育教育的目标、任务和内容；熟知休闲体育教育的特点、实现路径以及我国休闲体育教育专业的概况；深刻理解休闲和休闲体育教育是为人适应不同年龄阶段的成长需要提供的一种终身教育。

案例导入

1952年，世界休闲组织又称世界休闲与娱乐协会（World Leisure and Recreation Association）成立。它是一个具有联合国咨询地位的非官方机构，致力于倡导新的休闲伦理观和娱乐道德观，鼓励人们通过休闲来充分展示个性和自我价值。

世界休闲组织的主要活动包括：（1）举办世界休闲大会和休闲专业类的展览、贸易等促进活动；（2）组织论坛：从面对面的世界休闲大会、专题会议及工作场所，到各种印刷品及电子媒体，包括世界休闲报、时事通信、专论和网站；（3）提供教育、咨询、培训、研究、学生服务及讨论项目，包括研究及教学、研究生教育、专门委员会、留学生培养等；（4）就某一课题、项目成立工作小组或委员会；（5）与联合国和其他国际组织及有关国家、地区的官方、非官方机构、私人部门共同工作，以宪章、国际宣言、权威文件、观点报告及声明的形式，致力于各种内容的广泛研讨。

从世界休闲组织的宗旨和主要活动可以看出，随着休闲时代的来临，以休闲伦理和休闲活动内容与服务的研究和教育培训已受到广泛重视。休闲教育正成为休闲发展的重要动力。

第一节　休闲教育与休闲体育教育的兴起与发展

对休闲的认知最早可追溯到古希腊，随着体育运动的专业化，公共娱乐和竞技的增加，人们逐渐形成了这样的观念：聪明的利用自由时间就是生活的目的。这种思想的代表人物就是柏拉图和亚里士多德。柏拉图认为休闲就是"一种自我控制的自由状态和休闲状态"，有能力的公民是通过休闲和教育造就出来的；亚里士多德在《政治学》一书中就专门论及休闲对人的一生发展的意义，他认为休闲生活是一个人获得和谐发展的必要条件，"人唯独在休闲时才有幸福可言，恰当的利用休闲是一生做自由人的基础"。

一、休闲教育与休闲体育教育的概念

（一）休闲教育

休闲教育是人的素质和人生教育的重要组成部分，是现代国家管理和公共服务的途径之一，是帮助人"成为人"和"社会化"的重要手段。"未来"不仅属于受过教育的人，更属于那些懂得聪明利用闲暇的人。

休闲教育（Leisure education）也称为"闲暇教育（Leisure time education）"。在一般意义上，两个概念可混用；但严格意义上，由于对休闲、闲暇的含义存在不同的认识，开展具体研究时需要加以区分。

什么是休闲教育？基于研究者对"闲暇""余暇""休闲"的不同理解，休闲教育定义也有不同。诸如"闲暇教育是一种充实精神生活、提高精神境界的教育活动。""旨在让学习者通过利用闲暇时间而获得某种变化。""闲暇教育是人们为提高闲暇生活质量所受的教育。""闲暇教育是提高人的闲暇素质的教育。所谓闲暇素质包括闲暇认知、闲暇态度、闲暇技能和闲暇行为习惯等要素。""闲暇教育是指通过传授闲暇知识、技能和技巧，帮助人们确立科学的闲暇价值观，有价值地利用闲暇时间，提高闲暇生活质量，促进人的全面发展的终身的、连续的教育活动。""休闲教育是为人们的休闲而实施的教育，教育的目的是引导人们如何科学地安排休闲生活、体验生命，实现人的自由全面发展，领悟生命的真正意义。休闲教育在理念上应是生活的教育，是教导人们实现圆满生活和完美人生的教育。""休闲教育指对人们休闲生活的理念和方法进行引导，使之'成为人'的过程。休闲教育是满足人的个体生命与生活世界的需求，是推进社会文明进步的客观要求，是促进人的自由全面发展的需要"等。

对于休闲教育的定义主要有三种不同看法：

（1）强调时间。教会学生如何利用闲暇时间以及如何提高闲暇时间的利用质量。

（2）强调活动。休闲教育是生活的教育，即对人们休闲生活的理念和方法进行引导，使之学会休闲技能，从中体验生命、提升个人生活质量的过程。

（3）强调价值观。休闲教育是一种提高、充实人的精神境界的教育活动，旨在培养能利用闲暇的个体，逐渐生成个人闲适的生命境界的活动。

无论哪一种表述都强调休闲教育是在除了正规的学习和工作之外的时间进行的；都认为休闲教育是一种社会实践活动；都认为休闲教育可提升个人生活质量。休闲教育在概念上涉及三个维度：时间、活动、价值观（态度，心态）；在内涵上应包括三个层次：帮助人们树立正确的休闲价值观念；在符合个性的前提下，向他们传授一些休闲行为技能与技巧，满足他们精神上的发展和享受需要；使个性得以充分自由地发展，成为一个精力充沛、生活愉快、开拓进取、勇于创新的人。休闲教育的目的是提高人们在休闲中的自我决断意识和自我决断能力，其最终目标是提高人的生活质量，体验生命，实现人的自由全面发展，领悟生命的真正意义。休闲教育的要义是引导人们合理、健康的生活方式、行为方式、消费方式，倡导勤劳节俭，崇尚俭朴生活，遏制个体与社会的浮躁之风。

本教材将休闲教育界定为引导人们通过学习休闲活动的方法和技能技巧，体验休闲心理，确立积极的休闲价值观和休闲生活方式，提升个人休闲生活质量并不断完善人格的一种社会实践活动。

扫一扫4-1：
浙江大学亚太休闲教育研究中心

（二）休闲体育教育

休闲体育教育是为满足人们的休闲需要，以身体活动、运动参与为基本形式，有目的地引导人们形成积极的休闲价值观与休闲生活方式，以全面提高人们的生活质量、发展健全人格的一种社会实践活动。

因此，休闲教育包含广泛的内容，其中通过体育运动特别是通过休闲体育实现休闲理想是休闲教育的一个分支。休闲教育和休闲体育教育的关系是整体与部分的关系，休闲体育教育具有休闲教育的普遍性，也具有借助身体活动、体育运动进行休闲的特殊性。

二、国外休闲教育与休闲体育教育概况

（一）发达国家休闲教育的兴起与发展

在发达国家，休闲教育早已成为一门人生必修课，是从幼儿直到退休之后终身教育的内容，目的在于促进和规范人们在休闲生活中的行为方式。亚里士多德早在公元前4世纪就曾指出："休闲可以使我们获得更多的幸福感，可以保持内心的安宁"，"我们需要崇高的美德去工作，同样需要崇高的美德去休闲。"

1. 发达国家休闲教育的启蒙及渐进发展

英国教育家斯宾塞1859年发表的《什么是最有价值的知识》一文中，精细地把教育划为5类："直接维持自己生存的准备；间接维持自己生存的准备；父母职责的准备；公民义务的准备；各种高尚娱乐生活的准备"。其中第五类"各种高尚娱乐生活的准备"即涉及休闲的教育。斯宾塞明确地指出"合理的教育秩序"中，最后的准备是闲暇教育。斯宾塞曾预言：到了自然的力量已经完全被人类征服，供人使用；生产方式已经达到圆满的地步；劳动力已经节约到最高程度；教育已经安排妥当，能比较迅速地为较重要的活动做好准备；人们有大量增加的闲暇时间时，闲暇教育将在人们生活中占有重要地位。

美国第一任教育行政长官哈瑞·巴雷德于1868年发表一份声明，将休闲纳入教育的目标之一：教育应包含休闲课程，因为社区教育的安排仍不够健全，并没有将身体的训练与休闲活动涵盖于内。此时期可谓是休闲教育扎根时期，顺应了19世纪末与20世纪初的美英中等学校教育改革，因而休闲教育被正式纳入学校教学课程之中。

20世纪以来，休闲教育越来越受到人们的重视。美国是较早开展休闲教育研究的国家之一。1918年，美国提出要通过休闲教育使个人"从闲暇生活中获得身心之休息与愉悦，并充实其精神生活发展其人格"的教育目标，提出"每个人都应该有时间去培养他个人和社会的兴趣，如果能合理使用，那么，这种闲暇将会重新扩大它的创造力并进一步丰富其生活，从而使人们能更好地履行自己的职责。"美国将休闲教育列为学校教育的一条"中心原则"，作为正确树立人生价值观的途径。在1920—1930年间，美国将休闲课程编排于中小学正式课程之中，主要课程内容为团队领导及管理。在20世纪30年代末期，在大学中开设休闲领导与休闲管理相关课程。

到了20世纪六七十年代，关于休闲教育的学术团体、研究机构成立，标志着休闲教育在美国成为研究热点。1965年，以当代成人教育与闲暇为主题的国际会议在布拉格召开，休闲教育成为全球教育领域的新课题。对于教育系统内进行休闲教育的必要性和课程目标等问题，与会代表进行了深入地探讨与交流。此后，有关休闲教育的论著、文章大量出现，逐渐形成了两种不同的休闲教育流派。一派为娱乐科目派，重点研究实施休闲教育的途径和内容，着重培养学生的娱乐技能，并把重点放在学校的具体娱乐科目和活动上，诸如游戏、音乐、舞蹈、艺术等；另一派为休闲教育过程派，强调休闲教育更应重视确立休闲价值观和休闲生活方式，希望构建一套统一的、综合的休闲教育模式。

1966年，美国学者查理斯·布莱特比尔提出了现代社会应以休闲为中心的教育理念，认为人们只注意到工作的伦理，却未曾了解如何发展休闲伦理。他在《休闲的挑战》和《以休闲为中心的教育》两本书中对休闲之于人类价值、情感以及知识结构等方面的影响进行了深入研究。实际上两种休闲教育流派并不是互相排斥的，而是相互补充。

1974年，美国休闲教育委员会成立，组织编写了《休闲教育手册》《休闲教育理论与实践》等书籍。

日本教育界在20世纪70年代后提倡每一位国民都有必要进行如何有效利用闲暇时间的教育，而且必须把培养与休闲时代相适应的生活态度以及培养休闲道德和掌握休闲活动的方法作为教育的重要环节予以重视。

1984年，世界闲暇与消遣学会在法国巴黎召开"自由时间与闲暇世界研究大会"，会议的中心议题之一就是"利用闲暇时间和教育"。

1993年8月，在以色列耶路撒冷召开了一次专门针对休闲教育的会议，会议通过了《世界休闲教育国际宪章》，旨在使政府、非政府组织和教育机构充分认识到休闲和休闲教育的重要性，并作为制定休闲教育的政策和策略，指导教育机构如学校、社区和人事培训机构。1996年，国际21世纪教育委员会关于"教育的四大支柱"的报告，明确提出"完整的教育应当是包括工作教育和休闲教育在内的、不可偏废的、塑造人的品性的一种方式。"现在，英美等国大学中几乎都有与休闲相关的专业设置，这些休闲教育的研究与教学机构都有较为完善的课程体系。

2. 21世纪休闲教育已成为全球化课题

2000年7月第六届世界休闲大会提出"为提高生活质量所提供的闲暇与健康、教育一样重要，政府应当确保公民得到最高质量的休闲与娱乐的机会"；"个人可以利用休闲机会来实现自我，发展私人关系，增进社会团结，发展社团与文化特性，促进国际间的了解与合作，提高生命质量"；"政府应该通过确保训练专业人员来帮助个体获得休闲技术，发现和发展他们的才能，扩大他们休闲与娱乐机会的范围"；"教育机构必须尽最大努力传播休闲的本质与重要性以及如何将这些知识融入个人的生活方式中"等。

在 2002 年"环太平洋地区休闲教育会议"上,有学者提出:

（1）休闲是教育的科目或主题。什么是休闲的教育；关于休闲的教育如传统的休闲活动包括运动、游戏、艺术、越野等。

（2）休闲是教育的背景或大环境。在休闲中进行的教育,如在非正规的学习环境中学习包括社区教育等,在课间休息、放学后、暑期夏令营等时间的学习和教育。也就是说,休闲作为实施教育的一个大环境,同时包括空间、时间两方面的环境。美国马里兰州休闲学教授依索·赫拉指出:"休闲并非消极的无所事事,而有着积极的意义——它为人实现自我、追求高尚的精神生活提供了机会。"理想的休闲必须具有发展性,是一个能使人投入其中,不断学习,并使自己有所改变的过程。把自由时间用在既需要集中精力、不断增长技能,又能够发展自我的休闲活动上,这同以看电视、喝酒、上网来打发时光完全是两回事。前者可以使人成长,后者可能使人沉溺与放纵。

3. 发达国家休闲教育的核心目标

在西方发达国家,休闲教育一般体现在 5 个方面：第一,休闲教育从小抓起。其目标是：① 培养休闲行为价值判断的能力；② 选择和评估休闲活动的能力；③ 决定个体目标和休闲行为标准的能力；④ 合理运用闲暇时间的能力。第二,注重家庭休闲教育。西方思想家说,家庭是对文明最有影响的学校,因为文明本身归根到底要转化成个人的训练问题。社会的每一位成员在青少年时期受到良好的或不良的教育,决定了社会整体文明程度的高低。第三,注重大学教育和人才培养。第四,广泛利用社区开展各种形式的休闲教育。社区学校有计划、有组织、有目标地对人的休闲技能培训做出安排。一般的社区学校开设的课程可多达几百门,主要是社区成员学习休闲生活中的各种技能。如通过选修表演、文学创作、音乐欣赏、体育比赛等各种方式参与家庭、学校、教堂和社区的休闲活动。第五,拓展公共文化空间,引导人们参与多样化的休闲体验。休闲教育的重要平台包括各种类型的公共文化空间,诸如图书馆、艺术馆、体育馆、公共绿地等,不仅丰富人民大众的闲暇生活、培养人的休闲情趣,还可以给人提供多种选择,塑造人的个性和心灵。

第四章 休闲体育教育

> **拓展阅读：《世界休闲教育国际宪章》**
>
> 1993年8月2—4日，在以色列的耶路撒冷召开了一次专门关于休闲教育的会议，会议由世界休闲与娱乐协会教育委员会、以色列休闲娱乐协会、以色列希伯来大学休闲健康学院和欧洲休闲娱乐协会教育组共同组织。会议起草并通过了《世界休闲教育国际宪章》，此章程于1993年12月3日在印尼首都雅加达被修订。《宪章》的目的就是使政府、非政府组织和教育机构充分认识到休闲和休闲教育的重要性，并为教育机构如社区和人事培训机构提供指导，希望能以这些原则为基础制定休闲教育的政策和策略。《宪章》共分为四个部分，第一部分主要界定了休闲和休闲教育的范围。第二部分是学校休闲教育，主要有目标、原则和策略、教学方法、在正式和非正式教育中的框架结构、人员培训等。第三部分是社区休闲教育的目标、原则和策略框架结构、教学方法、人员培训等。第四部分是休闲教育人员的准备和计划，也分为目标、策略原则和休闲教育职业准备和培训。

扫一扫 4-2：日本休闲协会

（二）发达国家休闲体育教育的兴起与发展

发达国家休闲体育教育的正规化培养始于20世纪中期，美国、英国、日本、韩国、加拿大、新西兰、澳大利亚等都设有休闲体育与管理专业。

美国休闲体育具有深厚的文化背景和悠久的传统，已有100多年的历史，自20世纪初明确提出现代休闲教育起，休闲体育教育便兴起并获得广泛发展。20世纪70年代末，美国艾奥瓦大学成立了健康、体育与休闲服务学院。休闲专业的开设主要帮助学生学习休闲知识、掌握休闲技能，并强调休闲经营管理与组织，使学生清楚地了解休闲这一特殊的社会文化现象。同时，艾奥瓦大学还设有休闲专业的文学学士和硕士学位课程。

进入20世纪80年代以后，美国的休闲活动、健身、健美和娱乐性竞技运动有了很大的发展，与体育相关的职业领域，如康乐、健身和健美指导与管理，运动俱乐部经营管理，运动商品的生产、经营和销售等方面的人才需求不断扩大，使体育专业教育在专业设置上明显出现了师范与非师范的分化，体育往往和健康、休闲研究、运动研究等相关联。休闲运动开设的课程一般有市场营销、人力资源管理、法律、战略管理、财政学、组织行为与企业等。

在美国，目前开设休闲专业的大学约有400所。其中，得到美国娱乐、公园协会和美国休闲与娱乐委员会认可的有100多所。开设休闲专业的大学，注重帮助学生学习休闲知识、掌握技能，并强调经营管理与组织，其目的是使学生清楚地了解休闲的内涵及休闲这一特殊的社会现象。

英国也高度重视休闲教育，所有的学院和大学设立休闲体育和休闲相关课程，学科体系完整，大致可以分为三个类别：娱乐服务类、管理类和各种专业学科的系统综合集成类。很多大学体育部门在每个专业方向设置一个休闲体育相关的课程。如德弗蒙特大学的体育休闲娱乐硕士专业开设的课程有市场营销、人力资源管理、法律、战略管理、财政学、组织原理、组织行为与企业等，其目标是要求毕业生对体育休闲娱乐管理的原理和实践有继续学习的能力以及估计价值质量、有效交流、实际应用、证明观点的能力。

三、我国休闲体育教育的发展

20世纪90年代初期，我国台湾的一些高等院校为满足日益增长的人才需求推动体育运动内涵的发展，纷纷调整体育专业的办学思路，相继开设了运动与休闲方向的专业。到2003年，台湾的150余所大学中已有47所开设了运动与休闲方向的院系，涵盖与休闲密切相关的运动、管理、观光、康复保健等领域，形成了职业技术、本科、硕士、博士等不同层次的培养规格。在本科层次上偏重于应用教育，以管理方向为培养重点，在研究生培养中，以运动与休闲教育的师资人才和高级管理人才为主，除全日制教育外，研究生继续教育的拓展较为普及，吸引了许多产业界人士就读，为运动与休闲产业培养了一批高规格的管理人才。课程设置多样化，相关教材建设比较完善。

进入21世纪，我国许多高校纷纷开设休闲体育专业，进行休闲体育的研究。2007年国家教育部正式批准广州体育学院、武汉体育学院设置休闲体育专业，列入招生目录，标志着我国休闲体育专业教育进入了新的发展阶段。

第二节 休闲体育教育的目标与内容

休闲体育教育不仅教人们如何度过自由时间,更教育人们如何有价值地使用自由时间去完善人的生命过程,提高生命质量,成为真正心智健全、人格完善、热爱工作、热爱学习和生活的人。重视大学生的休闲教育,是重视培养和提高大学生"幸福的能力",更是重视大学生作为教育的主体,提升其全面发展的能力,是大学休闲体育教育的重要目标。

一、休闲体育教育的目标

休闲教育的本质在于促进人的完善,既要传授人们关于生存最基本的知识、技能,又要引导他们去认识、理解生存的意义和价值,不但使他们知道"何以为生",更使他们懂得"为何而生",进而建立起自己的精神家园。休闲体育教育是"成为人"的过程,发展自我,实现人与自然、人与自我、人与社会的协调,促进人的自由全面发展是休闲体育教育的根本目标。

2016年10月,中共中央、国务院印发《"健康中国2030"规划纲要》"健康中国"涉及社会各个群体,现代社会竞争激烈、生活节奏紧张,在社会各阶层群体中,失眠、神经衰弱、恐惧、焦虑等亚健康状态很普遍。"健康中国"秉持着"大健康、大体育、大卫生"的理念,目的是使康复人群、病症人群、病兆人群、亚健康人群回归健康。

休闲体育教育的重大使命是指通过教育、宣传,激励和引导广大群众参与休闲体育活动;通过参与和教育手段,体验、感悟休闲体育的生活方式,把在运动休闲中的身心感受内化、升华为内在素质,提高自身的生命质量。培养科学、积极的休闲观,铸造人的品格,促进人理性的进步。

休闲体育教育的基本目标可以概括为5个方面:

(一)树立正确的休闲和休闲体育价值观

马克思自由时间活动理论认为:休闲包括积极的、主动的发挥人的本质力量的较高级活动,也包括消极、被动的消遣活动。休闲的价值主要体现在第一种活动中。目前,人们有了"闲"的时间,却因为认识上的偏差和能力上的缺失,得不到"休"的状态。很多偏远地区的人们在休闲时间里无所事事、休闲生活缺乏具体规划和自主性，表现出很强的随意性。身处城市中的人们则往往把闲暇时间花在了网聊、看电视电影、看小说、逛街、打麻将、打游戏上，休闲方式单一、内容庸俗，受大众文化中的低俗文化影响较大。

休闲教育是为休闲而实施的教育，不是为谋生而进行的工作教育。休闲教育在理念上应是生活的教育，是教导人们实现圆满生活的教育。通过休闲教育和引导以及个体自身的休闲实践活动而逐步养成较稳定的休闲态度、休闲价值观和休闲行为与习惯。通过教育，使学生了解闲暇引起的挑战、机会和问题，形成闲暇的终身意识、参与意识、自控意识、合作意识等；理解闲暇与学习的辩证关系，了解自己的真正爱好和兴趣；培养科学的休闲观，明确在闲暇中对自己、他人和社会所肩负的责任等。通过有针对性的传授各种休闲或休闲体育活动的知识和技能，发展人们对休闲体育运动项目的志趣和爱好，培养休闲体育意识，树立正确的休闲体育价值观和休闲体育态度，学会有价值的、明智的、自主的进行休闲或休闲体育活动的选择，丰富、提高休闲生活的内容和质量。

（二）培养人们科学的休闲健身方式和掌握正确的运动休闲技能

被誉为"休闲学之父"的美国学者凡勃伦在他1899年发表的《有闲阶级论》中提出："休闲已成为一种社会建制，成为一种生活方式和行为方式。"如今，凡勃伦的设想已变为现实。休闲作为一种生活方式，包含着价值取向。人们的休闲方式必须符合社会价值规范，休闲行为的选择必须负责任、符合社会道德伦理，做到休而有节、休而有礼。

休闲体育的根本目标是提高人民的身心健康素质。人体是一个复杂的系统，解决身心健康问题，需要运用多学科的理论、知识和技能。休闲得法，才能事半功倍。因此，倡导休闲体育，就要让广大群众懂得休闲健身的知识和运动休闲的手段与技能。

（三）引导人们科学、健康地度过休闲时间

休闲体育教育的一个基本目标是积极弘扬科学、健康的休闲活动，遏制不良休闲活动的发生。对于大学生而言，通过教育引导，逐步培养学生对休闲时间的自我规划、自我判断、自我评价的能力，唤起学生提高休闲生活质量的意识；激发学生的自觉性，珍惜时间，有计划的安排休闲时间，拓宽知识面，培养多方面的能力，使自在的休闲转化为自主科学的休闲。

(四) 培养休闲体育人才

群众参加休闲体育活动需要组织，需要提供科学指导，培养休闲体育人才，为广大群众的体育休闲提供服务，开展休闲体育研究，促进休闲体育发展是新时期高等体育院校的使命。

当代社会人们的体育需求、休闲健身需求日渐提高，需要培养大量懂休闲、掌握运动休闲技能、会管理和服务的休闲体育专门人才。这样的人才能够弘扬正确的休闲体育价值观，传授大众基础的休闲体育技能，引导人们养成休闲体育的兴趣和习惯，倡导健康休闲、善度余暇，从而为"健康中国"搭建技术与服务平台，造福人类健康。

二、休闲体育教育的主要内容

休闲体育教育的内容与休闲体育的目标有所不同。休闲体育教育的目标是指学生在接受教育时需要达到的目的，比如学习什么、了解什么、掌握什么；休闲体育教育的内容是为达到休闲体育教育目标提供素材，包括观念、知识、技能等。正确的目标需要有合理的内容来体现，内容是为目标服务的。

休闲体育教育的内容有很多，选择有益的、适合自身的休闲活动内容至关重要。根据上述休闲体育教育的目标，休闲体育教育的内容主要包括以下四个方面（表4-1）：

表4-1 休闲体育教育内容

类别	教育内容
1. 休闲和休闲体育价值观教育	休闲和休闲体育的基本概念、发展历史；休闲的认识误区和科学认识；休闲体育价值观的内涵与基本特征；形成正确的休闲体育价值观的教育手段和方法。
2. 休闲健身方式与运动休闲技能教育	生活方式的基本概念与健康生活方式的基本指标；适合自身休闲价值观的生活方式，休闲健身兴趣与习惯培养的要素与方法；运动休闲技能的分类（水上类、陆地类、航空类、冰雪类）与学习方法。
3. 善度闲暇教育	健康休闲的基本概念与重要意义，不健康休闲的危害与预防；健康休闲的基本知识与方法；健康休闲的自我规划与评价。

续表

类别	教育内容
4. 休闲体育人才教育	高等院校休闲体育教育的专业设置与人才培养过程；休闲体育教育人才培养的要素（培养目标、培养规格、课程设置等）与基本要求。

（一）休闲与休闲体育价值观教育

通过休闲和休闲体育教育引导人们正确了解自身休闲行为可能产生的后果及对他人或社会可能带来的影响；在进行休闲生活方式的选择时，能选择符合自身休闲价值观或休闲体育价值观及社会价值观的休闲方式，并能认识到所选择的利弊或代价，能从自己的兴趣、期望和特长出发，选择能够展示自己个性和风格的休闲活动或休闲体育项目。

与此同时，在对休闲的认知上要避免四个误区。误区一：休闲并非休息。休息是指人们满足生理需要以及消除体力疲劳、恢复工作精力的活动，而休闲是人们在工作时间、家务劳动时间和满足生理需要等日常必要时间以外的闲暇时间内进行的自由活动，要让人们清醒地认识到它更多地体现人的闲情逸致，促进自由与自我的发展。误区二：休闲并非游手好闲。休闲不是空耗时间，而是创造时间。马克思认为，人们有了充裕的休闲时间，就等于享有了充分发挥自己一切爱好、兴趣、才能、力量的广阔空间，有了为"思想"提供驰骋的天地。他还认为自由时间即可以支配的时间就是财富本身。游手好闲带有贬义，只是单纯地消磨时间或停留在感官享受上。因此，要树立正确的休闲价值观，合理科学规划时间。误区三：将休闲等同于玩，甚至是玩物丧志。休闲不是简单的玩，随意的玩，而是指有品质的玩，它是健康的玩，有技术的玩，有文化的玩。我国著名的休闲学家于光远先生曾说："玩，既是人生目的，也是达到人生目的必备的基本手段。"误区四：把休闲等同于消费。英语中的休闲译为Leisure，有闲适和教育两方面的意思，一是从发展娱乐中受益，伴之以文化与教养的提升；二是靠知识、习性、品德涵养人的精神世界，使人"成为人"。休闲是一种消费，但消费的是时间，并非要有金钱的投入和物质的消耗，它还是一种创造性生产，更多层面指精神愉悦。休闲消费虽基于传统的消费形态，但又不同于传统。它既包括对物质产品、文化产品的消费，也注重对新观念、新知识、新价值观的消费，可以在更广泛的领域进行新探索。

（二）休闲健身方式与运动休闲技能教育

休闲体育教育的一个重要内容是休闲健身方式和运动休闲技能。不懂休闲健身方式，不掌握必要的运动休闲技能，就容易导致"玩"不得法，玩不出雅兴。通过休闲和休闲体育教育引导人们正确了解自身的休闲行为可能产生的后果及对他人或社会可能带来的影响；在进行休闲生活方式的选择时，能选择符合自身休闲价值观或休闲体育价值观及社会价值观的休闲方式，并且能从自身的兴趣、期望和特长出发，选择能够展示个性和风格的休闲活动或休闲体育项目。要采取各种措施对广大群众进行休闲方式的教育，参加各种文化广场、休闲娱乐中心、体育场馆等开展的多样化休闲体育活动，培养对休闲体育的兴趣与习惯，视经常性的休闲体育为一种高尚、文明、科学的生活方式，并逐渐形成自觉行为。

运动休闲，要遵循人体身心发展规律，讲究活动的时间和强度。每周3次，每次30分钟的中等强度活动，在国内外的研究证明中是有效的。当然不同的对象，应实施不同的量和强度，进行区别对待。通过休闲和休闲体育教育获得休闲"资格"进而使每个人都享有时间去培养个人和社会的兴趣，发展多方面的才能（认知能力、组织能力、社交能力、理解能力、欣赏能力）。

（三）善度闲暇教育

科学利用闲暇时间是发达国家社会进步和提高人们素养的一个很重要的途径。由于人们认识到"休"在人的生命中的价值，闲暇时间的合理支配与利用便成为全社会普遍接受的生活导向。休闲活动，有健康与不健康之分。不同的休闲观，产生不同的休闲方式，会产生截然不同的效果。学校、社会进行健康的休闲方式教育，是精神文明建设的一项重要内容。财富是一把双刃剑，有些人财富的增加并没使他们的素质相应地提高，相反随着闲暇时间的增多，养成了不良的休闲嗜好，迷信、赌博、吸毒等。这些人之所以会出现"恶闲"，就是因为缺乏正确的休闲价值观。积极健康的休闲活动，有助于个人身心健康、工作效率的提高，促进家庭、社会和谐；不健康的休闲活动，对个人和社会都具有很大的破坏力。

(四) 休闲体育人才教育

培养懂休闲、掌握运动休闲技能、会休闲体育管理和服务的人才，是当代休闲体育教育的重要目标。为达成这个目标，高等院校要加大力度培养大量高素质的休闲体育管理人才。

休闲体育人才的培养和教育，首先要明确人才培养的定位、目标和规格，根据实际需求设置合理的课程体系；其次是建立与第二、第三课堂紧密结合的人才培养体系；第三是构建行之有效的休闲体育人才培养质量监控体系，确保人才培养质量。

第三节 休闲体育教育的特点与途径

联合国开发计划署在《人类发展报告》中指出："人类发展是一个提高人们生存机会的过程，从总体上说，健康、长寿、接受良好的教育和生活幸福美满是人类发展的基本标志"。

一、休闲体育教育的特点

休闲体育教育具有教育性、主体性、体验性、娱乐性、社会性的特点，具体体现为：

1. 教育性

实现人的全面发展是教育的永恒目标。教育需要面对完整的人，为了真正促进人的全面发展，就必须面对这个包含了理性、热情和事实、具体的、活生生的"现实的个人"的一切生长过程。可见休闲体育教育具有泛教育的特征。

2. 主体性

主体性既是教育自身规律的反映，也是其固有特点。依索·阿霍拉（1980）关于三个层次的休闲活动的论述中认为具有高度的自由选择与强大的内在动机的活动，才是真正的休闲活动。唯有主体性，才会激发内在的、积极的、自主的选择，为人们实现自我、追求高尚的精神生活、获得"畅"、"迷狂"等心灵体验提供机会。

3. 体验性

在休闲体育活动中，由于是主体自觉自愿地参与，因此，不仅要直接满足个体身心发展的需要，而且这种良好的情绪体验会更加激励个体持久参与的积极性，并比较好地形成"需要——满足——更大需要——更大满足"的良性循环。亲身参与，关键在于个人对休闲的体验：休闲的心理或精神基础、心灵感知的自由、驾驭自我的内在力量。休闲体育教育重要的不是说教和演示示范，而是参与其中，体验休闲的各种心理价值。

4. 娱乐性

亚里士多德认为，只有追求智慧、进行沉思的休闲生活，才是最接近幸福的、纯粹和快乐的休闲。参与休闲体育活动的动机不是运动成绩、奖牌奖金和其他利益，也不是追求"更高、更快、更强"的竞技精神，而是放松、游憩、娱乐，因此有趣、好玩、开心、畅爽、高峰体验，才能彰显休闲体育的本色。人们可以在闲暇时根据自己的实际情况，自由选择活动的项目、方式、时间。根据自己的意志和想法，自由自主、轻松愉快地从事身体活动或观赏休闲体育活动，从而忘却学习、工作、生活中的一切烦恼、痛苦，在精神上获得一种解放、自由和快乐感。

5. 社会性

任何一项休闲体育活动都是在一定的历史时期产生的，休闲体育项目与该时代社会经济发展水平和人们的精神文化要求密切相关。不同时代具有不同的社会物质生活条件，并形成与之相适应的精神文化和意识，对体育内涵的认识也随着时代的变化而不同。不同时代，由于人们所处的社会政治、经济条件不同，对休闲体育活动的需求也不同；随着人们物质文化生活水平的提高，人们对休闲体育活动的内容要求也越来越高，休闲体育的文化价值也不断丰富。如何引导广大人民群众学会聪明地用"闲"，营造科学、健康、文明的休闲和休闲体育生活方式，将成为亟待解决的重要社会课题。具有时代性、社会性特色的休闲时间是休闲行为发生的首要前提，也是休闲教育、休闲体育教育的显著特点。

二、休闲体育教育的主要途径

西方思想家认为，开发休闲，实际上就是积累一个人、一个民族、一个国家的文化资本，就是对人的教育与教养的投资。而且这种资本的投资越早，回报率越高。他们鼓励人们把自我发展和承担社会责任联系在一起，用这样的行为方式营造充满温馨的、友善的、互助的社会氛围，增强社会的凝聚力、亲和力，实现社会和人际关系的和谐发展。休闲体育教育是一项综合性的系统工程，只有在政府的主导下，学校、家庭、社会和政府都参与和关心休闲体育教育时，休闲体育文化才能获得预期的效果。"事必有法，然后可成，师舍是则无以教，弟子舍是则无以学。"任何教育活动都离不开一定的方法，根据休闲体育教育的基本特点，选择恰当的方法才能达到教育目的。

（一）媒体是休闲体育宣传教育的主阵地

大众传播是一种公共传播，它通过现代化的传播媒介——报纸、杂志、广播、电视、广告、电影、网络等，对极其广泛的受众进行信息传播活动。人们习惯上从两个角度来划分大众传播媒介：从新闻学和传播学的关系看，大众传播媒介可以分成新闻媒介和非新闻媒介，属于新闻媒介的有报纸、电台、电视、网络以及移动媒体手机，其余的都是非新闻媒介；从传播手段上看，大众媒介可分成印刷媒介和电子媒介，前者俗称纸媒，包括报纸、杂志、书籍等，后者则包括广播、电视、网络、电影等。

体育与音乐、娱乐、阅读相结合，已成为体育广播节目的新亮点。在传播休闲体育的电视媒体方面，目前我国不少电视台开办了与休闲有关的栏目，有些电视台还开设了专门的体育与休闲相结合的频道，如山东电视台举办的"快乐向前冲""足球九宫格"等节目；海南电视台以旅游为特色，创办了"旅游卫视"，根据旅游行业和广大观众的需求，以吃、穿、住、行、玩为报道重点，传播各地旅游信息，展示各地的自然人文景观，介绍各种旅游商品和各处旅游交通信息，引领健康休闲时尚，发掘旅游文化，交流旅游行业经验等。

报纸、广播、电视这些大众传媒是宣传休闲体育的重要工具，通过报纸、电视宣讲健康知识，介绍锻炼身体的手段和方法，特别是通过电视传授太极拳、健身操、瑜伽等各类运动项目的技术动作，直观生动，容易理解，乐于接受。书刊和音像教材可以保存，随时取用，是获取休闲体育教育知识的另一种途径。

通过体育网站和创办休闲体育网站，向广大群众提供大量的休闲体育信息、知识和技能，专业学习网站还可开展休闲体育咨询服务。

（二）观赏体育比赛，接受竞赛文化熏陶，提升个体内在素质

观看精彩的体育比赛，是休闲生活的一种重要组成方式。世界杯足球赛全球10多亿人在观赏比赛中感悟运动美，激发对生活的热爱。旅游休闲，观赏名山大川，领略祖国的传统文化，接受历史文化教育，把生活中的美升华为内在素质的美，都是一种休闲体育教育的途径。审美教育是休闲体育的一项教育内容，通过审美教育，体验和发现生活中美好的事物，培养高尚的品质，满足人们对高尚精神的追求及人生乐趣的享受。

（三）学校、家庭和社区三位一体广泛开展休闲体育教育

欧美国家把休闲教育融入国民教育的全过程，并作为青少年教育的必修课。把休闲体育教育列入学校教育内容，引导人们重新认识休闲教育和休闲体育教育的内涵与价值，培养休闲体育的兴趣，传授休闲体育的技术和技能。要教育青少年为什么休闲，休闲的本质是什么，帮助青少年树立积极向上的休闲价值观和休闲态度；使青少年习得休闲的技能和素质，学会"玩"并明白"玩的本质特征是使人感到自由和愉悦"，使青少年能够明智地、自主地进行休闲活动的选择，从而丰富和提高休闲生活的质量。

通过学校宣传栏、校园网、校园广播、各种晚会，营造休闲体育的氛围，宣传休闲体育的功能，普及休闲价值观，培养休闲体育的兴趣、技能和习惯，创造文明休闲的校园文化。

以家庭为枢纽，注重家庭休闲教育。所谓家庭休闲教育，是指家长通过自身示范或引导子女科学地利用闲暇时间，提高休闲生活质量的一种家庭教育。家长要把休闲教育看作是孩子发展成才的重要途径，是其终身教育的重要组成部分。要强化家长的休闲和休闲体育教育意识，正确对待孩子"学"与"玩"的关系，重视孩子休闲和休闲体育观念与方式的指导，帮助孩子确立正确的休闲体育价值观。为孩子提供休闲体育的活动机会，减轻学习负担，促进青少年健康成长。

社区是社会的基层组织，是开展休闲体育的组织者、引导者、宣传者。社区还是开展休闲体育宣传教育的阵地。要提供足够的休闲体育娱乐设施，制订社区休闲教育计划，有目的、有计划、有组织地开展形式多样、喜闻乐见、满足不同层次和阶层群体需求的休闲体育活动，在辖区范围内，采用讲座、黑板报、墙报、宣传栏等方式介绍休闲体育，让群众在社区进行休闲体育的同时，学习身心健康知识，学习休闲体育的方法，提高休闲质量。在广

泛的体育科普教育中，宣传合理营养、预防肥胖、强身健体等理念，消除亚健康隐患，通过休闲体育预防疾病等健康知识，提高体育休闲质量，为人们提供轻松愉悦、和谐欢畅、健康向上的文化休闲环境。

社区、青少年宫、青少年体育俱乐部、儿童活动中心、科技馆等以青少年为服务对象的教育娱乐场所，博物馆、纪念馆、烈士陵园、古迹遗址等青少年教育基地，图书馆、文化宫、体育场等群众文化场所，影剧院、游乐场、公园、游览景点等公共娱乐单位，都应增加休闲体育的宣传内容，让学生感受到休闲体育教育。

拓展阅读：英国的休闲体育专业简介

英国的休闲体育相关专业主要包括体育与休闲（Sport and Leisure）管理专业、户外探险运动（Outdoor Adventure）管理专业、体育休闲娱乐（Sport and Recreation）管理专业等，这些专业与国内所说的"休闲体育专业"十分相近。

一、英国大学休闲体育专业人才培养目标

英国大学休闲体育专业的人才培养目标非常明确，比如中央兰开夏大学的户外运动领队专业，其人才培养目标是"提供最前沿的户外领队的实践和管理知识，提高学生的研究能力、分析能力和哲学知识，使学生对当代户外运动理论和实践问题有深入了解，培养学生的专业技能、自主学习能力和就业能力"；同样是户外运动领队专业，哥比亚大学的人才培养目标为"为学生提供户外运动行业领导所需的技能，包括技术、实践技能和变通能力，学习领导力的理论和实践方法，比如良好的沟通、团队工作、联络能力、自我意识和灵活的策略等"。它们的培养目标中特别强调课程可以帮助学生变得更加有上进心和自信心，使学生在课程学习和将来的职业生涯中更加有效地使用所学技能；爱丁堡大学的体育及娱乐休闲管理专业的人才培养目标是"为学生提供体育和休闲管理相关知识，提升学生对社会科学的了解，提高学生管理学相关的技能和知识，培养学生研究分析的能力，提升学生的就业能力"。

二、英国大学休闲体育专业课程体系

英国大学休闲体育专业课程设置有丰富的选修课和必修课，内容涉及户外运动管理基础理论知识和实践技能及与拓展学生视野相关的社会文化知识。当然，各个学校根据自身培养目标的不同在课程设置上也各有特色。例如坎特伯利基督大学的体育与休闲管理专业和爱丁堡大学的体育和娱乐休闲管理专业在课程设置上重点倾向于提高学生管理学和社会学理论知识，培养学生宏观政策研究的分析能力。

三、英国大学休闲体育专业课程设置的特点

（1）课程设置具有自主性和多样性的特点；（2）以领导和管理能力的培养为核心；（3）课程设置注重现实性与实用性；（4）重视自然环境教育；（5）重视学生实习实训环节。

（四）通过各种体育组织的服务网络进行休闲体育教育

组织传播是一种有组织、有领导、有计划、有规模的信息交流活动，即由各种相互依赖的关系结成网络，为应付环境的不确定性而进行信息交流的过程。它的特点是某一组织的决策过程和决策实施过程，在一定程度上也是传播过程。组织是否具有权威性，往往表现为传播内容是否具有可信度，组织的威望越高，传播的信息就越容易被人们所信任，反之，传播内容越可信，组织就越具有权威性。

各类休闲体育项目一般都成立了项目协会，旨在组织各类比赛活动，以活动为载体，扩大本协会、项目的影响力，推广休闲体育项目。协会在各自的体育项目管理上，享有最高的管理权限。这些协会及其所辖的各地方协会的另一项工作重点是在各个地区广泛开展休闲体育活动，对休闲体育活动起组织、指导以及服务的作用。

（五）开展健康咨询教育（包括体育网站、视频、音频、微信、微博等）

休闲教育要抓住校园网这个制高点，对大学生进行引导，比如，在VOD上投放经典名片、英语教学节目、精彩体育赛事活动、科学探索节目、健康咨询栏目等；在BBS上倡导张扬个性的同时宣扬网络道德的养成；完善网上心理咨询室，帮助大学生走出心理困境，实现身心健康；同时，也需要通过新媒体方式获取有效信息，如通过微信公众号、手机应用程序软件和微博（新浪体育新闻）来满足不同群体的个性化需求。户外公众类平台可不定期推送户外运动项目的专业知识和健康常识，满足不同户外运动爱好者的需求。另外，还可以学习和了解野外高级急救课程的健康知识。有关运动康复的公众号可以不定期推送运动物理治疗的专业健康知识；通过青少年冬令营系列活动的户外公众平台，让更多青少年有机会亲近自然，促进青少年身心健康、全面发展。

（六）构建休闲体育人才培养体系

休闲已进入我们的生活，成为一种生活方式，运动健身惠及千家万户。休闲社会需要大量的休闲体育人才，从事科学指导、科学研究、技术培训、组织管理等工作，以适应社会对休闲体育知识、技术技能的客观要求。高等体育院校开设休闲体育课程，培养休闲体育人才，是休闲体育教育的使命，这些人才具有层次性和多样性，需要建设一个完善的人才培养体系。

总之，休闲教育是一个庞大的系统工程，是我国教育发展的重要组成部分。以学校为主阵地，与家庭教育、社区教育形成合力，借助大众传媒的影响，扩大休闲思想的传播；在政府政策的扶植和支持下，建立健全休闲研究机构，进行休闲理论研究，以指导休闲实践的发展；以素质教育为理念，在终身教育的背景下，将休闲纳入学校的正规课程中来，建立多种多样的教学模式，并进行相关教师培训，这是今后学校休闲教育发展的大趋势。

拓展阅读：美国克莱姆森大学（Clemson University）相关课程设置

克莱姆森大学中与休闲体育相关的院系为公园、娱乐与旅游管理系，本科包括5个专业方向，分别是：（1）社区娱乐、体育与营地管理；（2）公园保护区管理；（3）高尔夫管理；（4）康乐；（5）旅游管理。学生在攻读教育学学位时，需要从5个专业方向中选取一个并完成对应的专业任务要求。不同专业方向的课程设置是不同的。学院为每个学生安排了学术顾问（adviser），解决他们在选课、学分获得等方面的疑问。

本节选取社区娱乐、体育与营地管理和高尔夫管理两个专业方向进行详细介绍。

1. 社区娱乐、体育与营地管理专业课程

社区娱乐、体育与营地管理的课程主要涉及社区和度假营休闲体育活动的策划与管理方面的知识和技术。主要研究休闲体育对社区、家庭和个人的发展的影响。通过专业学习，使学生能为不同类型，不同级别的休闲机构服务。

课程类型由三部分组成：通识课程，核心/主干课程和选修课程。该专业学生毕业前需要获得122个学分，其中通识课程，国内称为公共课程，是5个专业方向都需要完成的课程，总共30个学分，核心课程共74个学分，选修课程9个学分，实践课程9个学分，如表4-2所示。

表4-2 社区娱乐、体育与营地管理专业通识课程与核心课程设置

课程类型	课程名称及学分
通识课程	校史2分；微观经济学基础原理3分；统计学原理3分；心理学基础知识3分；自然科学4分；学术写作指导3分；艺术与人文知识6分；数学基础知识3分；口头表达训练3分。
核心课程	公园、娱乐与旅游管理领域概述1分；学术活动6分；休闲体育基础理论2分；休闲体育组织与管理6分；休闲服务理论知识5分；职业指导3分；专业能力培养51分。

根据每一学年的专业能力培养要求不同，相关的学习内容包括：休闲体育活动的设备管理、户外运动、社会功能、特殊团体以及休闲动机。

2. 高尔夫管理专业课程设置

高尔夫管理专业的培养目标是为美国职业高尔夫领域提供管理型、服务型和领导型人才。与其他专业方向4年的学年周期不同，高尔夫管理专业的学生一共有5年学习时间，而第5学年只有一个学期（秋季学期）。课程设置同样分为通识课程，核心/主干课程和选修课程。其中，核心/主干课程共76个学分，通识课程28个学分，选修课程7个学分，实践课程9个学分，学生总共需要完成120个学分（表4-3）。

表4-3 高尔夫专业通识课程与核心课程设置

课程类型	课程名称及学分
通识课程	社会学6分；自然科学4分；艺术与人文6分；数学基础知识6分；口头表达训练3分；学术写作指导3分。
核心课程	高尔夫管理学概论3分；公园、娱乐与旅游管理领域概论1分；高尔夫职业培训基础（PGM Ⅰ）1分；学术活动1分；高尔夫职业培训初级（PGM Ⅱ）1分；休闲体育基础理论2分；高尔夫职业培训中级（PGM Ⅲ）1分；职业指导3分；高尔夫职业培训高级（PGM Ⅳ）1分；专业能力培养51分；休闲服务理论知识5分；休闲体育组织与管理6分。

> 克莱姆森大学公园、娱乐与旅游管理系本科专业的选修课程分为专业基础选修和专业方向选修课程两大模块，课程要求学生选择院系规定的专业方向以外的课程。专业基础课程内容包括领导能力培训（PRTM308）、休闲活动中的安全管理与风险控制（PRTM305）、休闲行政管理（PRTM321）、休闲资金来源管理（PRTM421）、休闲资源概论——管理方向（PRTM270）、休闲决策（PRTM320）、休闲与公园管理概论（PRTM403）等。专业方向选修课程内容包括：体育管理学概论（PRTM254）、高尔夫概论（PRTM282）、营地组织与管理（PRTM352）、高尔夫实践指导（PRTM402）、高尔夫商业机构经营管理（PRTM383）、体育发展现状与趋势研究（PRTM454）、高尔夫俱乐部管理与经营（PRTM483）、营地休闲学（PRTM452）、体育信息与赛事运作（PRTM453）等。

第四节 休闲体育专业教育

专业是高等学校最基本的办学单元，是推进教学改革和提高教学质量的立足点和集合体。专业发展水平构成了学校人才培养的质量和特色，专业学习决定着本科生的学习品质，专业建设决定着大学的教学品质。休闲体育专业自 2007 年在我国创办以来，经历了 10 年的初创期正逐步走向成长期。根据教育部统计，2016 年全国共有超过 57 所高等院校开办了休闲体育专业，其中有 13 所体育院校开设了休闲体育专业，是休闲体育专业教育的主力军。

一、我国休闲体育专业教育的发展阶段与特点

以 2007 年休闲体育专业正式创办招生、2012 年休闲体育专业由试办专业转为特设专业和 2017 年《高等学校体育学类本科专业教学质量国家标准》的颁布为标志性历史节点，根据不同时期的发展特点，可以把我国的休闲体育专业教育划分为四个阶段。

（一）休闲体育专业教育的萌芽阶段（2007年以前）

2007年以前，我国还没有正式设立休闲体育专业，这一阶段的休闲体育专业教育处于萌芽发展时期，以设立专业方向为特征。休闲体育教育是随着休闲教育发展而来的，最早多是以课程和专业下设方向的形式开展，其中在旅游专业和社会体育专业下设置休闲体育方向的院校较多。如天津体育学院、成都体育学院、深圳大学等少数几所院校在旅游管理专业中，开设了体育旅游管理专业方向、高尔夫球管理专业方向等。而华南师范大学和湛江海洋大学，在社会体育专业中开设了休闲体育管理方向（本科）和滨海休闲体育方向（专科）专业；开设课程包括"休闲体育概论""户外运动""攀岩""高尔夫"等。武汉体育学院从2002年开始，就在经济（体育经济）和公共事业管理（体育管理）专业技能课程中开设了休闲体育专业领域相关管理类课程"体育俱乐部管理"和"体育场馆管理"等。

2004年第二届"社会体育国际论坛"上，来自美国、英国、德国、澳大利亚、日本、韩国等国家和我国香港、澳门、台湾地区的近500名专家、学者和体育界、商界的精英们一致认为：休闲体育市场已经来临，市场急需"手脑并用"的休闲体育人才。由此，高校培养休闲体育专业人才成为历史必然。2006年，武汉体育学院、广州体育学院分别向教育部提交了目录外新增专业"休闲体育"的申请报告，并于2007年获得审批通过。

（二）休闲体育专业教育的试办阶段（2007—2011年）

2007年，以确立目录外专业为标志，我国正式设立休闲体育专业，由于是试办专业，休闲体育专业还没有统一的专业建设标准，因此，各开办院校依据自身特点和条件对休闲体育专业进行了积极有效的探索和尝试。改革开放后，随着我国经济社会的不断发展，娱乐休闲业迅速发展。为适应我国社会发展需要、满足社会对休闲体育的人才需求，2007年2月25日，经国家教育部批准（《教育部关于公布2006年度高等学校专业设置备案或审批结果的通知》），广州体育学院和武汉体育学院率先正式设立休闲体育专业，专业代码040207S，学制四年，授予教育学学位。

2008年，以"休闲体育与健康促进"为主题的首届休闲体育专业学术会议——"2008广州国际休闲体育研讨会"在广州体育学院举行。来自中国、韩国和日本等国的众多专家，如马惠娣、卢元镇、胡小明、李荣基（韩国）、园山和夫（日本）、李建国、倪依克、蔡宝家等就休闲与休闲体育的本质，当代中国的休闲特点及其休闲理论的本土化，面向休闲时代体育理论的重构，中华民族传统体育在休闲时代的文化魅力以及区域休闲体育产业发展理论与实证问题等与参会的各高校代表展开了交流，这一会议促进了休闲体育专业在我国的发展和推广。

此后，越来越多的体育院校开办了休闲体育专业，2008年，首都体育学院、上海体育学院、沈阳体育学院获批休闲体育专业；2009年西安体育学院、山东体育学院获批休闲体育专业。可以说，申办休闲体育专业成为专业体育院校专业建设与发展的共识。2010年以后，师范院校（如杭州师范大学）、非体育类的综合性大学（如湖北大学、常州大学）纷纷追赶申办休闲体育专业的"热潮"，休闲体育专业教育的竞争从体育院校延伸至一般高校。

（三）休闲体育专业教育的确立阶段（2012—2016年）

2012年，以特设专业建立为标志，休闲体育专业教育进入确立发展时期，这也表明休闲体育专业经过5年试办阶段，人才培养和办学效果受到了教育部门和社会的广泛认可。2012年，国家颁布的《普通高等学校本科专业目录（2012年）》中，休闲体育专业从"试办专业"转为"特设专业"，截至2016年6月，全国有57所高等院校申办了休闲体育专业。

高等院校正式开设休闲体育专业，标志着与大众休闲生活密切关联的休闲体育首次进入高等教育范畴。体育院校特别是非体育类高等院校休闲体育专业的相继开设，标志着休闲体育专业设置得到广泛认同。休闲体育从试办专业到特设专业的发展过程，表明休闲体育教育已进入到一个规范化、专业化的时代。

（四）休闲体育专业教育的全面发展阶段（2017年至今）

2017年，国家教育部高等学校体育教学指导委员会制定的《高等学校体育学类本科专业教学质量国家标准》颁布，其中对休闲体育专业的培养目标与规格、学制、学分与学位、课程体系、专业师资、教学条件、质量管理等都做了明确的规定，这标志着休闲体育专业将走向规范化、标准化。下一个发展周期，各院校将根据教学质量国家标准和院校自身特色，结合市场需求变化，进行新一轮的人才培养方案的调研与修订工作，展开休闲体育专业建设研究，梳理专业发展的过程和标准，促进休闲体育专业建设的进一步深化与提高。同时，随着"互联网+体育"发展浪潮的到来，休闲体育专业发展也将呈现信息化、创新化、国际化的趋势。

2016年6月,在首都体育学院成立了中国高等教育体育分会休闲体育专业学组,并召开了第五届休闲体育北京论坛。2016年12月,在广州体育学院召开了以纪念休闲体育专业申办10周年(2006—2016年)为主题的休闲体育专业建设与发展论坛,全国有40多所开办和准备开办休闲体育专业的高校参与了此次会议。会上,杭州师范大学、广州体育学院和武汉体育学院作为代表分别就休闲体育专业人才规格、培养模式、实践教学、创新创业、就业等专业建设经验展开了分享交流,并达成了一定的共识,这是对休闲体育专业建设10年的历史性总结。

二、我国休闲体育专业建设的内容与发展

扫一扫4-3:
教育厅审核式评估专业评估指标

根据教育部、财政部《关于启动高等学校教学质量和教学改革工程精品课程建设工作的通知》(教高〔2003〕1号)、《关于进一步加强高等学校本科教学工作的若干意见》(教高〔2005〕1号)、《关于实施高等学校本科教学质量与教学改革工程的意见》(教高〔2007〕1号)、《关于进一步深化本科教学改革全面提高教学质量的若干意见》(教高〔2007〕2号)的精神,本节对休闲体育专业涵盖的专业定位、培养目标、教学资源、师资队伍、培养过程和学生发展等内容进行分析。

(一)办学定位与培养目标

扫一扫4-4:
国内部分高校休闲体育专业专业定位与培养规格及课程统计表(题目)

办学定位指学校及专业办学方向、定位确定的依据。主要看办学方向和定位是否符合经济和社会发展需要,是否符合学校自身发展实际。根据高校教育管理对人才的分类标准,体育院校的体育教育、社会体育、运动训练、民族传统体育专业和休闲体育专业属于应用型人才。其特点是以"能力"为中心,以适应社会需求为目标,以培养技术应用能力为主线,设计人才培养的知识结构、能力结构与素质结构。就休闲体育专业而言,由于休闲体育的"边界"很宽,跨越了体育学、休闲学和管理学(经营管理类学科)等专业或学科,培养学生的运动技能、经营技能、管理技能等十分重要,这实际上是复合型人才的培养要求。

纵观全国部分大学休闲体育专业的培养目标,在人才定位上各院校已经有了较统一的认识,即培养基于运动技能与服务、管理的"应用型人才",部分院校强调培养复合型人才或创新型人才。休闲体育专业学生的就业方向

主要是基于休闲体育健身指导和休闲体育管理为主要发展方向的企业、政府和事业单位及院校。其中户外公司、旅游公司和健身俱乐部是主要的就业领域。在学生的专业核心能力上强调指导与管理能力，部分院校明确提出加强学生教学、指导、策划、营销、组织与管理等能力。

休闲体育专业教育必须坚持"为区域经济社会发展第一线培养经营、管理、服务的应用技术型人才"这一定位，强化与巩固"培养具有创新精神和发展潜力的多样化应用型人才"的培养目标和"基础扎实、专业合格、能力特长、素质优良"四位一体的人才培养要求。

培养目标包括学校人才培养总目标和专业培养目标两个层面，反映了学校及专业对人才培养质量的预期与追求。专业的培养目标是专业构建知识结构、形成课程体系和开展教学活动的基本依据。专业培养目标要与国家、社会与学生期望相符合。休闲体育专业旨在培养德智体全面发展，具有人文社科、管理、经济知识和创新精神，既了解体育和市场，又能在休闲体育活动中有效地从事服务、指导、经营、开发与组织工作的专门人才。由此，确定休闲体育专业的培养目标为：培养德智体全面发展，能从事休闲体育经营与管理、项目研究与规划、产品策划与设计、活动指导与推广以及相关专业方向学校教学工作，具有较强休闲体育运动技能、懂经营、擅管理的应用型人才。

（二）培养方案与课程体系

我国高等教育改革的不断深化对各专业的人才培养提出了新的更高的要求，人才培养是一项实实在在的教育质量系统工程，有助于推进教育创新，不断探索新的教学思想及育人观念。培养方案的制订、执行与调整是人才培养的前提。其中，课程体系与资源是重点。课程体系的建立应结合学科体系、专业特点和人才核心能力。其中复合型人才要通晓两个专业或学科的基础理论知识与基本技能，具有较宽的知识面，从而为多学科知识的融合提供条件，也为不同专业知识的学习和能力提升提供良好的基础。

在课程设置上，各院校应充分利用各地优势资源，遴选富有地域文化特色的休闲运动项目，既能丰富休闲体育专业建设内涵，又能在休闲体育教育竞争中形成差异化优势并逐渐形成自己的办学特色。除此之外，广州体育学院出版的《休闲体育概论》《休闲体育营养》等休闲体育系列丛书，以教材建设展现特色；上海体育学院和广州体育学院建立了休闲体育硕士点，以人才层次反映特色；沈阳体育学院建立休闲体育拓展训练基地，以场地建设巩固特色；武汉体育学院在巩固"山地户外"的特色基础，以"户外运动""野外生存"课程展现休闲体育专业的主要差异，并将"体验式教育"及"高尔夫运动与管理"作为专业特色方向打造。应该说这几所体育院校都已形成或正在形成自己的专业特色。

（三）师资队伍与教学资源

教师是提高人才培养质量的源头，师资队伍数量与结构是教学工作的基本保障。师资队伍主要体现在师生比、教师数量与结构、教育教学水平、教师教学投入以及教师发展与服务中。其中，教学团队建设是重点。当前休闲体育专业普遍存在师资不足、结构不合理等问题。大部分院校专业教师不超过10人，部分院校专业教师仅2人。教师大多是体育技能类教师，理论课程教师严重缺乏，大多数理论老师由管理学、社会学等领域转入，专业休闲学、休闲体育学专业理论教师较少。

教学资源包含5个要素：教学经费、教学设施、培养方案、课程资源与社会资源。作为新兴专业，教学资源的不足也是休闲体育专业普遍存在的问题。教学经费长期短缺，除少部分院校配置了新专业建设经费，大部分院校的休闲体育专业建设依赖于多渠道和外源性经费，如申请中央与地方共建项目或教育厅人才培养项目等。其中教学设施问题比较突出，主要包括实践教学设施、课堂教学设施和辅助教学设施。教学设施要满足教学需要，教学、科研设施能对外开放与综合利用，教学信息化条件及资源建设充分。教学设施中实验室、实习实训基地和体育场馆建设是重点。大部分院校都有1~2类专用场馆，如拓展基地、人工攀岩墙或高尔夫练习场等，但较大型或齐备的场馆设施还有待建设。随着高校体育场馆对外开放政策的实施，场馆经营冲击教学场馆使用的现象时有发生，如何进一步提高高校体育场馆的利用率和经营效益是当前的一个热点问题。在培养方案修订上，由于没有统一的专业建设标准，休闲体育专业本科人才培养方案呈现多样化的发展趋势。课程建设和教材建设方面，休闲体育专业出现严重的滞后现象，由于各高校开设的专业课程不一，很难形成课程建设和教材建设的合力。在社会资源方面，主要体现在实习实践基地建设上，这也是休闲体育专业与社会、企业合作办学的重要途径，各院校在这方面都做出了积极努力，也开拓了学生就业的渠道。

（四）培养过程与质量保障

根据国家教育部颁布的《国家中长期教育改革和发展规划纲要（2010—2020年）》和《教育部关于全面提高高等教育质量的若干意见》的精神，提高教学质量，必须关注培养过程，深化教学改革。培养过程包括教学改革、课堂教学、实践教学与第二课堂。教学改革体现在人才培养模式改革、人才培养体制、机制改革，教学及管理信息化等。课堂教学是人才培养的主渠道，是提高教学质量的关键环节。课堂教学包含教学大纲的制定与执行；教学内容对人才培养教师目标的体现，科研转化教学；教师教学方法，学生学习方式；考试考核的方式方法及管理。实践教学体现在实践教学体系建设、实验教学及实验室建设、实习实训、社会实践和毕业设计（论文）环节。其中，实习实训要求学校与业界密切合作并建立稳定的实习实训基地。社会实践主要指学生假期的社会实践活动，包括认识社会、服务社会、提高综合素质的实践活动。第二课堂是指培养方案中所规定的主要教学环节以外的其他教育教学环节，包括创新创业、社团与俱乐部建设、校园文化、课外科技活动、国内外学生交流活动等。

质量保障包括教学质量保障体系、质量监控、质量信息及利用和质量改进。缺乏有效的教学过程方法和质量监控体系是当前我国高校普遍存在教学管理问题，休闲体育专业也不例外，特别是课堂教学所体现出的学风不正、考试作弊、评教反馈机制缺乏等问题表现突出。

（五）学生就业与全面发展

以人才培养为核心，学生是教学的对象与中心。学生发展体现在招生及生源情况、学生指导与服务、学风与学习效果、就业与发展等方面。招生工作是人才培养工作的起点，生源质量是培养质量的起点。专业生源数量及特征在一定程度上反映了人才培养质量与社会声誉。生源情况体现在招生途径（体育或非体育口）、录取分数线、报到率、第一志愿报考率等方面。优质的指导和服务应体现以学生为本的思想，学生指导与服务包括学生指导与服务的内容及效果、组织与条件保障和学生评价。

毕业生的就业与职业发展情况是人才培养质量的窗口。毕业生就业率与就业质量，反映了人才培养工作被社会认可的程度。据统计，目前我国休闲体育专业毕业生主要就业领域在休闲体育工商企业（如休闲度假村、高尔夫会所、健身休闲俱乐部、户外与拓展训练机构、体育旅游公司等）、政府或公益机构（城市公共游憩空间、主题公园、全民健身中心、公共体育活动与竞赛场所等）、休闲体育事业机构（高等院校、研究所）等单位。其中行业内就业率还是偏低，而且自由职业者有增多的趋势，也反映出了人才培养与市场需求的不匹配。

我国休闲体育专业建设主要存在以下问题：学科基础理论研究薄弱；专业特色不明显，缺乏独立性；培养方向划分模糊，缺乏针对性；课程体系设置不合理，缺乏科学性；专业师资力量匮乏，缺乏长效性；教学实践管理落后，缺乏有效性；教学与就业市场对接欠缺。

三、我国休闲体育专业教育的发展思路

通过积极探索与实践，总结回顾休闲体育专业发展经验，我国休闲体育专业的发展思路应为：

（一）服务与创新并重，坚持应用型人才培养定位

我国休闲体育专业以培养"应用型"人才为根本目标，但多年办学经验发现人才的核心竞争力离不开"服务"和"创新"的能力与素质。

1. 以服务为理念，培养"服务型"人才

休闲体育专业的学生未来就业不管是服务个人、社区还是政府，都离不开服务理念和服务技能的培养。"懂经营、擅管理"的培养目标，不仅包含了经营管理思想，同时要求教师在教学过程中将"以服务为本"的理念贯穿于所有课程当中，只有培养出"服务型"人才，才能更好地适应市场需求，更好地满足企业和社会的需求。

2. 以创新为导向，培养"创新型"人才

在国家"大众创业，万众创新"的政策指引和号召下，越来越多的大学生投身于自主创业的大潮。然而，比创业更重要的是培养大学生的创新精神，鼓励创新思维和创新技术，其中，互联网思维技术是未来重要的创新领域，不管是人工智能时代，还是分享经济浪潮的到来都离不开互联网。由此，休闲体育专业的人才培养"以创新为导向"，引导学生在"互联网+体育"的领域中探索和创新，以适应未来的人才竞争。

（二）政府、企业、学校强强联合，实现人才培养模式的协同创新

休闲体育专业人才培养的协同创新模式应做好以下几个方面：

1. 以"一对接"为指导,加强专业建设

积极主动适应地方经济发展需要,建立专业设置与地方经济社会发展的联动机制,实施专业群对接产业群工程,采取增设新专业、改造原有部分专业、灵活设置专业方向等措施,加强特设专业的建设和改革工作,不断改善专业结构,优化专业布局。

2. 以"四合作"为途径,强化实践应用能力培养

根据合作对象的不同,采取院校与政府、院校与企业、院校之间、国际合作这四种形式,通过合作办专业、合作培养人才、共享(建)教学资源、共谋学生就业四个方面的紧密合作,提高人才培养的针对性和适应性,提升服务地方经济与社会发展的能力。

3. 以"三服务"为载体,保障学生成人成才

注重学生指导与服务工作,构建由学习指导与学习困难学生帮扶服务体系、心理健康教育与经济困难学生资助服务体系、就业创业指导与服务体系组成的三大服务体系,保障学生成人成才。

(三) 校内外相结合,打造双师型教学团队

教育部为全面贯彻落实科学发展观,切实把高等教育重点放在提高质量上,在2007年提出了实施"高等学校本科教学质量与教学改革工程"的意见,并要求加强本科教学团队建设,重点遴选和建设一批教学质量高、结构合理的教学团队,建立有效的团队合作机制。

1. 实施固本强基的人才强校战略

以人为本,以教师为核心,实施固本强基的人才强校战略。从体制、机制创新入手,大力实施专业教师学历学位提升工程,鼓励教师在职攻读硕士、博士学位;大力推进教师能力提升工程,最大限度提高教师教学、科研、实践动手能力;大力实施人才引进工程,满足专业教学需要。

2. 打造双师型教学团队

以全面提高教师队伍整体素质为核心,以培养骨干教师为重点,以课程为中心组成教学梯队,建立起一支精干高效、业务优良、治学严谨、相对稳定的双师型教师队伍,实现教学工作的可持续发展。一方面,不断引入和培养具有企业工作经历的高学历教师。另一方面,鼓励青年教师下企业挂职锻炼、参与社会科技服务或创办企业,积累教师的市场经验和教学素材。同时,建立校外兼职教师队伍,聘请企业代表作为任课或实习指导教师,从而

打造校内外相结合的双师型教师团队。

（四）建设创新创业实验室,孵化创新创业项目

自2014年9月李克强总理提出"大众创业,万众创新"的号召,"双创"已成为我国经济转型的必然选择。2015年,国务院颁布《关于大力推进大众创业万众创新若干政策措施的意见》(国发〔2015〕32号),"创新创业"上升为国家战略,成为顺应时代发展的主旋律。高校也纷纷响应这一政策,开始建设各类创新创业平台,孵化创新创业项目。

1. 扶持校内实验室建设

在高校兴建创新设计实验室,吸引企业加盟,是又一种产学研结合的教育新模式。为了更好地推动休闲体育专业建设与发展,促进专业与产业发展融合,很多高校成立了"专业创新设计实验室",打造一个融办公、专业教育与实习实训指导、学生社团活动与创新设计实践一体的"四合一"创新设计实验室。一方面,实验室可以为项目推进、专业实践提供阵地等物质保障;另一方面,可以拓宽专业教育新的市场领域——休闲体育项目策划与装备设计、户外探索教育和体验式教育的教具器材设计、研制与开发,从而为专业（职业）教育与产业发展融合提供必要的支持与保障。如武汉体育学院依托实验室孵化的大学生创新创业项目——"武汉炫彩休闲体育发展有限公司",主要研发各特色体育赛事,其中以主题婚庆交友为特点的婚纱跑已完成了商标注册,成为自主品牌赛事。

扫一扫4-5:
武汉炫彩休闲体育发展有限公司自主品牌赛事——婚纱跑宣传视频

2. 加强创新创业平台建设

体育产业是国家创新创业的重要阵地,《国务院关于加快发展体育产业促进体育消费的若干意见》(国发〔2014〕46号)和《体育发展"十三五"规划》将体育产业发展以及体育产业创新创业工作再次推向新高度。2009年,上海体育学院科技园正式挂牌成立。科技园定位于一个中心、四大功能。一个中心是指知识科技创新中心;四大功能为创业企业孵化基地、科技成果转化基地、创新人才培养基地、国家级大学科技园辐射基地。

扫一扫4-6:
上海体育学院科技园

3. 建立创新协同机制

在创新创业平台建设的基础上,加强区域联动和校企合作,建立创新协同机制。2015年,"全国体育院校体育产业创新创业服务平台"在天津体育学院启动,这一平台是由国家体育总局科教司、天津市教育委员会、天津体育局主办,由天津体育学院牵头,联合全国30多所体育学院、体育职业技术学院共同发起成立的,以孵化体育创新创业项目为目标。作为各方协同的纽带,服务平台通过整合政府、大专院校、相关企业、金融机构、投资机构、媒体等的资源,紧密贴近各方主体的需求,采用政府主管、社会支持、成员协作、媒体互动、市场运作的模式,致力于不断满足大学生与国家退役运动员体育产业创新创业培训教育、实习就业、项目孵化、产业运作以及相关机构人才、项目、政策、法律、合作、投融资等多种需要,以培养体育产业创新创业人才、孵化创新创业项目、推介实习就业创业场所、引导社会资本创投、促进体育产业"政、产、学、研、用"有机结合为基本使命。

(五) 加强专业教学资源建设,试行学生信息化管理

1. 强化专业教学资源建设

建立专业教学资源库是资源管理的重点,需要积极收集、汇总专业教学文件、实训资料(实训基地简介、运行管理文件、学生实训档案)、专业课程教学资料(案例库、课件库、试题库、教学视频材料),完善专兼职教师档案资料,使管理更加合理化、规范化、科学化,搭建网络平台,将优秀教学资源上网,实现资源共享,提高教学质量和人才培养质量。

2. 试行学生信息化管理

为更好地加强学生管理,借鉴国外先进经验,结合"互联网+"思维,打造创新型学生信息管理交流平台。进一步开发学生创新创业网络平台,学生内部交流以班级档案云盘、QQ和微信为主,对外交流以班级网页和微信公众平台为主,让博客主要服务于教学,开发课程博客。从而建立起一个每日有更新,每周有展示,每月有活动,每年有成绩的集生活、学习和社会活动为一体的学生信息分享平台。

3. 建设校外实习实训基地

产学研教育实训基地的建设,让休闲体育专业课程建设充实了大量"市场气息",初步实现文化学习、技能实践与产品(服务)设计的有效结合。休闲体育专业通过建立不同层次的实习基地来开展不同层次的实践实训,使学生实践能力不断提升。为学生提供以真实职场为背景的创新开发环境,形成集教学、产品研发和社会服务为一体的产学研结合人才培养模式。通过技能实训、考试实训、产学研实训、毕业实习等,实现基础实践、综合实践、创新实践三个层次的逐步提升。实践证明,以这种模式培养的学生,其应用

能力、创新能力都提升到了一个新层次，就业质量也普遍较高。

建立以"互惠共赢"为特征的新型产、学、研合作模式，即联络休闲体育企业单位与高校开展合作教育，共建实践教学和科学研究平台，解决教育、实践、实训、职业资格认证等问题。实习基地分四个层次：毕业实习基地、教育实训基地、产学研实训基地和专业考试基地，加强实践性环节的教学，以培养体育休闲业所需的人才。

复习思考题

1. 简述休闲体育专业建设的基本内容。
2. 休闲体育专业创新型人才的核心能力有哪些？
3. 休闲体育教育的目标和任务是什么？
4. 概括休闲体育教育的功能、特点和途径。
5. 简述休闲体育专业建设的基本内容。

本章参考文献

[1] [古希腊] 亚里士多德. 政治学 [M]. 吴寿彭译，北京：商务印书馆，1965：393，410.

[2] 刘海春. 生命与休闲教育 [M]. 北京：人民出版社，2008.

[3] 马慧娣，魏翔. 中国休闲研究（2014）[M]. 北京：中国经济出版社，2014.

[4] 庞桂美. 闲暇教育论 [M]. 南京：江苏教育出版社，2004.

[5] 孙林叶，董美珍. 国外休闲教育的发展及启示 [J]. 教育理论与实践，2006（10）.

[6] 李仲广，卢昌崇. 基础休闲学 [M]. 北京：社会科学文献出版社，2004.

[7] 柳平. 美国关于休闲教育的研究 [J]. 外国教育动态，1986（5）.

[8] 陈琦，倪依克. 休闲体育专业人才培养的思考 [J]. 体育学刊，2008，15（7）.

[9] 钟晓明，汪蓉蓉，赵道静等. 武汉体院设置休闲体育本科专业的论证研究 [J]. 武汉体育学院学报，2007：31（6）.

［10］徐佶. 我国休闲体育专业人才培养模式现状研究［J］. 广州体育学院学报, 2011, 31 (5).

［11］Ruskin H, Sivan A. Leisure education towards the 21st century［M］. Provo: Brigham Young University, 1995.

第五章　休闲体育产业

▶▶▶ 本章导语 ▶▶▶

随着我国经济的迅速发展和人民物质生活水平的不断提高，人民群众对体育活动的多样化需求日益增强，加上近几年来国家颁布的体育产业政策文件和互联网等科技手段的广泛应用，体育产业快速发展。其中以满足城乡居民体育消费为主导的休闲体育产业尤为突出，登山、徒步、马拉松、冰雪、自行车等项目蓬勃兴起，休闲体育产业已成为国民经济和社会发展的重要组成部分，产业发展正进入黄金时代。

▶▶▶ 学习目标 ▶▶▶

本章主要学习和了解休闲体育产业、休闲体育市场和休闲体育消费。休闲体育产业主要学习内容包括休闲体育产业概念、国内外发展休闲体育产业发展历程、休闲体育产业分类等。休闲体育市场主要内容包括休闲体育市场的内涵、基本要素、运行机制、开拓条件、发展现状及发展趋势。休闲体育消费主要学习内容包括休闲体育消费含义、分类、特征和发展现状、面临机遇和发展策略等。

案例导入

2016年10月28日国务院办公厅印发了《关于加快发展健身休闲产业的指导意见》（国办发〔2016〕77号文件，以下简称《意见》）。《意见》在增强人民体质、实现全民健身和全民健康深度融合的同时，也为体育产业开辟了新的"蓝海"。国务院总理李克强在国务院常务会议曾提出，要加快发展健身休闲产业，因地制宜发展冰雪、山地、水上、汽摩、航空等户外运动和电子竞技等，配套建设营地、码头等设施，发展民族民间健身项目，提升器材装备研发制造能力。健身休闲产业作为支撑发展体育产业的重要抓手，具有扩大消费需求、保障和改善民生、拉动经济增长的重要作用。

第一节 休闲体育产业

要深刻领会和贯彻国务院办公厅《关于加快发展健身休闲产业的指导意见》，首先必须准确把握休闲体育产业的内涵。

休闲体育产业是以休闲体育为载体、以参与体验为主要形式、以促进身心健康为目的，向大众提供相关产品和服务的一系列经济活动，涵盖休闲体育相关服务、休闲体育设施建设、休闲体育器材装备制造等产业门类，与旅游、健康、养老等生活性服务业具有较强的关联性，是体育产业和休闲产业相结合的交叉型产业。

一、国内外休闲体育产业概况

（一）发达国家休闲体育产业发展概况

20世纪50年代前，西方发达国家的休闲体育产业已经起步，但由于经济、社会条件的限制，特别是体育尚未实现大众化，加上两次世界大战对各国经济的影响非常严重，休闲体育产业规模非常小，尚未在国民经济中显现出重要作用。

第二次世界大战结束后，市场经济国家逐渐恢复，人们生活水平快速提升，对休闲体育市场需求日益增长，休闲体育的经济功能得到大规模开发，休闲体育产业得到了快速发展。尤其是近些年来，具有较强产业带动能力和就业吸纳能力的休闲体育产业日益受到西方主要发达国家的关注，在全球范围得到快速发展，甚至成为很多发达国家国民经济的支柱产业。总体来看，发达国家休闲体育产业发展呈现出以下几个主要的特征：

第一，休闲体育产业在国民经济中的地位日益突出。20世纪90年代末，休闲体育产业已经成为各发达国家经济中不可忽视的部分，为经济发展提供了一个充满活力的增长点。

第二，休闲体育产业呈现出全球化的发展趋势。在休闲体育用品业，耐克、阿迪达斯等运动用品公司已发展成为规模庞大的跨国公司；在竞赛表演业，欧洲五大足球联赛、美国的NBA都已布局全球市场，在许多国家开展赛事推广活动。

第三，休闲体育产业与资本市场的联系越来越密切。一方面，休闲体育产业从资本市场募集的资金越来越多，一些休闲体育产品制造企业纷纷上市，经营性俱乐部也采用了股份制；另一方面，金融机构开始广泛渗透体育产业，通过联合经营提高收益规模。

第四，休闲体育产业与其他产业逐步融合。休闲体育产业具有产业关联度大、经济带动性强的特点，休闲体育产业的融合促进了产业间的多元发展和结构优化。

拓展阅读：美国的休闲体育产业概况

美国是世界上休闲体育产业最发达、最完善的国家，休闲体育产业已经成为国民经济的支柱产业，无论是健身娱乐业还是休闲体育用品业都拥有相当高的产值和对国民经济的支撑作用。早在2014年美国体育产业总值已达到4 850亿美元，对美国GDP的贡献率达到3%，休闲体育健身娱乐业就占了整个体育产业产值的一半。

健身娱乐业。健身娱乐业是美国休闲体育产业中一个十分重要的行业，不仅市场规模大、经营水平高，而且组织化程度高，竞争激烈。所有休闲体育行业中增长时间最长、增长动力最强劲的便是健身相关产业。仅在美国，健身俱乐部就有5 400万成员，这些成员每年到俱乐部的锻炼天数为100天。

> 体育赛事产业。美国职业体育产业从组织构架来看，是一个包含观众、球员、俱乐部、联盟、媒体和政府在内的多层面的复杂系统。美国四大职业体育联盟——职业橄榄球联盟、职业篮球联盟、职业冰球大联盟和职业棒球大联盟在2014年获得大约260亿美元的收入，但这仅仅是美国体育产业的冰山一角。
>
> 体育传媒业。体育传媒在美国的发展可谓百花齐放，涌现了ESPN、NBC、FOX、ABC、CBS这些知名体育媒体。创建于1979年的ESPN在2014年的市值已经达到400亿美元，每年能创造100亿美元的收入，全球雇员数量达到8 000人。
>
> 休闲体育产业就业人数。2014年大约有150万美国人直接从事体育娱乐休闲产业，约5.1万人从事体育用品批发及贸易的工作，还有约28万人在体育零售用品商店工作。

（二）我国休闲体育产业的产生与发展

我国休闲体育产业的发展大致经历了探索期（1978—1992年）、萌芽期（1992—2014年）和黄金发展期（2014年至今）三个时期，其发展进程和我国的经济发展水平紧密相连。

1. 探索期（1978—1992年）

1978年以前，我国的体育产业一直在计划经济体制下发展，直至十一届三中全会的召开，经济快速发展，人民的生活水平大幅度提升，体育开始成为人们关注的对象。中央电视台开始陆续转播一些国外的高水平联赛，体育迷的逐渐增多使得体育竞赛表演业初现端倪，民众开始积极参与一些休闲体育活动。20世纪80年代，国家鼓励体育系统中有条件的事业单位开展多种经营，扩大服务范围，积极增收节支，提出了体育场馆要"以体为主，多种经营"，由事业型向经营型转变。

这一时期真正参与休闲体育活动的人为数不多，大众表现出参与休闲体育活动的愿望不强，休闲体育项目少，休闲体育产品匮乏。因而，这一阶段我国的休闲体育产业发展特点是水平低、规模小，发展速度缓慢。

2. 萌芽期（1992—2014年）

1992年我国确立了社会主义市场经济体制，体育体制也引入市场经济的运行机制，不断深化改革。国家体委颁布的一系列文件推进了体育管理由国家主导转变为社会化参与。随着人们余暇时间的增多，自愿参与休闲体育活动并进行休闲体育消费逐渐成为人们的休闲生活方式。体育娱乐市场、体育彩票市场、体育用品市场和体育中介市场等逐渐产生与发展。

在这一阶段，休闲体育产业发展的特点是：民众余暇时间增多；体育资源的配置由国家计划分配转向市场化配置；各种体育市场开始初具规模，休闲体育产业的规模迅速扩大。

3. 黄金发展期（2014年至今）

2014年我国人均GDP约46 531元（约合7 485美元），人们开始追求更高的生活品质，享受身体健康带来的愉悦和幸福感，这一思想的转变为体育产业的发展提供了坚实的物质基础，体育产业发展迎来"黄金期"。2014年以来党中央、国务院高度重视体育工作，2014年10月20日，国务院印发了《关于加快发展体育产业　促进体育消费的若干意见》（以下简称《意见》），《意见》中指出，要使体育产业成为推动经济社会可持续发展和经济转型的重要力量，挖掘体育产业巨大的潜在市场，利用体育产业拉动内需、促进消费、增加就业，积极促进体育产业与其他产业的融合发展，引导大量的社会资本流向绿色的、朝阳的和具有巨大发展潜力的体育产业。全民健身上升为国家战略，以增强人民体质、提高健康水平作为根本目标，国家将体育产业作为绿色产业、朝阳产业进行扶持，强调向改革要动力，向市场要活力，力争到2025年，体育产业总规模达到5万亿元。

2016年是体育产业发展的利好之年。10月25日，国务院办公厅印发了《关于加快发展休闲健身产业的指导意见》，11月，国家体育总局联合国家发展和改革委员会、教育部、国家旅游局等先后发布了《冰雪运动发展规划（2016—2025年）》《水上运动产业发展规划》《航空运动产业发展规划》《山地户外运动产业发展规划》。国家对体育产业发展的重视，无疑让每个体育人都振奋人心，看到了未来体育产业发展的道路和希望。

信息化、全球化和体验经济时代齐头并进，为体育各领域的改革和发展提供了良好的外部环境，"中国制造2025"、"互联网+"行动计划、"大众创业、万众创新"等战略的提出为体育发展注入强劲的力量，体育与政治、经济、社会和文化等领域将产生更加积极全面的融合。

现阶段，我国的休闲体育市场已初步形成，主要表现为形成以体育部门为主体、多种经济成分共同投资的格局；休闲体育产品和服务日益丰富，能基本满足消费者不同层次的需求。随着国民经济的快速发展和国家对全民健身的关注，休闲体育产业的发展势头强劲、发展潜力巨大。

二、休闲体育产业分类

（一）水上休闲体育产业

水上运动内容丰富多彩，集运动竞赛、休闲娱乐于一体，以独有的惊险和刺激等特点迎合现代人的视觉享受，兼具休闲、娱乐、探险、旅游等多重功能，正在得到广大民众，尤其是青少年休闲爱好者的青睐。

水上休闲体育产业是休闲体育产业中的重要组成部分，它包含旅游产业、文化产业等相关服务业以及配套设施为主构成的经济形态和产业系统，是一个产业群或产业链的总称。所谓水上休闲体育产业是以水上运动项目为依托，以体育旅游、体育表演活动及水上休闲体育体验等为主体和人的休闲生活、行为、需求密切相关的产业领域。

水上休闲体育产业在北美、西欧和日本已成为休闲产业的支柱之一。以美国为例，2010年水上休闲体育产业总产值高达2 100亿美元，不仅产生了巨大的经济效益，而且带动了就业、旅游等相关行业发展，产值总和接近5 000亿美元。在我国，水上休闲体育产业还处在发展阶段，2016年11月，国家体育总局印发了《水上运动产业发展规划》，提出到2020年水上运动产业总规模要达到3 000亿元，水上运动俱乐部1 000个，全国水上（海上）国民休闲运动中心10个。全国各地拥有丰富水资源的城市，也希望充分利用自身优势积极探索各种水上休闲体育产业的发展之路。例如：青岛、日照、威海、烟台、三亚、海口、大连等城市的水上休闲产业发展非常迅速，并且有的已初具规模，在国内具有较高的知名度。山东省日照市近几年着力打造"水上运动之都"，成功举办了2010年中国水运会，并把其作为推动经济和社会发展的一项重要战略举措。

（二）陆上休闲体育产业

作为日常生活中接触最多的一类休闲体育活动，陆上休闲体育活动，项目众多，包罗万象。根据不同的分类标准，陆上休闲体育活动又可分为冰上休闲体育项目、雪上休闲体育项目、山地休闲体育项目、丘陵休闲体育项目、沙地休闲体育项目、草地休闲体育项目、公园休闲体育项目、场地休闲体育项目等。

以陆上休闲体育产业中占较高比重的高尔夫运动和山地户外运动为例，高尔夫运动不是单纯意义上的单一行业，而是一个跨行业、多领域的产业链条，从产业发展的时间顺序上大致可分为高尔夫球场（俱乐部或球会）、高尔夫球场设计、高尔夫球场建造、园林设计、工程机械、高尔夫球装备、高尔夫设施用品、生化药剂、高尔夫喷灌、高尔夫传媒、高尔夫地产、高尔夫赛事、高尔夫旅游、高尔夫教育等。其中高尔夫球场的设计、建造和维护，高尔夫用品、高尔夫赛事等都是高尔夫的支撑产业。根据国家登山运动管理中心的定义，户外运动是指一组以自然环境为场地的带有探险性质或体验探险的体育项目群。2016年我国户外运动爱好者已达1.3亿人次，户外用品市场规模达180亿元，山地户外运动产业生产能力、覆盖面、社会参与度以及市场认可度均得到较大提升。当前山地户外运动产业迎来发展"黄金期"，特别是2016年11月国家体育总局印发的《山地户外运动产业发展规划》中明确指出2020年产业规模将突破4 000亿元。

（三）航空休闲体育产业

随着现代人闲暇生活视野的开阔以及为满足人类追求自由翱翔的梦想，航空休闲体育运动在国内外蓬勃发展，由此形成的航空休闲体育产业也成为休闲体育产业中重要的新生力量。航空休闲体育产业是以航空运动项目为载体，提供相关系列产品、服务和产业链的经济活动的总称，涵盖目前我国正式开展的运动飞机、热气球、滑翔、飞机跳伞、轻小型无人驾驶航空器、航空模型6大类共26个运动项目。具有科技含量高，消费时尚性强，带动相关产业作用明显等特点。2016年11月，国家体育总局印发的《航空运动产业发展规划》中指出航空运动产业总规模要达到2 000亿元，将建成航空飞行营地2 000个，各类航空运动俱乐部1 000家，参与航空运动消费人群达到2 000万人。

（四）冰雪休闲体育产业

广义的冰雪休闲体育产业是指以冰雪休闲资源为依托，以冰雪休闲设施为基础，以冰雪休闲产品为手段，以冰雪市场为对象，通过提供冰雪休闲服务满足休闲消费多样化需求，并以此获得经济利益的综合性行业。狭义的冰雪休闲产业是指为参加冰雪运动的休闲者提供直接服务的行业和部门。根据国家体育总局联合多部委2016年11月发布的《冰雪运动发展规划（2016—2025年）》和《全国冰雪场地设施建设规划（2016—2022年）》，全国冰雪产业总规模到 2020 年将达到 6 000 亿元，2025 年将达到 1 万亿元。习近平总书记提出要让"3 亿人上冰雪"的目标，但目前我国的滑雪爱好者仅有 1 000 万人，离目标相距甚远。从参与项目来看，冰雪休闲产业多侧重于大众滑雪，又分为高山滑雪、越野滑雪、单板滑雪等。大众滑雪在欧洲和北美开展较早，已有上百年的历史，普及程度也很高，以法国为例，每年冬季滑雪人数有 700 多万。

冰雪运动的开展具有地域性、季节性、高投入、高风险、依赖器材等特点，在我国大众休闲体育生活中占比并不高，但凭借经济、社会的不断发展和 2022 年北京、张家口冬奥会的契机，冰雪运动的繁荣发展将迎来重大机遇。

拓展阅读：益智类休闲体育产业

体育项目从游戏演变而来，基本可分为两大类：一类以身体运动为主，一类以心智竞技为主，两者都为人的休闲娱乐和健康发展起到了重要作用。其中益智类休闲体育项目因为参与便捷、娱乐性高，广受大众的喜爱，由此也衍生出相对应的产业体系，加上互联网技术的跨越式发展，益智类休闲体育产业将成为休闲体育产业中备受瞩目的一环。

1. 智力运动产业

智力运动是智慧与艺术的结合，也是文化交融的纽带，看似轻松的对局却蕴含着无穷的变化和人类文化的精髓。以围棋、中国象棋、国际象棋、桥牌等为代表的智力运动有着广泛的群众基础，是人们休闲娱乐的重要方式之一。虽然这些项目并未登上奥运会的舞台，但也可以通过各类国际赛事和国内联赛，将运动员们的高超技艺展现在世人面前。

2013 年世界智力精英运动会于 12 月 18 日落下帷幕。中国队成绩斐然，以 9 金、7 银、5 铜的成绩连续三届蝉联奖牌榜榜首。俄罗斯队凭借在国际象棋和国际跳棋项目上的出色战绩，共收获了 6 金、3 银和 5 铜，位居奖牌榜第二位。

在最后一个比赛日，中国队又掀起一轮夺金高潮。赵雪、侯逸凡和居文君包揽了国际象棋女子巴斯克赛的前三名。周睿羊/王晨星在围棋混双决赛中战胜了中国台北组合王元均/黑嘉嘉。在象棋赛场，王天一和孙勇征分获男子个人赛冠亚军,唐丹获得女子个人赛金牌。

国家体育总局棋牌运动管理中心主任刘思明、北京奥运城市发展促进会秘书长吴京汨、北京奥运城市发展基金会理事长张凤朝等出席了闭幕式。吴京汨在致辞中表示,在世界体育总会和各国际体育组织的合作下,在运动员、教练员、技术官员以及所有工作人员和志愿者的共同努力下,本届赛事达到了预期目标,充分展现了智力运动的独特魅力。世界体育总会总干事弗拉德·马里内斯库,世界国际跳棋联合会主席哈里·奥滕,世界桥牌联合会主席加纳瑞戈·罗纳,国际围棋联盟主席松浦晃一郎,世界象棋联合会第一副主席陈泽兰,国际象棋世界联合会副主席褚波,国际智力运动联盟荣誉主席乔斯·达米亚尼以及组委会成员单位、赞助企业代表、运动员、裁判员和技术官员等共同出席了闭幕式。

本届赛事由世界体育总会授权,北京市人民政府主办。在过去的7天里,组委会围绕赛事组织开展的智运会网络赛事、"奥运城市杯"北京大中小学生智运会、"大师进校园"交流活动,交相呼应,异彩纷呈,为岁末的北京奉献了一场棋牌盛事。

组委会先后组织了6次"大师进校园"棋牌文化交流活动,大师们走进北京市中小学校园,与孩子们进行互动交流,为爱好智力运动的青少年提供了近距离接触世界顶尖智力运动高手的机会。网络平台的搭建堪称本届智运会的又一亮点。自11月开始的"智运会网络赛事"吸引了40多万网民参与。来自北京的桥牌爱好者陈远荣通过网络一路过关斩将,获得了到现场和外国选手交流的机会。

随着近年来,中国选手在世界大赛上不断取得优异的成绩,加之2001年,教育部和国家体育总局发出通知,要求各级学校要有计划、有组织地开展围棋、国际象棋、中国象棋三项棋类活动,以促进青少年学生个性的塑造和美德的培养,培养学生独立解决问题的思维能力、操作能力,提高学生的文化素养,这些都使得参与人数和后备人才的数量不断增加,让此类项目也受到了更多的关注,各地的培训行业迅速发展。

2. 电子竞技产业

电子竞技游戏是电子游戏在发展到一定阶段后形成的一个分支,有别于普通的电子游戏,侧重游戏者与游戏机、游戏者之间的对抗,注重比赛的特性以及游戏者对规则的遵守和灵活运用。2003年，国家体育总局将电子竞技运动列为我国正式开展的体育项目。

电子竞技游戏目前可以分为两大类，一是对战类项目，一是休闲类项目。目前开展得比较广泛和成熟的对战类项目有英雄联盟、DOTA2、反恐精英系列等；而休闲类项目则主要由网络棋牌类游戏组成。

自2010年开始，电子竞技产业开始走入正轨，产业规模也逐渐扩大，电子竞技赛事开始进入高收益期。近几年开展较好的赛事如阿里体育主办的世界电子竞技运动会（WESG），由电子游戏厂商Valve Corporation主办的DOTA2国际邀请赛（The Inernational），由银川市政府、银川圣地国际游戏投资有限公司运营的世界电子竞技大赛（WCA）。还有我国推出的国家级电子竞技比赛如China E-Sports Games、China Gaming等。

在越来越火的电子竞技市场发展过程中，大量的投资人和赞助商看到了商机。很多公司通过运营游戏、打造直播平台等方式在短时间内都聚集了大量的人气，从而获得不菲的收入。随着电子竞技产业影响力和覆盖面的不断扩大，跨界、正规、创新正成为新的关键词，电竞娱乐化、行业制度化和VR等新技术的引入也成为电子竞技产业未来的发展趋势。

三、休闲体育产业政策

（一）休闲体育产业组织政策

合理的休闲体育产业组织政策应致力于优化休闲体育产业内部资源配置，理顺休闲体育产业内部各企业之间的关系，建立良好的竞争秩序，使休闲体育市场既保持充分的活力，又能产生规模经济效益。

1. 保护竞争与抑制垄断

在垄断条件下，企业可以制定垄断高价并减少产出，使消费者接受高于竞争性市场的价格，导致消费者的福利损失，并使市场需求长期大于市场供给。因此，各个国家在制定产业组织政策时都会把保护竞争和抑制垄断作为产业组织政策的核心内容，而我国休闲体育市场上的反垄断政策首先应实行反行政性垄断政策。

2. 深化休闲体育产业内部组织改革

目前我国的休闲体育企业中有一部分隶属于各级体育行政管理部门，管理方式属于事业化管理，在实际的经营过程中既从市场上获取不同程度的经营利润，又接受各级政府的补贴和优惠。对于这些企业，在进行资产评估的基础上，应明晰产权，尽快让企业自负盈亏、自主经营。同时要实施分类管理，根据其承担的使命，区分为非营利组织和营利性企业。对非营利性休闲体育组织要按公益性企业的性质，严格控制其介入市场的行为；营利性休闲体育企业则必须按照市场经济的客观要求，建立现代企业制度，成为规范的休闲体育市场主体。

3. 促进企业规模化经营

目前我国休闲体育产业处于初级发展阶段，产业集中度低，规模偏小，生产成本高，创新能力不足。增强我国休闲体育产业竞争力的重要途径就是运用产业组织政策，通过产业重组，培养一批资本规模较为雄厚、技术比较先进、管理较为科学的大型企业集团，从而实现规模经营化。

（二）休闲体育产业发展政策

我国休闲体育产业发展政策应进行区域性划分，其理论基础包括：（1）我国休闲体育产业不可能在空间上均衡发展，必须根据不同地区经济社会发展的实际，选择收入水平较高、具有较好发展基础的区域或中心城市作为布局重点，予以优先发展，再带动周边地区的发展。（2）要根据不同地域的人文自然特征，恰当地选择休闲体育产业的主导部门，并以主导产业部门带动相关的其他产业部门的发展。

在准确分析不同地域休闲体育产业发展的客观条件基础上，制定区域休闲体育产业发展政策。一是要基于休闲体育产业发展的全局，恰当布局不同区域的休闲体育产业门类。例如，东部沿海地区可以重点发展滨海休闲体育产业，西部地区则可以充分利用独特的自然地理和生态条件，重点开发极限体育项目、户外体育项目、民族体育项目。二是恰当选择区域休闲体育产业的主导产业门类。不同地区自然条件不同，主导产业门类的选择也应有所不同，应避免休闲体育产业门类选择上的趋同化。

（三）休闲体育产业扶持政策

1. 财政支持与税收优惠

我国政府目前用于体育发展的经费支出还远远低于发达国家水平，今后应逐步扩大体育经费在国民收入中的比重，充分发挥财政投入的导向性作用，在加大公共休闲体育设施建设和维护投入的基础上，通过财政补贴的方式，重点扶持一批休闲体育骨干企业和龙头企业的发展。通过税收减免、国有资产占用费返还等方式，保证休闲体育企业有足够的利润空间，强化休闲体育企业的扩张能力。

2. 融资支持

一是各级金融机构要从国家产业战略的高度支持休闲体育产业发展，把休闲体育产业纳入优惠贷款范围，通过实施低息贷款或财政贴息贷款等优惠措施，支持国家体育产业规划中重点发展的休闲体育产业门类和重点项目建设；二是要降低民间资金准入门槛，提高产业收益率，广泛吸引各种社会资金进入休闲体育产业领域；三是要把风险资本引入休闲体育产业，政府证券管理部门要制定相应措施，支持休闲体育产业中的优质企业通过证券市场上市融资。

3. 土地和国有资产使用优惠政策

对具有典型公益性质的休闲体育产业土地使用，政府应予以优先解决，并尽可能给予税费减免；鼓励拥有比较充裕土地资源的企事业单位以土地入股的方式与休闲体育产业开发商联合建设休闲体育设施，在土地使用的审批上制定特殊政策，尽可能放宽有关限制。

4. 居民消费引导政策

首先，各级政府要切实认识到休闲体育消费对推动居民消费结构升级、拉动国内需求的重要意义，积极采取各种有利于拉动居民休闲体育消费的政策措施，不断壮大休闲体育产业；其次，要充分利用各种新闻媒体大力宣传休闲体育运动，包括健身运动课堂讲座、休闲健身项目的推介等，引导休闲体育消费时尚和风气，培养大批的休闲体育运动爱好者和消费者；再次，积极引导和推动社区体育健身运动，逐步做到城市居民社区都有大众健身设施，人人至少会一项休闲体育运动项目，社区有较高水平的体育健身俱乐部和设施较为先进的休闲体育中心，并且每年都能举办几次有一定群众基础的休闲体育比赛和表演，夯实休闲体育产业发展的消费者行为基础。

（四）休闲体育产业规制政策

产业规制政策是指依据一定的规则对构成特定社会的个人和经济主体的活动进行限制的行为。其目的在于维护正常的市场经济秩序，限制市场实力，提高市场资源配置的效率，增进国民的社会福利，保护社会公众的利益免受不正当竞争行为的伤害。

1. 进入规制

休闲体育产业的进入规制是为了确保休闲体育企业能够获得足够的规模经济效益和范围经济效益，防止过度竞争导致的资源浪费和效益损失，特许一定数量的具备较高条件的休闲体育企业进入市场，并对其他企业的进入做出排他性的制度安排。

2. 质量规制

加强休闲体育产业的质量规制，一是要制定休闲体育产品与服务的质量标准和质量规范，建立不达标企业的退出机制和限制生产办法，强制提高休闲体育产品与服务的质量；二是要建立休闲体育企业市场准入条件，对申请进入市场的休闲体育企业的资金保障、技术力量、经营场所设施、体育健身指导员的资格以及其他生产能力要求等多方面条件进行严格审查，进行工商登记和生产许可，避免不合格产品进入休闲体育市场。

3. 价格规制

休闲体育产业的价格规制是指政府通过制定休闲体育产品的价格上限来约束休闲体育企业的定价行为，确保休闲体育产业的公益性产业属性，实现国民社会福利的增长。

四、休闲体育产业投融资

我国体育产业发展已经从以"中国制造"为代表的体育品制造业为主流，开始向以内容、服务为主的第三产业转变，体育产业投资也逐渐由体育赛事、体育场馆等重资产领域转向休闲细分领域。休闲体育产业投融资手段分为以下几种：

（一）财政投融资

财政投融资即政策性金融，是政府为实现一定的产业政策和其他政策目标，通过国家信用方式筹集资金，由财政统一掌握和管理，并根据国民经济和社会发展规划，以出资入股或融资，将资金投向急需发展的产业部门或企事业单位的一种资金融通活动。它是在市场经济的条件下对传统财政和金融的必要补充，是二者的有机结合。体育财政投融资具有以下几个特点：

（1）体育财政投融资是政府行为。（2）体育财政投融资是财政性金融活动，是政府的职责。（3）体育财政投融资是政策性和有偿性的统一。（4）体育财政投融资可以将计划和市场有效结合起来。

（二）资本市场投融资

休闲体育产业资本市场投融资是指把休闲体育产业相关的固定资本和流动资本、自由资本和借入资本、股权资本和债券资本以及无形资本变为可以经营的价值资本，通过资本市场运营优化休闲体育产业资源，以达到盘活体育产业资产存量的目的。作为一种较高层次的投融资经营，资本市场投融资对于休闲体育企业追求利润最大化、扩大市场份额，形成规模经济、降低风险、实现休闲体育产业资源优化配置等具有重要作用。休闲体育产业资本市场投融资具有以下几个特点：

（1）融资期限长，至少一年。（2）在资本市场上筹集到的资金多用于解决中长期融资需要，故流动性、变现性相对较弱。（3）风险大而受益较高，由于融资期限长，发生重大变故的可能性也较大。

（三）风险投资

风险投资是指专业资产管理组织将筹集到的资金投入到创建时间不长，但成长很快，且具有较大发展潜力的企业，以期获得高额投资收益，或对未上市的具有潜在增值机会的中小型企业的一种中长期投资。

休闲体育产业风险投资是由专业投资机构在自担风险的前提下，通过科学评估和严格筛选，向有潜在发展前景的新创或市值被低估的公司、项目、产品注入资本，并运用科学管理方式增加体育产业风险资本的附加值。具有以下几大特征：

（1）投资方向主要集中在科技含量较高的休闲体育产业领域。（2）投资对象是处于发展初期、具有高速成长性的中小企业。（3）投资方式以股权形式为主。具体包括购买可转换债券、优先股、认股权等形式。（4）属于高投入、高风险、高收益的投资。（5）以公开上市为主要形式获得收益并退出投资。（6）一般都给予企业经营管理层和职员个人股。

拓展阅读：2016下半年我国体育产业融资盘点，健身休闲领域备受瞩目

2016年10月，国务院办公厅印发的《关于加快发展健身休闲产业的指导意见》中指出："到2025年中国健身休闲产业总规模将达3万亿元，从完善健身休闲服务体系、培育健身休闲市场主体、优化健身休闲产业结构和布局、加强健身休闲设施建设、提升器材装备研发制造能力

和改善健身休闲消费环境等6个方面提出发展任务。"

在国家政策大力支持下，一些投资机构也纷纷把目光投向了健身休闲领域。比如中体鼎新与冠军VC先后投资了青鸟体育、EPTC；由晟道投资领投，阿米巴资本、前海亚信等投资机构跟投了火辣健身，完成了B轮近亿元的融资；由东方富海深湾基金领投，老股东华映资本跟投瑜伽品牌Wake，完成了2000万元A轮融资；Fit Time睿健时代获得5000万B+轮融资，由东方富海领投，首泰金信、探路者、和同资本跟投；还有IDG资本和祥峰投资联合投资的糖豆广场舞，B轮融资高达2000万美元；Keep在2017年8月完成C+轮融资，投资方为腾讯，具体融资金额未透露。此前在5月17日，Keep宣布完成3200万美元的C轮融资，融资由晨兴资本和纪源资本领投，贝塔斯曼亚洲投资基金跟投。C轮融资后Keep将其融资金额用于优化产品功能，进一步拓展运动品类，为用户提供良好的运动体验。2015年2月上线的Keep，目前用户量已突破5000万人，月活跃用户近2000万人。

亿欧体育公司对融资成功的体育公司进行了分析，其中获得融资数目最多的为健身休闲领域的公司，有15家，占整体的28.3%；其他领域包括智力运动、帆船、体育旅游、场地预约等，共有7家企业获得融资，占整体的13.2%；滑雪、运动社区和培训领域各有6家企业，所占比例相同，均为11.3%（图5-1）。

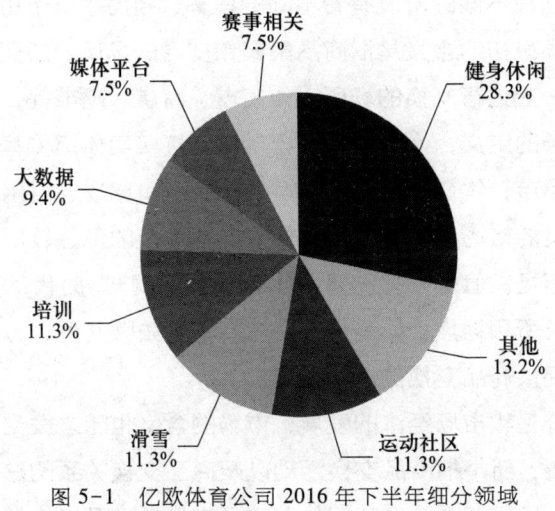

图5-1 亿欧体育公司2016年下半年细分领域

第二节 休闲体育市场

休闲体育作为一种文明、健康、科学的闲暇生活方式，正日益受到广大群众的喜爱。越来越多的人以极大的热情和兴趣投入到各种休闲体育活动中，逐渐形成了以山地户外、冰雪、水上、航空和体育旅游等为主流的休闲体育市场，并给传统的体育市场增添了一股活力。可以说，休闲体育市场蕴含着巨大的商机和发展潜力。

一、休闲体育市场概述

（一）休闲体育市场内涵

市场是商品经济的产物，随着商品经济的发展而发展，这是市场形成和发展的一般规律。将休闲体育推向市场，可以满足人们健身和健康的需要，满足人们对运动休闲的渴望。休闲体育市场与人们的休闲体育需要有着紧密的关系，休闲体育市场的建立可以增强人们对休闲运动的需要，反之，人们对休闲运动的需要也促进了休闲体育市场的形成和发展。对于休闲体育市场的概念，体现出不同层次的多重含义，可以从狭义、广义以及市场学三个维度来定义。

市场的概念在不同的阶段有着不同的理解，经历了一个由狭窄到宽泛的演变过程。市场最初的含义是指商品集聚和交易的场所，即买者和卖者于一定时间聚集在一起进行交换的场所，如集市、商店、超市等，这是一个空间概念。根据市场的定义，休闲体育市场是指直接买卖休闲体育商品的场所，也就是商场、超市、体育场馆、健身娱乐场所、网球场、高尔夫球场和滑雪场等。这一含义的市场虽内容较为具体，但所涉及的范围较窄，因而称为狭义的休闲体育市场。值得一提的是，随着"互联网+"时代的到来，市场不一定是真实的场所和地点，如淘宝、京东商城、去哪儿网、苏宁易购、亚马逊等网站就是提供商品交换的虚拟市场。

随着社会分工和市场经济的发展，市场的含义也随之发生变化，不再指具体的交易场所，而是指商品交换活动以及商品交换关系的总和。因此，广义的休闲体育市场是指全社会休闲体育商品交换活动及交换关系的总和，即休闲体育商品的生产者、经营者和消费者为了满足自己与同伴的需要,出售自己的休闲体育商品或从别人手中购买自己所需的休闲体育商品,在这种交换过程中实现休闲体育商品的价值。培育与健全休闲体育市场就是要研究休闲体育商品交换关系、交换活动的性质和行为,向市场提供更多符合需要的休闲体育商品,改善休闲体育市场的结构,使更多的休闲体育商品进入市场。

杰罗姆·麦卡锡在《基础营销学》一书中对市场的定义是:市场是指一群具有相同需求的潜在顾客;他们愿意以某种有价值的商品来换取卖主所提供的商品或服务,这样的商品或服务是为了满足消费者的需求。从市场学意义上来定义休闲体育市场,是指为了满足休闲体育方面的需求而购买或准备购买休闲体育商品或服务的消费者群体。休闲体育市场的规模是指休闲体育市场的大小及休闲体育购买者的人数。

(二)休闲体育市场的基本要素

1. 宏观构成要素

从宏观角度看,休闲体育市场包括休闲体育市场的供求双方(休闲体育市场主体)、休闲体育市场商品(休闲体育市场客体)和休闲体育市场中介,正是这些要素之间的相互联系和相互作用,决定了休闲体育市场的形成,推动着休闲体育市场的现实运转。

(1)休闲体育市场主体包括买卖双方

休闲体育市场的卖方是指休闲体育市场的供给者,即提供休闲体育商品的生产者和经营者,包括提供休闲体育用品的生产企业和提供服务型产品的体育俱乐部、培训学校、保险公司、旅行社等。休闲体育市场卖方规模的大小与休闲体育市场竞争的激烈程度呈正相关,伴随着市场竞争的加剧,休闲体育市场将出现分工越来越细的趋势,并最终演化成一个多样性的休闲体育市场体系。

卖方向市场提供一定量的商品后,还需寻找到既有购买意愿又具备支付能力的购买者,否则,商品交换仍无法完成,市场也就不复存在。因此,以买方为代表的市场需求是决定商品交换能否实现的基本要素。休闲体育消费者是休闲体育商品的购买者,属于休闲体育市场需求的一方,由从事商品生产活动的消费者和单纯的消费者组成,包括休闲体育用品的使用者、休闲体育服务的接受者和中间商。休闲体育市场的买方对休闲体育市场具有决定性的作用，买者的多少决定了休闲体育市场规模的大小。

（2）休闲体育市场客体

休闲体育市场客体就是指休闲体育商品，即休闲体育市场的交易对象（或者称标的物）。市场的基本活动是商品交换，所发生的经济联系也是以商品的购买或售卖为内容的。因此，具备一定量的可供交换的商品，是市场存在的物质基础，也是市场的基本构成要素。倘若没有可供交换的商品，市场也就不存在了。休闲体育商品包括实物产品（如各类休闲体育用品和器械等）和服务产品（如以身体练习为手段的体育健身活动、体育文化欣赏、体育活动观赏、体育咨询、体育博彩等）。

（3）休闲体育市场中介

休闲体育市场中介是指通过营销和交换活动，联结休闲体育市场各主体之间的所有有形和无形的媒介和桥梁，如价格、竞争、信息、服务、政策法规等，它们组成了休闲体育商品供应者之间、休闲体育商品消费者之间、休闲体育商品供应者和休闲体育商品消费者之间的媒介关系，在休闲体育市场中起到促进和保障交换的作用。

2. 微观构成要素

从企业角度考察，更具有现实意义的是对微观市场的研究。企业作为某种或某类商品的生产者或经营者，必须深入了解其所面临的现实市场状况，从中选定目标市场并确定进入目标市场的营销策略以及进一步寻求潜在市场。休闲体育市场由对休闲体育商品具有购买力和购买欲望的全部现实和潜在的消费者所构成，即休闲体育市场=休闲体育人口+购买力+对休闲体育商品的购买欲望，三者缺一不可。

（1）休闲体育人口

这里所说的休闲体育人口是指对休闲体育物质产品和服务产品具有需求的人的集合。休闲体育人口的多少决定着休闲体育市场容量的大小；休闲体育人口的状况，影响着休闲体育市场需求的内容和结构。构成休闲体育市场的人口因素，包括休闲体育人口总量、性别和年龄结构、民族与宗教信仰、职业和文化程度、地理分布等多种具体因素。城市人口明显成为休闲体育市场的主体人群，其中包括"隐性城市人口"，即在城市中生产或生活却不被列入城市人口统计口径之内的一部分人口，如城市暂住人口、城乡间的摆动人口、城市流动人口等。

（2）购买力

购买力是指人们通过支付货币购买休闲体育商品的能力。人们对休闲体育商品的消费需求是利用货币购买休闲体育商品实现的，因此，在休闲体育人口状况既定的条件下，购买力就成为决定休闲体育市场容量的重要因素之一。休闲体育市场的大小，受到人均国民收入、个人收入、平均消费水平、消费结构等因素的影响。

（3）对休闲体育商品的购买欲望

对休闲体育商品的购买欲望是指消费者购买休闲体育商品的愿望、要求和动机，它是把消费者的潜在购买力变为现实购买力的重要条件。即使具备了一定的休闲体育人口和购买力，如果消费者缺乏对休闲体育商品的购买欲望或动机，休闲体育商品买卖仍然不能发生，休闲体育市场也无法存在。因此，对休闲体育商品的购买欲望也是休闲体育市场不可缺少的构成因素。

（三）休闲体育市场运行机制

市场运行机制是指通过市场价格的波动、市场主体之间的利益竞争、市场供求关系的变化来调节经济运行的机制。简而言之，市场运行机制就是依靠市场经济体内的价格、供求、竞争等要素之间的相互作用，自动调节企业的生产经营活动，实现社会经济按比例协调发展。

1. 动力机制

企业是市场交易的主体，而企业从事经营的直接目标是追求利润最大化。休闲体育市场的动力机制是指休闲体育企业的动力与经济效益之间相互制约和相互协调的一种内在联系。动力机制的形成要以休闲体育企业有确定的财产边界和独立的经济利益为前提条件，也就是要以清晰的产权确定为前提条件。因为只有这样，休闲体育企业的经济行为才能只受其合法的经济利益支配，不至于出现各种不应有的扭曲行为。也只有这样，休闲体育企业才具有充分的自主经营权，不受他人强制。而动力机制的功能则在于休闲体育企业对市场发出的信息及时准确地做出反应。

2. 价格机制

价格机制是市场运行的核心机制。价格机制的运行是通过价格围绕价值的上下波动来实现的。休闲体育市场价格的波动主要由休闲体育产品供求双方的力量对比形成，供不应求时价格上升，表现为卖方市场；供过于求时价格下跌，表现为买方市场。价格机制所发出的市场信息，对休闲体育企业来说，是调整休闲体育商品生产方向和生产规模的信号；对休闲体育产品的需求者来说，是改变休闲体育需求结构和需求数量的信号。正是这种价格的波动刺激供给和需求的变化，促使休闲体育产品供求趋向一致，使价格与价值趋向均衡。价格机制是休闲体育市场状态的指示器和市场行为的调节器。

3. 供求机制

供求机制是指影响商品供求关系的诸因素相互联系、相互作用形成的市场供求系统。休闲体育市场供求机制的作用在于调节休闲体育市场供给和需求之间的关系。在休闲体育商品买方的需求情况下，供求机制能对休闲体育企业起到很好的向导作用，如引导休闲体育企业对产品结构的调整、组合，对新产品的开发经营等；当休闲体育市场表现为卖方市场时，过度的需求会使价格上升、吸引更多的休闲体育企业进入该市场，生产规模不断扩大。同时，供求关系的变化导致价格的涨落，而价格的涨落又刺激或抑制供给与需求，推动着休闲体育市场由供求不平衡趋于平衡。市场正是在供过于求和供不应求的不断运动中相互转化，实现休闲体育市场的动态均衡。供求机制是休闲体育市场运行的平衡机制。

4. 竞争机制

竞争机制是指市场行为主体之间为获取经济效益最大化而形成的竞争体系。休闲体育市场竞争机制的形式有三种：供给者之间的竞争，包括休闲体育行业内的竞争以及休闲体育行业与其他体育部门间的竞争，需求者之间的竞争及供求双方之间的竞争。其中，休闲体育商品供给者之间的竞争最为重要，它推动着休闲体育企业努力提高劳动生产率，增强市场竞争力，促进社会休闲体育资源的优化配置，保证各种市场机制的充分作用。休闲体育市场的竞争内容包括争夺客户、争夺休闲体育资源、扩大休闲体育市场占有率。竞争机制可以促进社会供求平衡。

5. 风险机制

休闲体育市场的风险机制，是指构成休闲体育市场风险的各因素之间的相互联系、相互作用，从而引导和调节休闲体育市场主体经济行为的过程。休闲体育风险机制对休闲体育市场主体既给予利益的诱导力，又予以亏损乃至破产的巨大压力，从而约束和鞭策休闲体育市场主体不断增强竞争力，提高自身在休闲体育市场风险中的适应能力和生存能力。休闲体育市场风险机制有效调节企业行为，使休闲体育企业在利益的驱使下，在盈利与亏损、成功与失败、机会与风险之间慎重地进行比较、权衡和抉择。从微观上看，它有利于鼓励先进，淘汰落后，促进休闲体育资源的优化配置；从宏观上看，它有利于保持国民经济各行业的均衡发展。风险机制是休闲体育企业重要的约束机制。

6. 调控机制

宏观调控机制是在中央统一协调下，以计划、财税、金融部门为主，以间接手段调控引导市场活动的宏观调控模式。实践证明，仅靠市场是不可能实现帕累托最优均衡的，即存在市场失灵，因此，需要政府积极地干预，以弥补市场失灵的缺陷。政府宏观调控的作用在于促进竞争、限制垄断；组织休闲体育公共产品的供应；消除经济活动的外部性，即当休闲体育市场价格体系不能有效运转时，政府必须通过制定法律、法规、条例或税收政策、金融政策等予以干预；弥补市场不完备和信息不对称，提高市场效率；解决收入分配不公问题。

二、培育和开拓休闲体育市场

（一）培育休闲体育市场主体

从一定程度上说，休闲体育市场的建立，关键在于休闲体育市场主体的发展和成熟，休闲体育市场主体包括休闲体育产品的提供者和消费者。

对于休闲体育市场供给者的培育应采取以下措施：制定相关政策和规定，大力培育休闲体育服务产品的生产和经营者；开展体育产业创新创业教育服务平台建设，帮助企业、高校、金融机构有效对接；鼓励各地成立健身休闲产业孵化平台，为健身休闲领域"大众创业、万众创新"提供支持；鼓励具有自主品牌、创新能力和竞争实力的健身休闲骨干企业做大做强；鼓励各类健身休闲企业、运动俱乐部向"专精特新"方向发展，强化特色经营、特色产品和特色服务；推进体育类社会团体、基金会、民办非企业单位等社会组织发展，降低在城乡社区开展健身休闲活动的社区社会组织的准入门槛，鼓励各类社会组织承接政府公共体育服务职能。

对于休闲体育市场消费者的培育应采取以下措施：建设、开放大批类型不同、功能多样的体育场馆，作为休闲体育市场的基本场所；在全面实施

"奥运争光计划"的同时，重视对广大群众所喜爱的休闲娱乐项目的投入；开展各类群众性体育活动，合理编排职业联赛赛程，丰富节假日体育赛事供给，发挥体育明星和运动达人的示范作用，激发大众健身休闲消费需求；推动体育部门、体育社会组织、专业体育培训机构等与各类学校合作，提供专业支持，培养青少年的体育爱好和运动技能；支持各地创新健身休闲消费引导机制；加大宣传力度，普及科学健身知识，鼓励制作和播出国产健身休闲类节目，支持形式多样的体育题材文艺创作；鼓励发展多媒体广播电视、网络广播电视、手机应用程序（APP）等体育传媒新业态，促进消费者利用各类社交平台互动交流，提升消费体验。

（二）加强休闲体育市场建设

1. 休闲体育物质产品市场

休闲体育物质产品主要指休闲运动赖以开展和发展的物质条件，如体育设施、运动服装、户外运动装备、健康食品、场馆场地等。在休闲体育物质产品中除了场馆场地属于建筑业外，其他的产品基本上都是由工业部门生产的。随着人们经济水平和生活质量的不断提高，用于休闲体育消费所占比重也逐渐增加，目前我国休闲体育用品制造业已经初具规模，消费市场呈现出快速增长的态势，其发展潜力巨大。

休闲体育物质产品的消费包括公共消费和个人消费。公共消费主要包括大型体育设备设施的使用、体育场馆场地的使用等；个人消费品主要包括家庭和个人的体育器具、健身器材、运动服装等。休闲体育的公共消费和个人消费紧密结合，没有个人消费，公共消费就无法形成；个人消费融入公共消费之中，除了政府提供的免费健身路径、部分场馆的免费开放外，两种消费在市场环境中都应是有偿的，但也不能事事以经济利益为中心，应按照市场经济规律办事，以发挥其特定的社会功能。

2. 休闲体育服务产品市场

休闲体育服务产品市场是无形产品交换的场所和领域。休闲体育服务是一个由生产者向消费者提供与体育有关的活动及劳务的过程。休闲体育服务产品是指由这种服务带来的非物质形态的特殊使用价值，诸如有关休闲体育方面的教育、咨询、培训、信息、表演等产品，其本身不具有固定物质形态，是存在于特定社会活动过程的非实物形态的无形产品，休闲体育服务产品市场交换的对象就是休闲体育活动无形的劳动成果。

休闲体育服务产品作为一种特殊的商品,其特殊性主要表现在休闲体育服务产品质量很难定量描述,往往受人们的主观判断影响。休闲体育活动给不同人带来的精神上的感受及身体锻炼的效果是不相同的,因而对同一休闲体育服务的价格就有不同的认定。例如人们观看同一场体育比赛,如果所处地域不同、消费水平和层次不同,其价格就有不同的表现,这也造成了休闲体育服务产品价格制定的复杂性,因此休闲体育服务产品的提供应充分考虑目标群体的个性需求。

3. 休闲体育技术市场

技术作为一种特殊商品,在特定的市场中有着特定的价值和使用价值,也有着特定的交换和转让规律。休闲体育技术包括休闲体育物质产品制造和加工技术、休闲体育运动技能、休闲体育科学研究成果等。

一方面,休闲体育消费需求的上涨和科研技术的应用促进了休闲体育技术的提升。随着休闲体育消费的不断增长,各种休闲体育用品、休闲体育器械等物质产品的消费需求也随之扩大,这促使其加工技术不断提升以适应大众休闲体育消费的要求。休闲体育科研、培训和运动等服务技能的提高,尤其是互联网等各类高新科技的运用,成为推动休闲体育产业不断发展的根本条件。

另一方面,休闲体育技术在形成和成熟发展的过程中也要不断地消耗资源,投入大量的人力、物力和财力。在市场经济条件下,要注重休闲体育技术的投入和产出关系,在特定的市场上通过有偿转让实现其经济价值,开辟多项技术交流转让渠道,推动休闲体育技术的商品化,不仅要产生良好的社会效益,也要追求一定的经济效益。

4. 休闲体育资金市场

休闲体育作为国民经济的一个产业部门,要有一定的投入才能有产出。因此,要不断增加政府财政预算中的体育经费,特别是要增加地方各级财政预算中休闲体育产业经费和体育基本建设经费的预算。除此以外,积极开辟向社会筹资的多种渠道,如委托体育经济管理部门发行体育彩票;发挥多层次资本市场作用,支持符合条件的健身休闲企业上市,加大债券市场对健身休闲企业的支持力度;金融部门提供优惠贷款;企业与体育联姻;休闲体育的无形资产及品牌有偿使用和转让;鼓励及扶持休闲体育经营企业自我积累资金等。

5. 休闲体育人才市场

休闲体育人才包括从事关于休闲体育的科学研究、教学、医疗保健、经济管理、产品研究制造等方面的人才等。

改革开放以来，随着我国市场经济体制的不断完善，体育管理体制的变革不断深化，体育人才交流活动也日趋活跃，逐步形成了一个自发的流动市场，但是从总体上看，体育人才的流动也只限于高水平竞技体育人才，休闲体育人才资源还没有得到充分利用，休闲体育人才的流动仍处于自发和隐形状态，人才短缺与积压浪费的现象依然并存。

因此，要建立一个功能完善、机制健全、法规配套、服务周到的休闲体育人才市场体系，就必须积极培育和建立休闲体育的人才市场机制。鼓励校、企合作，培养各类健身休闲项目经营策划、运营管理、技能操作等应用型专业人才。加强对从业人员的职业培训，提高健身休闲场所工作人员的服务水平和专业技能。完善体育人才培养开发、流动配置、激励保障机制，支持专业教练员投身健身休闲产业。加强社会体育指导员队伍建设，充分发挥其对群众参与健身休闲的服务和引领作用，加强健身休闲人才培育的国际交流与合作。

（三）休闲体育市场的开拓

休闲体育市场的繁荣依赖于休闲体育市场的开发和拓展，这是休闲体育产业蓬勃发展的关键所在。休闲体育市场的开拓，就是为实现休闲体育商品价值而进行的一系列与休闲体育市场的开发、占有和扩大密切联系的活动，包括对现有休闲体育市场的挖潜、利用、扩大和对潜在休闲体育市场的开发两个方面。

1. 休闲体育市场开拓的必要性

（1）市场经济发展的要求

过去，在长期的计划经济体制下，体育事业作为一种"福利型事业"被认为一切费用均应由国家投资。随着社会主义市场经济的逐步建立，体育为促进人民健康需要所提供的服务性产品进入了市场，"花钱买健康"的观念在很多人当中已经形成，人们对体育的需求不断提高，这促使体育市场蓬勃发展，休闲体育市场作为其中的重要组成部分，在市场经济中也逐渐发展壮大。市场经济是开放式的经济，它要求生产与交换尽可能在较大的范围内进行，对内和对外均实行开放，因为封闭式的体制只会束缚商品的流通，阻碍市场经济的发展。体育原本就是一个开放的动态系统，多数休闲体育产品以商品形式进行流通，其要求也是一样的，应当让它在休闲体育市场上进行广泛的交流。

（2）市场竞争激烈的要求

随着休闲体育市场的扩大，市场竞争日益激烈，于是休闲体育市场有了一系列的新要求，诸如决策的自主权，信息的交流，分工的细密，结构的灵活，节奏的明快，应变的敏捷，门路的开拓，渠道的畅通，价格的调整，产品的创新等，这些都要求进一步开放搞活休闲体育市场。因此，要积极开拓休闲体育市场，为自己的休闲体育商品能在市场上打开销路，取得最大经济效益而开展一系列市场开拓活动。

（3）休闲体育消费需求多样化的要求

当前人们参加休闲体育活动的心理需求有很多种，有希望通过休闲体育活动来缓解心理压力的，有通过成为俱乐部会员来体现社会地位、经济实力的，有通过参加休闲体育活动来改善人际关系、创造和谐氛围、加强互相交流、树立协作精神的……这些心理上的需要都要求休闲体育供给者能提供丰富多彩的、高质量的休闲体育商品，使他们的消费愿望能够通过休闲体育市场得到满足。因此，休闲体育商品生产者和经营者要使自己的商品在休闲体育市场上打开销路，就必须进行休闲体育市场的开拓工作。

2. 休闲体育市场开拓的内外条件

休闲体育市场的开拓，就休闲体育商品生产者和经营者来说，必须根据市场需求，生产适销对路的休闲体育商品来求得自身的生存和发展；就休闲体育市场的领导管理部门来说，必须为休闲体育市场的开拓创造一个良好和谐的外部环境，切实有效地推动休闲体育市场的健康发展。因此，只有从参与休闲体育市场的生产者、经营者内部和休闲体育市场的外部因素两个方面着手，才能真正求得休闲体育市场的大发展。

（1）从休闲体育商品的生产者和经营者角度着手

第一，必须树立市场观念。休闲体育商品的生产者和经营者要遵循市场经济运行机制和规律，一方面，根据休闲体育消费需求来决定自己的经济活动；另一方面适当调节和正确引导休闲体育消费。大众对休闲体育的需求多种多样，十分广泛而且不断变化，只有及时地了解大众的购买心理、购买意向、购买行为和购买能力,才能有针对性地提供他们乐于接受的休闲体育产品,才有可能形成买方市场的良好态势。比如,各类马拉松比赛、自行车赛及相关科技的发展,带动了暴走、路跑、骑行运动的快速发展,一些企业抓住机会,针对这类人群的需求,开发生产出 APP 软件及智能穿戴设备,通过软件实时记录运动数据,并上传到社交平台上与好友互动,满足了这类消费者丰富社会交往的需要。

第二,必须树立开放、多元的体育观。首先,休闲体育市场的开放必须是全方位的,包括所有制的开放、渠道的开放、经营方式的开放、经济规模的开放、对外交流的开放、分配制度的开放等;其次,在休闲体育市场中树立产业多元化的观念,包括内容的多元化、形式的多元化、管理的多元化、主体的多元化等。总之,在保证休闲体育产品优质多产的前提下,休闲体育市场应无禁区。

第三,必须建立与社会主义市场经济相适应的思想体系。由于长期的封闭、历史和地理因素的影响以及"文不经商""士不理财"等传统观念的影响,我们习惯于用重义薄利的体育观来批判体育的商品属性,造成思想观念保守,缺乏现代开拓精神,不能正确地认识休闲体育市场中出现的竞争及经营等方面的问题。因此,我们必须扭转把体育事业作为纯消费性活动的思想观念,以市场经济的理论和方法实施体育经济的改革,坚持社会效益与经济效益相结合,以国家调控、依托社会、面向市场为指导方针,积极进行休闲体育市场的开拓,提供丰富多彩的休闲体育服务来满足广大群众多方面、多层次的消费需求。

(2)从休闲体育市场的领导管理部门角度

第一,必须深化体育体制的改革。休闲体育市场是否搞活,关键在于从事休闲体育经营的部门是否充满活力,进行体育体制改革的目的,就在于调动休闲体育生产者和经营者的积极性,创造性。改革体育经济组织内部的经营机制,对不同规模的企业或组织,分别采取经营责任制、主任经理负责制、承包经营、租赁经营等各种形式,使其成为真正的自主经营、自负盈亏的经济实体。打破政府包办,真正形成多种经济形式、多种经营方式、多条流通渠道、少环节为特征的休闲体育商品流通格局。

第二,必须发挥市场机制的作用。市场机制是指资源在市场上通过自由竞争与自由交换来实现配置的机制,也是价值规律的实现形式。市场机制的作用是通过市场机体内的价格、供需、竞争等要素之间互为因果、互为制约的联系而产生的。在休闲体育市场运行中，通过市场价格信息来反映供求关系，并通过这种市场价格信息来调节生产和流通，从而达到资源配置；通过供给与需求之间的不平衡状态来调节社会生产和需求，最终实现供求之间的基本平衡；通过价格竞争或非价格竞争，按照优胜劣汰的法则来调节市场运行。比如，把竞争机制引入到休闲体育市场，有利于形成休闲体育商品生产和经营的社会化局面，有利于优秀休闲体育人才在竞争中迅速脱颖而出。

第三，必须转变政府职能，加强宏观调控。实行市场经济意味着休闲体育资源的配置采取市场方式，但绝不是拒绝政府的宏观调控。所谓转变政府职能是指休闲体育市场的管理部门由微观管理变为宏观管理，直接管理变为间接管理，采用法律、经济和必要的行政手段进行管理。建立与社会主义市场经济体制相适应的体育法规体系，将休闲体育市场纳入法制轨道，依法制约非法经营、损害国家和人民的利益、阻碍休闲体育市场正常发展的行为；运用经济手段，可以通过资金流向和利率杠杆，支持或抑制休闲体育项目的建设，也可以通过办股份公司，筹集海内外资金发展休闲体育产业；运用税收等行政手段进行宏观调控，比如，对高消费休闲体育娱乐项目实行征收特种附加税，对大众休闲体育项目减免税等。

三、我国休闲体育市场发展现状和趋势

2008年北京奥运会成功举办后，我国的休闲体育市场迎来了一个新的发展高潮。然而，我国休闲体育市场在发展中还存在一些问题，只有明确我国休闲体育市场的发展现状及正确看待这些存在的问题，有的放矢地加以改革，才能使我国休闲体育市场健康地发展。

（一）我国休闲体育市场发展现状

1. 休闲体育市场体系初步形成，管理逐步规范，但缺乏相对完善的企业管理体系与运行机制

休闲体育市场体系是由水上运动市场、山地户外运动市场、冰雪运动市场、航空运动市场等各类市场组成的有机联系的整体。休闲体育市场体系是否健全是判断一个国家休闲体育产业发展程度最重要的指标。

我国休闲体育市场从20世纪80年代初萌芽，经过30多年尤其是最近

十几年的快速发展，目前已经初步形成投资主体多元化，休闲体育产品丰富化，多种所有制并存，竞争平等，多种市场相互联系、相互制约、共同发展的市场格局，休闲体育市场体系已初步形成。但是，针对休闲体育市场的法制建设还比较滞后。尽管20世纪90年代以来，国家和地方相继出台了多项体育法律法规，如《中华人民共和国体育法》《全民健身计划纲要》《关于加快发展体育产业 促进体育消费的若干意见》《关于加快发展健身休闲产业的指导意见》等，但相关法规还需要进一步的细化及完善，如休闲体育的财政、税收政策还实施与娱乐业相同的政策，这必然使休闲体育企业不堪重负，阻碍其发展。另外，我国休闲体育市场虽然在行业内部完全依照市场化模式建立了体育企业管理体系与运行机制，但是休闲体育行业管理比较薄弱，市场准入制度不严，经营管理水平不高，服务质量无法监控和检查，并且带有明显的"半官半企"的特征，这些都阻碍了整个休闲体育市场的良性循环。因此，仍然需要国家出台优惠政策加以扶持，加强调研与预测，以完善休闲体育市场管理体系与运行机制，使休闲体育市场和企业得以发展壮大。

2. 休闲体育市场规模不断扩大，但休闲体育消费能力不强，休闲体育市场的发展远远滞后于经济的进步

随着市场经济的不断深化，人民收入水平的提高以及花钱买健康理念的日益深入人心，人们开始在工作之余关注自身身心效能。在此需求下，休闲体育凭借其独特的休闲、娱乐功能迅速受到人们的追捧，休闲体育市场规模不断扩大，但和西方发达国家相比，明显呈现出消费能力不强的问题，并且休闲体育市场的发展已远远滞后于经济的进步。究其原因：（1）从我国居民的休闲文化来看，重文轻武，喜静厌动，闲暇时间看电视、打麻将、聚餐是很多国人休闲娱乐的主要内容，健身意识比较薄弱；（2）从参与人群来看，经常锻炼的主要是老年人，他们更倾向于参与广场舞等不用花费的项目；（3）从人口构成来看，我国农村人口比例较大，收入水平仍然较低；（4）从家庭支出结构来看，我国城乡居民除日常生活消费之外，更多的花费是投入到住房、医疗、教育等方面，据有关资料显示，子女教育仍是家庭最主要的支出，占15.9%，而体育消费仅占4%。

3. 休闲体育资源丰富，但休闲体育产业发展不平衡，休闲体育产品不能有效满足个性化需求

第二节 休闲体育市场

我国蕴藏着丰富的户外运动资源，森林面积为 1.95 亿公顷，山地面积为 320 万平方千米，可以开展野营、登山、徒步旅行、冬季项目等休闲体育活动；我国的河流流域面积近 100 万平方千米，海域面积近 300 万平方千米，可以开展漂流、划船、冲浪、沙滩排球等休闲体育活动。再加上国家政策的支持、人们收入水平的提高、休闲时间的增多及健身意识的提升等客观因素，给休闲体育市场带来了前所未有的发展机遇，同时也预示着休闲体育市场将会进入一个快速发展的黄金时期。但是，休闲体育产业的发展依然不平衡。首先是区域不平衡。受制于经济发展水平，各地区休闲体育产业的发展规模和层次差距较大，特别是中西部地区的休闲体育产业发展非常缓慢，有效供给能力也十分有限。二是布局不平衡。休闲体育服务经营单位大多集中在大城市，而小城市、城乡接合部缺乏休闲体育服务及服务经营单位。三是项目开发不平衡。休闲体育用品、器械等制造、销售业所占比重远远超过体育健身、体育旅游等服务业。除此以外，休闲体育市场所提供的休闲体育产品依然过于单一。尽管休闲体育产品呈现多元化发展趋势，以健身俱乐部为例，向消费者提供健身、健美、运动、康复或美容塑身等服务的同时，还提供茶室、餐饮、咖啡厅、SPA 和影视书刊等服务项目，但在服务方式上手段单一，缺乏创新，特色不鲜明，很难体现个性化服务需求，亦严重缺乏相应的服务型体育组织。

4. 休闲体育市场潜力巨大，但竞争日趋激烈，市场秩序混乱

从《第三次我国城乡居民体育参与状况调查》结果看，我国经常参加体育锻炼的人数比例只有 28.2%，2015 年体育产业增加值占 GDP 的比重约为 0.7%，与发达国家相比还存在较大差距，还有很大的上升空间。20 世纪 90 年代，观赏型休闲体育产品占市场的主要份额。当今我国已进入全面建成小康社会的决胜阶段，人民群众的消费方式逐渐从实物型消费向参与型消费转变，预计在未来，参与型休闲体育活动将成为休闲体育市场的主要消费对象，发展潜力巨大。但同时，竞争也日趋激烈，国外知名体育企业、国内非体育企业都纷纷跻身中国休闲体育市场，如知名房地产企业万达、万科相继进军体育市场，加剧了我国休闲体育行业的竞争程度，加之一些休闲体育产品的差异度不高，价格竞争便成为主要手段，导致市场秩序混乱。

拓展阅读：国家体育总局等部门发布健身休闲产业"水上、山地、航空运动产业"规划

2016年8月国家体育总局等部门在北京召开新闻发布会，发布了关于发展水上运动产业、航空运动产业和山地户外运动产业的三项规划。

这三个规划分别是《水上运动产业发展规划》《航空运动产业发展规划》《山地户外运动产业发展规划》，描绘了至2020年有关运动产业发展的蓝图，提出了各自的产业发展目标。其中水上运动产业总规模要达到3 000亿元，航空运动产业总规模要达到2 000亿元，山地户外运动产业规模达到4 000亿元。三项规划产业总规模累计达9 000亿元，并逐步形成山地户外"三纵三横"、水上运动"两江两海"、航空运动200千米飞行圈等运动产业发展新格局。

这三个规划和此前公布的《全国冰雪场地设施建设规划（2016—2022年）》的共同特点是多部门联动、联合制定，如《水上运动产业发展规划》是由国家体育总局、国家发展和改革委、工业和信息化部、财政部、国土资源部、住房城乡建设部、交通运输部、水利部、国家旅游局9部门共同印发。

国家体育总局局长助理李颖川说："这些规划都是体育总局会同不同的部门来完成的，因为体育总局管理的范围还是有限，规划的落地需要一些政策，但这些政策不是总局能够解决的，所以要会同这些部门把政策落实下来。"

国家体育总局经济司司长王卫东说，水上运动、航空运动、山地户外运动产业是健身休闲业中供需两端都具备相当基础和潜力的产业，也是具有"水、陆、空"特色的有代表性的产业。通过编制这三个项目的运动产业发展规划，加快推动相关产业发展，是体育总局紧紧围绕中央"稳增长、促改革、调结构、惠民生"等一系列要求，贯彻落实国家出台有关意见的有力举措。

（二）休闲体育市场发展趋势

休闲体育的发展呈现娱乐化、网络化、户外化、极限化、生态化、奇异化的趋势。面对人民群众对休闲体育日益增长的多样化需求，政府应积极引导企业开展休闲体育市场调查，因地制宜，发展特色运动，打造区域特色，以实现休闲体育的可持续发展。

1. 生活娱乐化

休闲体育娱乐化的主要目的在于愉悦身心，不管是来自生理还是心理，抑或是来自活动场景，休闲体育运动对人们生活的积极调节作用也必将进一步表现出来。据美国学者统计，在全美体育总产值中，平均每1美元就有0.68美元的体育健身休闲活动市场的收入，而时下美国人每挣8美元中就有1美元花在了体育健身休闲活动上，休闲健身已经成为美国人的生活习惯。随着国家政策的支持，非运动训练性体育俱乐部的大量兴建，体育组织包括各级民间体育组织的兴起，经济收支比例的新变革及人们消费观念的转变，休闲体育也融入了我国大众日常的生活中，促使人们对休闲体育的渴望日趋加大。

拓展阅读：扑克大赛

为促进群众性体育事业的蓬勃发展，丰富大众文体生活，缓解现代化都市紧张高速的生活节奏，引导人们科学文明、健康向上的娱乐休闲方式，北京市体育记者协会、北京市社会体育管理中心、北京娱乐信报、上海姚记扑克有限公司联合主办了"姚记扑克"杯北京扑克大赛。本项赛事益智健脑，历时半年，设桥牌、升级、拱猪、斗地主等玩法，分两个阶段进行，第一阶段在100个机关、团体、企业、社区、大学进行区域专场预赛，冠军组成代表队，进入第二阶段全市总决赛。该项赛事具有较强的娱乐性，对增强团队精神、增进同事交流、构建和谐社会有积极作用，深受大众喜爱。

（资料来源：http://sports.163.com/15/1223/12/BBH6MG5000050A3F.html）

---

2. 时尚网络化

当今社会，参与健身休闲已经成为一种时尚。体育既能体现出青春活力，又能产生愉悦的情感体验，形成良好的交流和互动，还能宣泄浮躁的情绪和消耗多余的精力，因此体育一直以来都是青年人的时尚追求。如针对年轻人的需求而开办的轮滑、瑜伽、跆拳道、射击、射箭等时尚运动休闲场馆。随着休闲活动的深入开展，涉及的人群越来越多，无论年龄大小、不管性别差异，一些中年人甚至是女性也都积极参与极限运动、击剑、马术、高尔夫等时尚运动项目。随着"互联网+"时代的到来,场馆预定、健身指导、运动分析、体质监测、交流互动、赛事参与等方面实现了以移动互联网、大数据、云计算技术为支撑的健身休闲服务的开发,电子竞技运动就是足球、篮球、棋牌等运动项目与网络结合的产物。

拓展阅读:

从美国街头文化发展而来,由詹姆斯·布劳德开创的街舞、法国人大卫·贝尔发明的跑酷都是休闲体育的一部分,同时成为各国青少年喜爱的时尚运动。

街舞最早被中国人知晓源于1984年的一部进口影片《霹雳舞》,而后风靡中国,街舞俱乐部从那时起开始发展。

---

3. 自然户外化

体验具有挑战意味的生活成为都市人的休闲方向。越来越多久居城市钢筋水泥丛林中的市民为了逃离雾霾浓重、噪声喧嚣的都市开始返璞归真,回归自然,他们选择利用休假投身户外,投入大自然舒展的怀抱。爬山、攀岩、漂流、穿越、越野、溪降、溯溪、滑雪、滑翔等户外运动也因此越来越成为最受欢迎的休闲方式。极限运动也逐渐成为部分人群的休闲娱乐时尚,借助悬崖自由跳水、攀岩、攀冰、蹦极、跑酷以及空中冲浪、空中延迟跳伞、不吸氧深海潜水等运动,在休闲体育中挑战自我,提升自我价值。

拓展阅读:

枯燥繁忙的工作之后,人们总希望能够通过刺激的休闲方式来放松自己,但是有时候追求刺激也不能过度。美国媒体评选出了世界八大最恐怖的体育项目,即美国大峡谷的"死亡电动车""瀑布飞船""死亡跑道"、迪士尼公园的"升空电梯""高空游乐园""高空座椅"、西班牙的"观音坐莲"、加拿大公园的"云霄飞车",这些项目充满刺激,看一眼就会让人头晕目眩。

4. 健康生态化

如今，关注自然生态、挽救休闲带来的生态危机，注重人与自然、人与社会的和谐发展，强调人的身心全面发展，倡导可持续休闲成为国内外大众的共识。现代的许多休闲方式是以牺牲自然、牺牲资源、牺牲生态为代价的，比如，旅游业的过快发展和景区的人满为患，带给人类的不仅是经济发展的福音，还有环境恶化、水质污染、生态破坏等所产生的隐患和警示，人们为此也付出了健康的代价。再比如，生产休闲体育用品过程中会消耗大量不可再生资源。欧洲联合会（European Industry，简称 EU）于 1992 年发表了面向 2000 年欧洲生态网的"Natura 2000"推进计划，当时"计划"就提出：在高等教育机构中，"环境教育"应该包含在必修课程中。

5. 新颖奇特化

休闲体育的新颖、奇特主要是指人们的休闲活动不满足于现有的内容和方式，在项目创新和手段要求上不断突破。国外休闲体育的发展在休闲体育的内容和方式上别出心裁，如澳大利亚人与鸵鸟一起休闲、加拿大人学鸭子游泳、法国人大街上滑旱冰、瑞士人掷石头比赛、印尼捞鱼比赛、马来西亚钓虾与捉鸭比赛、英国的赤足跑、日本的踏石休闲法、巴西的爬行俱乐部等，这些项目都独具特色，引人入胜。目前，我国休闲体育的内容虽然比较丰富，但还停留在比较常见的项目上，包括各种球类活动、登山、攀岩等山地户外项目，滑雪、滑冰等冰雪项目，冲浪、漂流、潜水等水上项目，滑翔、跳伞、热气球等空中项目。未来将会出现越来越多新颖的休闲体育项目，以满足人们日益增长的个性化需求，这是休闲体育发展的必然趋势。

拓展阅读：国外趣味体育休闲

1. 澳大利亚：鸵鸟健身运动

鸵鸟被誉为澳大利亚的"国鸟"。近年来，澳大利亚人设计出种种与鸵鸟有关的健身运动。当下最流行的首推坐鸵鸟拉四轮车在原野上兜风赏景。新鲜的空气，温暖的阳光和满眼绿意，使人心旷神怡，起到明显的健身效果。

2. 加拿大：水中跑步

加拿大流行"水中跑步运动"。参加者身体垂直悬浮于深水中，鼻孔仅比水面稍高一些，四肢在水中猛烈划动，好似鸭子在水中扑腾。经常在水中运动，可以延缓衰老，因为水的导热性比空气强，在 12 ℃水中停留 4 分钟所散发的热能，相当于在同温度的空气中 1 小时所消耗的热能。所以水中运动是一种很好的"消化"多余热能的方法。同时，由于热能的大量消耗，需要身体加快新陈代谢，补偿热量的损失，维持正常的体温，所以水中运动能锻炼人的体温调节中枢，增强身体的抗寒耐热的能力。

3. 法国：街上滑旱冰

颇具浪漫色彩的法国人，最爱滑旱冰。他们在人行道上轻松自如地滑行前进，春天更是那些"旱冰一族"在马路上大显身手的时候。冰刀式旱冰鞋成了最抢手的圣诞礼物之一。在临近春天的时节，巴黎旱冰鞋专卖店的营业额可增长近 40%。

（资料来源：晓利. 国外趣味体育休闲 [N]. 中国质量报，2000-11-06.）

第三节　休闲体育消费

"健康中国"上升为国家战略，得到了社会各界的广泛响应，休闲体育已经成为实现这一目标的中流砥柱。体育等相关部门出台了一系列发展规划，民间资本纷纷涌入休闲体育产业，我国已悄然进入休闲体育消费时代。在我国消费结构转型的大背景下，加快休闲体育消费的发展，对推动居民消费从传统型消费向新型消费升级、从物质型消费向服务型消费升级、从生存型消费向发展型消费升级具有重要意义。

一、休闲体育消费的含义

休闲体育消费是休闲体育和体育消费的交叉概念，是一种体育现象或生活方式，其含义有广义和狭义之分。广义的休闲体育消费指人们在余暇时间里一切与休闲体育活动有直接或间接联系的个人消费行为；狭义的休闲体育消费指人们在余暇时间里以培养生活情趣、提高生活品位、获得身心自由与快乐为主要目的的休闲体育消费行为。无论是狭义概念还是广义概念实际都包含三层关系：一是休闲体育消费的主体是具有休闲体育消费能力和消费需求的人；二是休闲体育消费具有满足人们需求的功能性；三是休闲体育消费表现为休闲体育消费者（主体）对休闲体育消费资料（客体）的行为依赖关系。

二、休闲体育消费的分类

（一）按消费途径划分

按消费途径划分，休闲体育消费可分为市场型和非市场型两类。市场型是指在市场主导领域内，交换双方按照市场交换的商业原则获得和提供休闲体育产品和服务；非市场型指在市场原则所不能涵盖的领域，即在非市场主导领域内，由政府和第三方（非营利机构）按照政治或者社会原则为服务对象提供休闲体育产品和服务。市场型和非市场型消费之间存在某种程度的交叉。

（二）按消费层次划分

按消费层次划分，休闲体育消费可分为低档型、中档型和高档型三类。低档型指场地设施功能单一，收费低廉，多实行单一项目经营，消费者对服务质量和环境氛围要求不高的低价位消费；中档型指场地设施功能较完善、服务质量较高，环境氛围较好，以满足中等收入人群需求为目的中等价位消费，多采取俱乐部和开放式会员制经营形式；高档型指提供功能完善的场地设施、优质的服务和舒适的环境氛围，以满足高收入人群的多元化需求为目的高价位消费，多采取俱乐部和封闭式会员制经营形式。

（三）按消费内容划分

按消费内容划分，休闲体育消费可分为实物型、观赏型和参与型三类。实物型休闲体育消费指消费者购买运动器材、服装鞋帽、运动饮料、体育报纸、杂志、音像制品等和休闲体育活动相关的各种体育实物资料的行为；观赏型休闲体育消费指消费者以通过观看、欣赏各种体育比赛、表演、展览等活动以满足视听享受为目的的体育消费行为；参与型休闲体育消费指消费者参加体育锻炼、培训、指导等各种身体练习的体育消费行为。

（四）按消费方式划分

按消费方式划分，休闲体育消费可分为观赏型、指导型和自娱型三类。

观赏型休闲体育消费指消费者观看和欣赏各种运动竞赛及表演以满足视听享受的消费行为；指导型休闲体育消费指消费者接受专业技术人员提供的培训、辅导、咨询等体育劳务或服务的消费行为；自娱型休闲体育服务消费指消费者利用体育消费场所提供的各种体育场地设施以及相关配套服务，自主进行体育活动的体育消费行为。后两种消费的区别在于指导型以劳务或服务消费为主，而自娱型以场地设施服务消费为主，且两者相互交叉渗透。

（五）按消费动机划分

按消费动机划分，休闲体育消费可分为健身型、娱乐型、竞赛型、社交型、探异求新型和冒险刺激型6类。健身型主要追求身体强健和体态完美；娱乐型主要追求身心的愉悦和放松；竞赛型指活动采取竞赛的形式，但只注重过程，不注重结果；社交型指以增加人际交往为主要目的；探异求新型是对大千世界进行探索和发现，以求新求异为主要目的，如洞穴探险、徒步旅行、户外野营等；冒险刺激型指活动具有一定的危险性和刺激性，以挑战人的能力和胆量为主，如攀岩、漂流、越野和极限运动等。

三、影响休闲体育消费的因素

（一）收入水平和总体消费水平

恩格斯将人的需要划分为生存需要、享受需要和发展需要三个层次。体育消费显然属于享受型需要和发展型需要的范围，因其具有较大的需求弹性，故在收入水平较低的情况下，对体育消费的需求不会有较快提升。按照马斯洛的需求层次理论，人们必须首先满足生存需要，然后才可以追求发展及享受的需要，当人们的经济收入还不足以充分满足其生存需要时，人们就不可能去参加体育消费。因此，居民收入水平和总体消费水平是影响休闲体育消费最重要的因素。

（二）闲暇时间和体育场地设施

闲暇时间是指在工作和休息之外的可自由支配的时间，休闲体育消费需要有闲暇时间上的保障。在闲暇和工作之间，人们一般会随着经济发展水平的不同而做出不同的选择。在经济条件不好时，人们一般会更多地选择工作以增加收入，闲暇时间少。只有收入达到一定水平之后，人们才可能有充足的闲暇时间参与休闲体育。休闲体育消费实质上也是一种时间消费，而闲暇时间的缺乏是制约居民进行体育消费的关键因素。

（三）文化教育和兴趣习惯

休闲体育消费必然受到家庭、学校和社会教育的影响和制约，家庭对体育的态度会对青少年学生休闲体育消费能力构成影响，青少年在校期间接受系统的体育教育对培养学生的终身体育意识和能力具有不可低估的作用。在经济、时间都具备的条件下，兴趣和消费习惯就是影响体育消费的首要因素。只有在兴趣、消费习惯的基础上选择参与休闲体育消费活动，并在休闲体育消费中进一步加强积极情绪色彩的心理倾向，进一步培养兴趣并逐渐建立较持久的稳固兴趣，才能长期、主动、积极地投入休闲体育消费活动中。

（四）休闲体育市场环境

休闲体育消费的提高有赖于良好的市场环境，反之，良好的市场环境需要规范的法律法规进行约束。由于我国法制化进程起步较晚，在许多方面都存在着缺陷和不足，极大影响了休闲体育消费市场的发展，如体育咨询、体育经纪、体育培训业的组织、管理和经营都需要相应的法规加以约束与保护。除此之外，在许多方面休闲体育市场环境也缺乏相应的执行措施，需要对我国休闲体育消费的法制环境进行进一步的积极探索。

四、我国休闲体育消费的发展现状、面临机遇和发展策略

（一）我国休闲体育消费发展现状

1. 休闲体育消费水平迅速提高

《2014年全民健身活动状况调查公报》显示：2014年，我国20岁及以上人群中有39.9%的人有过体育消费，比2007年消费人数比例增长67.7%，人均消费水平达到926元，比2007年增长52%。在2014年有体育消费的20岁以上城镇居民中，有47.6%的人消费总额在499元以下。如果再考虑消费总额在500~999元的24.4%人群，不难得出以下结论：在2014年有过体育消费的中国人中，有72%的人花费总额在平均数附近或低于平均数。另一方面，在体育消费人群中，购买运动服装的人数占百分比最高，为93.9%，其他依次为购买体育器材、订阅体育书刊、支付锻炼的场租和聘请教练以及观看体育比赛的费用等。但支付锻炼场租和聘请教练的人只占8.6%，观看体育比赛的人只有6.6%。从人均消费金额来看，"场租和聘请教练"的消费额度最高，人均876元，而观看体育比赛的人数尽管不多，但也有人均366元的支出，这一组数据说明我国的休闲体育消费水平迅速提

高，但仍处于初级阶段。

2. 休闲体育消费领域不断扩展

我国的休闲体育消费不仅符合本国的传统和国情，而且也适应时代的发展潮流逐步走向国际，高尔夫球、保龄球、网球、台球、游泳、攀岩、蹦极、滑板、轮滑旱冰、摩托车、游艇、弓弩、飞艇、汽车、帆船、飞镖、冲浪、越野、滑翔、漂流、野外生存、探险、登山等国际流行的休闲体育运动项目已经在我国逐渐发展并流行起来。

3. 休闲体育消费发展的地域不平衡性

由于我国地域辽阔，人口众多，各地区的经济发展水平差距较大，导致居民体育消费水平存在着明显的差异，体育消费区域不平衡性突出，体育消费品市场的发展也出现了不平衡性。

目前东部沿海地区和大中城市的体育消费品市场发展良好，而中西部地区以及广大农村地区发展相对较落后。《2016中国体育消费生态报告》显示：东部是我国体育消费主要地区，其中浙江省、河北省、广东省、福建省、辽宁省的人均消费指数领跑全国，成为全国体育消费最集中的区域。而四川省则凭借全国人均体育消费指数第二的实力，领跑西部；中部体育消费表现最旺盛的地区是湖北省，人均消费指数仅次于辽宁省，列居全国第七。浙江省人均体育消费领先全国，具体原因一是当地居民收入水平较高，2014年其居民人均可支配收入比全国平均水平高出61%；二是体育锻炼人群消费比例较高。据浙江省体育局《2014年浙江国民体质监测公报》显示，浙江省经常参加体育锻炼的人数比例高于全国1.9个百分点，其中61.3%的人有过体育消费，高于全国21.4个百分点。

4. 休闲体育消费结构不合理

体育消费品一般划分为体育物质消费品和体育服务消费品。从我国目前的现状来看，体育物质消费品的消费比重明显偏高。《2014年全民健身活动状况调查公报》中20岁及以上人群不同体育消费项目的人数百分比，购买运动服装的人数比例最高，为93.9%，其他依次为购买体育器材（38.8%）、订阅体育书刊（9.7%）、支付锻炼的场租与聘请教练（8.6%）、观看体育比赛费用等（6.6%）。调查结果还显示，20岁及以上人群不同体育消费项目的人均消费金额，场租和聘请教练的消费额度最高，人均876元，其他依次是购买运动服装鞋帽623元，购买体育器材496元，观看体育比赛366元，其他体育相关消费334元以及订阅体育报刊和购买体育图书142元等。

拓展阅读：《2016年中国体育消费生态报告》揭运动消费八大趋势

一、体育消费2015年现拐点，到2025年27省体育消费总规模将超7万亿元

据了解，从2012年开始，国内运动品牌企业就全线进入"关店潮"。李宁、安踏、匹克、中国动向、特步、361°这六大国产运动品牌中，只有361°2012年店面数量小幅增长217家，其他五大品牌关店总数接近5 000家。这一颓势一直持续到2014年，这一年体育类消费规模占GDP比重创新低。

但是，从2015年开始，体育消费回暖势头初现。同期，人均GDP比2000年增长了5.2倍（图5-2）。按照国际通行标准，当人均GDP达到5 000美元，体育产业会呈现"井喷"态势，目前中国人均GDP已到8 000多美元的水平，但人均体育消费只相当于全球平均水平的1/10，随着消费从生存型向发展型转变，未来体育消费潜力将更大程度释放。从2015年国产品牌市场销售情况来看，安踏、李宁、特步、361°和匹克同期均实现了营收正增长，其中安踏突破百亿元大关，李宁实现扭亏为盈，反映出行业整体走出调整期的特征。

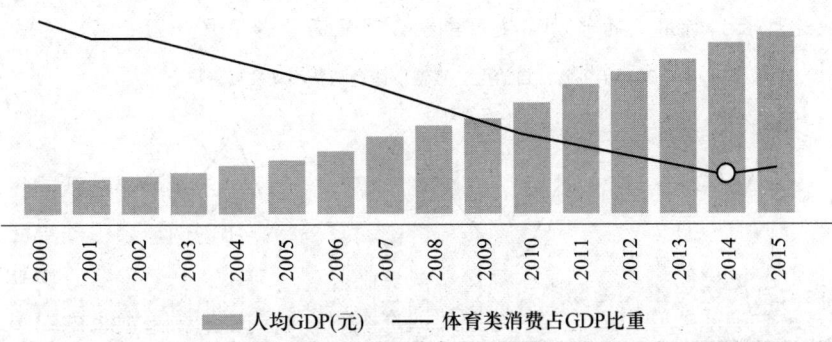

图5-2　2000—2015年全国体育、娱乐用品零售额比重变化趋势

据21世纪经济研究院梳理，2014年全国31个省、自治区、直辖市出台了体育发展规划，27个省的体育产业规划目标为到2025年总规模

超7万亿元。其中，福建省体育产业总规模达1万亿元（图5-3）。

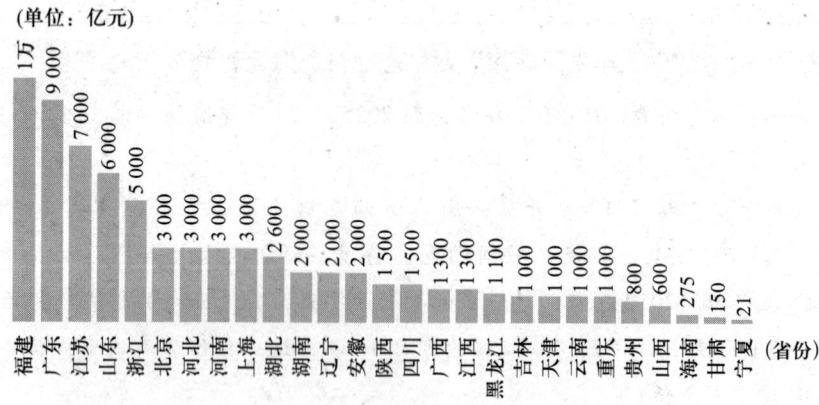

图5-3　2025年各省、自治区、直辖市体育规划目标

二、超七成订单在移动端生成，移动端成为品牌渠道下沉的"利器"

从目前运动户外品类的各销售渠道占比来看，移动端已全面超越PC端，2016年上半年，全国移动端渗透率超过七成。

西部渠道下沉效果最明显。贵州、陕西、甘肃、新疆、云南以超过77%的移动端渗透率，成为全国移动端使用程度最高的地区。浙江、上海等成熟市场的移动端渗透率反而不及这些地区。这表明，渠道下沉为体育用户尤其是内陆新用户，带来了更多元的购物选择，因而线上消费快速增长，新用户的移动端使用率也会明显高于老用户（图5-4）。

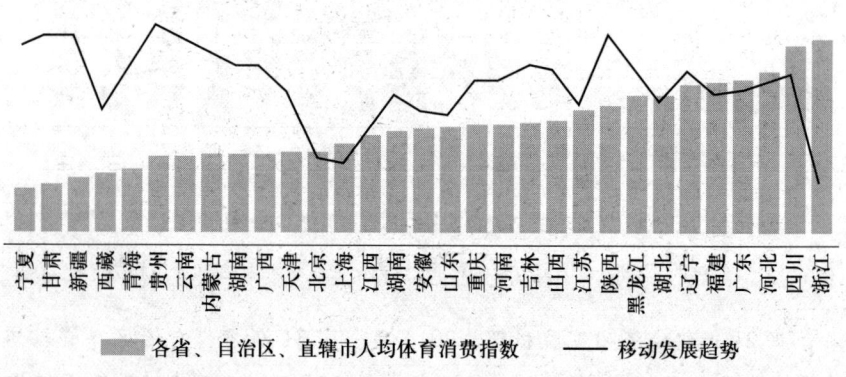

图5-4　2016年各省体育消费移动端发展趋势

从不同等级城市的移动端渗透程度来看，城市等级越低，移动端渗透率反而越高。其中六线城市（上尧、遵义、郫县等）、四线城市（枣庄、十堰、北海等）领跑各线级城市，这表明，低线级城市跨越 PC 端直接进入了移动电商消费阶段（图 5-5）。

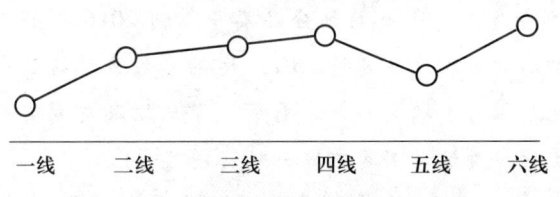

图 5-5　各线级城市移动端渗透率程度

三、全国体育消费规模中部迅速崛起

从全国体育消费规模扩张来看，中部地区增长更为明显，其消费额占全国的比重由 2013 年的 13.8%提高至 2015 年的 18.3%，是近两年来占比上升最快的区域。东部、西部地区的体育消费比重则从 2013 年的 65.4%、20.8%下降至 2015 年的 61.2%、20.5%。

总体来说，线上体育用品消费迅速增加的省份（除山东、浙江、福建外），大多分布在中西部新兴市场，这与当地消费水平的提高及电商渠道下沉、线上消费快速攀升有关。以体育用品消费增长最快的贵州为例，社会零售品增速不仅升至全国中上游，移动端消费渗透率也是全国最高（图 5-6）。

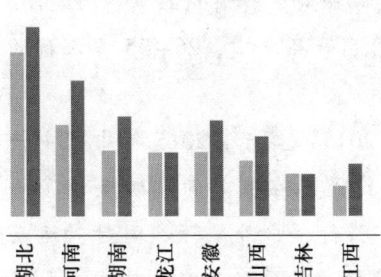
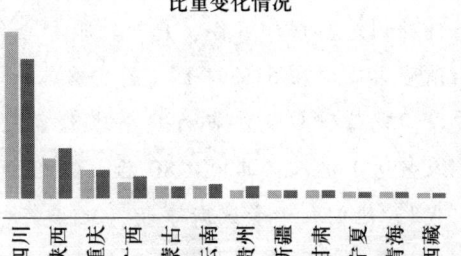

图 5-6　中西部各省、自治区、直辖市体育消费占全国比重变化情况

四、骑行、健身训练人均消费最高,新生代户外运动消费热潮兴起

据京东大数据平台分析,从每位用户在各细分品类上的花费来看,骑行运动、健身训练成为人均消费额最高的运动项目。2014年每位用户在这两类产品上的消费指数比2013年大幅提高了16.0%、10.3%,而基础类的体育用品等则下降了2.5%。

值得关注的是,在所有的细分品类中,到2016年上半年,垂钓用品、骑行运动消费额增速均超过75%。运动爱好者已将注意力从传统体育转向包括徒步旅行、骑自行车、露营、攀岩以及皮划艇等为主的户外体育上,新生代户外运动消费热潮兴起(图5-7)。

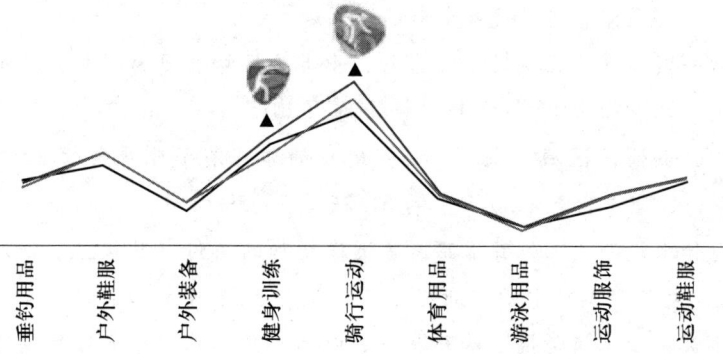

图5-7 2013—2015年各细分品类人均消费指数变化情况

五、"80后"运动消费市场巨大,值得趁早布局和挖掘

京东大数据平台显示,运动鞋包、运动服饰、体育用品、骑行运动、健身训练、户外装备、户外鞋服和垂钓用品等品类中,26~35岁人群的消费占比均在51%以上(图5-8)。

瑞信研究院发布的《全球财富报告2015》显示,2015年中国中产人数达1亿人,其中"80后"年轻新中产是正在崛起的"黄金消费一代",他们敢于尝试新事物,比如海钓、骑行、户外越野。同时对运动产品品质有一定要求,更容易将运动习惯转化为实物消费。京东大数据平台预计,到2020年,现在的"80后"和陆续进入职场的"90后"群体,将会占到中国城市人口的30%,消费能力也会继续提升。此外,现在的"80后"消费者,将保持并发展各类体育爱好,是未来消费的重要

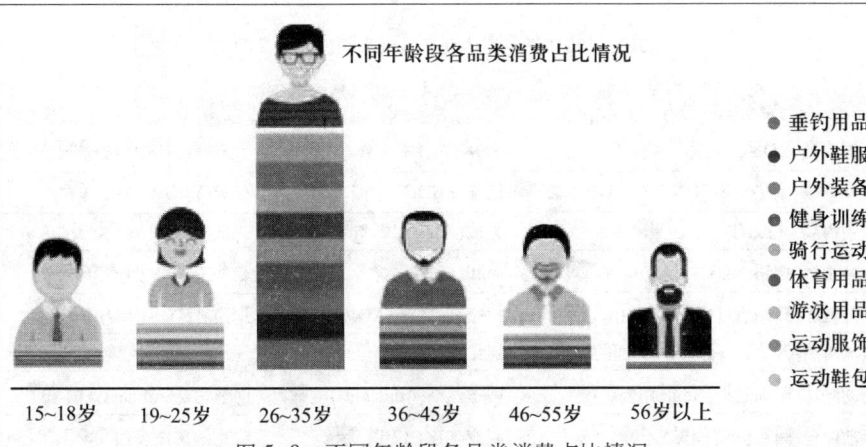

图 5-8　不同年龄段各品类消费占比情况

力量。这意味着,"80 后"在进入中年和老年后,仍有较大的消费潜力;他们的事业家庭基本进入稳定阶段,实际财富支配能力更强,对锻炼和品质生活,有迫切的刚需。相对现在的"70 后"和"60 后"消费群体,未来进入中年以及老年的"80 后"一代,消费潜力更大,值得企业布局和挖掘(图 5-9)。

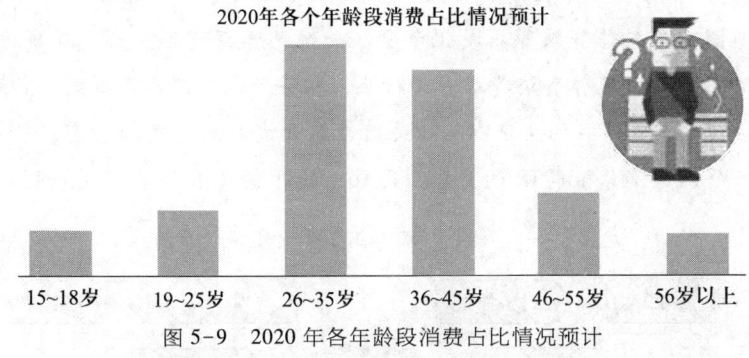

图 5-9　2020 年各年龄段消费占比情况预计

六、户外消费增速两年翻两番,运动鞋包迎新的发展机遇

中国夺得 2022 年冬奥会的举办权,据估算,此次冬奥会所涉及的冰雪运动将带动其他关联产业的收入约 3 000 亿元。此外,2015 年国外专业品牌集中进入中国。从行业整体发展阶段来看,市场导入期已完成。

2013—2015 年,运动鞋包的用户指数与消费额指数增长近 4 倍。按照这个趋势,运动鞋包企业在近两年会有较好的业绩表现,而一些持续亏损和库存压力巨大的国产运动鞋服品牌,有望在近两年翻身(图 5-10)。

2013—2015年各类体育产品销售额最高的品牌

类型	2013年	2014年	2015年
体育用品	YONEX日本	YONEX日本	红双喜(DHS)中国
健身训练	金史密斯(KING SMITH)中国	亿键(YIJIAN)中国	亿键(YIJIAN)中国
垂钓用品	光威(GW)中国	光威(GW)中国	光威(GW)中国
户外装备	探路者(TOREAD)中国	supfire美国	佳明(GARMIN)美国
户外鞋服	探路者(TOREAD)中国	探路者(TOREAD)中国	探路者(TOREAD)中国
游泳用品	速比涛(Speedo)澳大利亚	速比涛(Speedo)澳大利亚	速比涛(Speedo)澳大利亚
运动服饰	阿迪达斯(Adidas)德国	阿迪达斯(Adidas)德国	阿迪达斯(Adidas)德国
运动鞋包	耐克(NIKE)美国	耐克(NIKE)美国	耐克(NIKE)美国
骑行运动	永久(FOREVER)中国	永久(FOREVER)中国	永久(FOREVER)中国

图 5-10 2013—2015年各类体育产品销售额最高的品牌

七、搭建运动跨界消费场景成热潮,体育产业生态圈备受追捧

在移动互联网时代,移动设备、社交媒体、大数据、传感器和定位系统的普及应用,让体育消费迎来场景化革命。

2015年至今,传统行业的领军企业以及互联网巨头纷纷布局体育产业生态圈,迎接体育消费场景化革命。传统的体育商品生产、赛事运营、体育商品销售以及体育消费服务等行业,相关产业分工不再割裂;体育赛事的运营,体育产品的生产以及相关衍生品开发的联系更加紧密,行业更强调一个完整体育赛事IP的整体协同效应的开发(图5-11、图5-12)。

图 5-11 马拉松生态圈

第三节 休闲体育消费

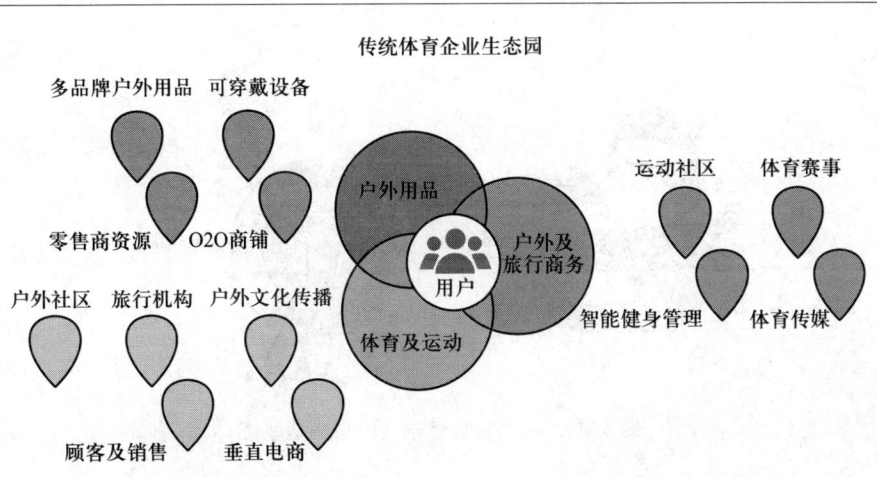

图5-12 传统体育企业生态圈

八、中国成为国外品牌全球最大市场，女性市场成新宠

据了解，和化妆品、母婴用品等品类一样，中国将会成为国外运动品牌在全球最大的市场，同时也是增长最快的市场。除了争抢下沉渠道，国外大牌还尤其注重占领女性运动市场。比如，耐克正在通过整合营销传播、线下体验活动、Nike+数字平台等布局，迅速占领了女性运动市场。数据显示，截至2015年10月14日，耐克女性产品线的当年营收达到57亿美元。而耐克的目标是，要在2020年实现女性产品线110亿美元的年收入，这将占到耐克全年总营收的1/5。阿迪达斯也嗅到了女性运动市场的巨大商机，刚刚在维多利亚公园建立了一个"X形"的"Pop-Up"概念空间，为年轻女性提供免费的健身训练体验。亿邦动力网获悉，近年来，女性消费市场被看作是运动市场的新增长驱动。德意志银行综合研究报告也显示，瑜伽裤、速干服以及其他运动服饰逐渐成为消费者新欢，特别是女性服装市场，销售量越来越大。就连Chanel、H&M、ZARA等奢侈品和时尚品牌，也纷纷推出了运动款产品。

据京东大数据平台资料显示，男性体育用户占比与全站男性用户相比，高出18.29%，女性体育用户占比与全站女性用户相比，低30.01%。由此可见体育类消费，男性相对女性更有体育消费习惯。女性运动消费潜力未被释放，体育电商可以尝试从多方面满足女性购物需求（图5-13）。

图 5-13 体育消费性别占比与全站差值

(资料来源：http://mt.sohu.com/20160808/n463079823.shtml)

（二）我国休闲体育消费发展面临的机遇

1. 全民健身国家战略的实施

2014年10月，国务院发布了《关于加快发展体育产业 促进体育消费的若干意见》（以下简称《意见》），这是在国家政策层面更为具体的产业指导行动方案，显示出全民健身已上升为国家战略，也是我国第一次把体育产业放在了如此之高的位置，是新中国成立以来第一个由国务院颁布的有关促进体育消费的文件。《意见》之所以如此引人关注，主要原因是触及了体育产业发展的核心问题，如赛事审批、转播权限、场馆利用、职业体育等，凸显了推动体育产业发展的国家意志，明确了体育产业未来发展的方向，同时也坚定了体育产业投资者的信念，增强了体育消费者的信心。

拓展阅读：《关于加快发展体育产业 促进体育消费的若干意见》的亮点

支持中西部地区充分利用江河湖海、山地、沙漠、草原、冰雪等独特的自然资源优势，发展区域特色体育产业。扶持少数民族地区发展少数民族特色体育产业。

鼓励在有条件的地方制定专项规划，引导发展户外营地、徒步骑行服务站、汽车露营营地、航空飞行营地、船艇码头等设施。

丰富体育赛事活动。以竞赛表演业为重点，大力发展多层次、多样化的各类体育赛事。推动专业赛事发展，打造一批有吸引力的国际性、区域性品牌赛事。丰富业余体育赛事，在各地区和机关团体、企事业单位、学校等广泛举办各类体育比赛，引导支持体育社会组织等社会力量举办群众性体育赛事活动。加强与国际体育组织等专业机构的交流合作，积极引进国际精品赛事。

政府引导，设立由社会资本筹资的体育产业投资基金。有条件的地方可设立体育发展专项资金，对符合条件的企业、社会组织给予项目补助、贷款贴息和奖励。鼓励保险公司围绕健身休闲、竞赛表演、场馆服务、户外运动等需求推出多样化保险产品。

对符合划拨用地目录的非营利性体育设施项目可继续以划拨方式使用土地；不符合划拨用地目录的经营性体育设施项目，连续经营一年以上的可采取协议出让的方式办理用地手续。

加强安保服务管理，完善体育赛事和活动安保服务标准，积极推进安保服务社会化，进一步促进公平竞争，降低赛事和活动成本。

（资料来源：中国露营大会［EB/OI］. http://sports.china.com.cn/chanye/46haowenjian/guojiazhengce/detail1_2015_12/03/473896.html.）

2. 国民经济和居民收入水平的增长

根据联合国贸易和发展会议的统计，当一国人均 GDP 突破 5 000 美元时，享受型、发展型消费需求上升。2013 年我国人均 GDP 突破 6 000 美元，体育健身娱乐消费的临界点已经到来，其特征是对物质消费的需求逐渐减弱，对服务消费的需求迅速上升。2015 年，我国人均 GDP 接近 8 000 美元，城镇居民人均可支配收入将近 3.1 万元。人们对享受型、发展型的消费需求急剧上升，但是 2013 年我国人均体育消费仅有 645 元，刚刚超过 100 美元，远远低于英国、澳大利亚等发达国家，未来将更大程度地释放。

3. 人口红利和城市化进程的加快

人口基数增长意味着体育消费规模和水平的增长，进而带来体育产业的繁荣。我国超过 13 亿人口中有近 3.8 亿人进行体育运动，约占人口总数的 27.9%，其中 1.3 亿人开展包括徒步旅游、休闲户外在内的泛户外运动，约占总人口 9.5%；6 000 万人开展类似登山、攀岩、徒步在内的户外运动，约占总人口的 4.4%。未来随着人们对健康的关注以及对追求高品质生活理念的深入，加上国家政策对群众体育、大众健身的鼓励和支持，我国运动人口将进一步增加。

体育产业本质上是城市文化产业，随着城市化进程的加快、城市经济的繁荣和社会分工的细化，必将带动包括体育服务业在内的现代服务业的发展。有研究显示，1999—2003年中国城市人口体育边际消费倾向是1.7，即城市人口收入每增加1%，体育消费就增加1.7%。这种趋势在21世纪表现得更加明显。目前世界高收入国家城市化水平已达80%以上，中等收入水平国家达60%，加快城市化进程是我国21世纪社会经济发展的必然选择。

4. 产业结构的调整和升级

按照世界经济成长的一般规律，人均GDP达到7 000美元时，服务品的消费比重会明显居于领先地位；从结构上看，20世纪70年代有一个经验数据，即农业就业比重必须降到37%以下第三产业的消费才能成为主要的增长源和带动消费的力量。从上述我国国民经济的预测看，到21世纪中叶，无论是人均GDP总量还是三次产业中劳动力比重，均符合世界经济发展的一般规律。这也意味着，我国经济产业结构的调整和升级为体育消费的发展提供了一个产业结构空间。

5. 扩大消费内需

近些年来，受发达国家经济低迷和债务风险的影响，拉动国民经济的"三驾马车"中投资和出口仍在放缓，扩大内需尤其是扩大消费成为推动我国经济平稳增长的关键领域。在西方经济复苏缓慢和我国经济增长"新常态"的背景下，体育产业逆流而上，保持了较快的增长势头，其拉动消费及作为国民经济新的增长点的效用也逐步得到了政府和社会的认可。我国社会将开始步入体育的消费时代。

6. 体验经济的到来

进入21世纪，体验经济初现端倪。在产品或服务的功能和质量基本相同的情况下，体验成为关键的价值决定因素，也是消费者购买与否的主要依据。体育产业不能被互联网取代，因为体育是需要亲身体验的，需要人与人之间的直接接触，需要情感的交流，体育产业正在经历着从提供场地到提供服务，再到提供内容，最后提供体验的深刻转变。

7. "互联网+体育产业"的发展

2015年，李克强总理在政府报告中曾提到：国家要制定"互联网+"行动计划,推动移动互联网、云计算、大数据、物联网等与现代制造业结合。"互联网+体育"也就理所当然地成为资本关注的重点。在政府的大力支持下,互联网加速渗透体育产业的各个环节,从赛事 IP 经营、赛事运营管理、智慧体育预订、智能体育工具、互动体育消费、运动社交娱乐、移动体育培训、垂直社群群体、第三方服务和创新协同组织等,互联网已成为推进体育行业与产业发展的重要途径。体育产业未来的发展方向就是资源整合,通过移动互联网所提供的电子商务机会,体育产业将迎来新的发展黄金时期。

 案例:一年内整合两千家线下场馆的"趣运动"是怎么做到的?

说起"趣运动",也许很多人还不是很了解它。不过,就是这样一个名不见经传的创业公司,在短短的一年时间里,已经整合场馆多达 2 000 家,分布在北京、上海、广州、深圳等主要城市。直至 2017 年 9 月,日订单量到达 5 000 单,分别获得了天使湾 500 万元的天使轮和动域资本、高榕资本的千万美元 A 轮融资。按照创始人关政罡的话说,"趣运动"是一家"在线下做得很重的 O2O 公司"。

关政罡认为,时下 O2O 的最大弊端在于贴钱买客流,这种方式能够为创业公司迅速带来客流量,但是不具有可持续性,因为他们并没有脚踏实地地提升服务,通过贴钱买来的客流终究会消失殆尽。关政罡说:"滴滴、快的的模式正好恰逢微信和支付宝抢占移动支付市场的特殊时期,我们不能够直接照搬过来。更何况滴滴、快的其实已经改变了人们的出行习惯。"

优化场馆管理比减少空置率更重要

北京、上海、广州、深圳几大主要城市向来是商家必争之地,拿下这几个城市意味着其商业地位的稳固,这对于"约场 APP"而言亦是如此。

关政罡认为,减少空置率对这些场馆而言并不是最大的痛点,优化管理才是场馆的真正痛点所在。常常去场馆运动的人就会发现,一些诸如羽毛球类的场馆,管理人员日常的记录仍处于最原始的纸笔登记的状态。这种方式效率低下,花费的时间成本和人力成本高,而且容易出差错。

"趣运动"从这个痛点切入，通过一年的研发，为场馆提供了一整套经营管理的优化工具。该工具一头连着用户，一头连着场馆，用户能够通过手机移动端搜索到周围有哪些场馆闲置，在线直接预订并通过移动端支付费用，到场只需要出示二维码便能上场打球，这个过程几乎免去了场馆大部分管理员的参与。营业结束时，场馆老板还能收到信息，实时显示当天场馆的使用频次、营收等情况，省去了原本场馆运营的诸多环节，既提高了效率，也给用户带来便利。

深耕线下场馆，成为"趣运动"生存的根基

网上订票APP诸如猫眼、时光、格瓦拉等是在线选座的利器，只需用手机轻轻一点便能选座下单。但是对于这些选座应用背后的票务系统"火凤凰"可能大多数人不是很了解。实际上，我们用手机端购买的电影票，无论通过哪个应用，最终大都会接入"火凤凰"票务系统上。为了保证票房的真实性，广电总局要求电影院使用指定的售票系统，"火凤凰"就是其中之一。它通过简单易用的在线选座系统迅速占领了全国一线城市的主要影院，成为网上票务的最大输出端口。

"趣运动"正是要成为预约场馆领域的"火凤凰"。预约场馆类似电影选座系统，to C（用户）端可以有很多个不同的应用，但 to B（场馆 or 影院）端有且只能有一个系统。而一旦抢占了 to B 端的领地后，要让这些场馆再去改变，适应新的系统就很困难。这是"趣运动"一直把线下做得很"重"的原因，它并不局限于为场馆带来多少新的客户，而是致力于对 B 端进行信息化改造，这种改造的推进是困难重重的，但对于场馆而言，他们意识到这种转变能够提高效率，减少成本，因而他们并不排斥。"趣运动"的付出最终取得了很好的成效，使自己在竞争中立于不败之地。

把场馆当作服务 C 端的入口

"我们的价值不在 B 端（企业端），而在 C 端（客户端）"，采访过程中，关政罡不断向创业邦记者强调。关政罡的思路是清晰的。他知道做好企业服务只是第一步，最重要的是服务好 C 端——运动爱好者们。对于趣运动而言，场馆仅仅是一个入口，一个对接供应商和用户的重要结点。

"用户来到场馆打球,会有购买饮料、运动器械等需求。全国几千家场馆都由我来配送,那么,我可以把成本降得很低,如果用户可以在场馆购买到比外面还便宜的运动饮料、羽毛球等运动用品,那么他们自然会乐意在场馆里购物。"关政罡甚至略带夸张地描绘了一副未来预约场馆的场景:人们会形成这样一个习惯,用"趣运动"订场,他们都可以不需要带球了,这里的球类用品不限量供应——只要将全国几千家场馆和供应厂商充分结合起来,把成本降得足够低,这一切都是有可能实现的。

关政罡认为中国要变成真正意义上的运动大国,不能只是停留在口头上说说而已,用户习惯是需要被培养的。他告诉创业邦记者,要让用户参与到运动中来,体验到它的乐趣,需要从几个维度来解决:首先价格必须便宜,价格是运动的门槛,价格降下来了,用户运动的频次自然会上升;其次是方便,减少用户与场馆之间的阻碍,让用户能够方便的订到场地,用户会乐于去场馆运动;第三是需要有人陪伴,人是群居动物,有三五个球友相约打球,会比一个人玩有意思得多。除此之外,良好的场馆人口比例会让更多人有机会进入场馆打球。

"趣运动"的下一步计划是什么?关政罡表示,会继续往场馆信息化方向改造深耕,把智能设备运用到场馆里,将场馆管理做轻。以后用户可以通过自己的移动端控制智能灯控设备的开关,整个过程不需要管理人员的参与。关政罡说:"相关的技术已经成熟,接下来要做的是将其铺设到线下的场馆中去,实现真正的无人化管理。"

(资料来源:张珣. 一年内整合两千家线下场馆的"趣运动"是怎么做到的?[EB/OL]. http://www.cyzone.cn/a/20151010/281562.html.)

(三)我国休闲体育消费的发展策略

1. 培育休闲体育消费主体

通过调整国民收入分配格局,完善支农惠农政策,执行最低工资制度,加强就业和社会保障工作,减轻居民教育、医疗和住房负担等措施,提高居民特别是中低收入者的收入;通过实行带薪休假制度和弹性工作制度,发展公共交通和社区服务等增加居民闲暇时间;通过电视、报纸、广播等媒体的广泛宣传和形式多样的全民健身活动的开展,提高居民体育消费意识,在全社会营造一种体育生活化的氛围,让"花钱买健康"的理念逐渐深入人心;

开展多渠道、多层次的体育教育和培训，提高体育消费者素质，形式上既包括在学校开展的专门性理论教育，也包括在社会上开展的普及性实践培训。

2. 增加休闲体育消费供给

政府要加大经费投入力度，同时，还要运用市场机制做好引导工作，鼓励民营经济在更广泛的领域参与体育产业的发展；要根据消费者需求结构的变化及时调整体育产业结构，既要拉开体育消费档次，又要防止体育消费"贵族化"；多渠道、全方位发展和培养体育专业人才，一方面，加强复合型体育经营管理人才的培训，提高其业务素质和经营能力，另一方面，抓好社会体育指导员的培训，完善持证上岗，提供高质量的指导服务；体育产业的发展能间接推动其他相关产业的发展，完善的配套产业也吸引着更多消费者进行体育消费，因此应加快餐饮业、娱乐业、旅游业、交通运输业等与体育产业关联密切的其他产业的同步发展。

3. 优化休闲体育消费市场环境

健全休闲体育消费市场管理体制。一方面，制定税收、财政、价格、信贷等相关政策法规，加强对休闲体育消费市场的监控和管理。另一方面，加强行业协会建设，发挥行业协会在休闲体育消费市场管理方面的作用；完善休闲体育消费市场体系，尽可能避免地区封锁、部门分割、行业垄断和自我封闭，加快培育休闲体育消费市场体系，提高休闲体育消费市场的产业化、专业化和社会化水平；建立休闲体育消费服务质量管理体系，把休闲体育消费服务质量纳入统一的质量管理体系，使质量管理活动系统化、标准化、制度化，以确保休闲体育消费的质量，维护消费者合法权益。

复习思考题

1. 请结合实际谈谈休闲体育市场的发展现状及趋势。
2. 促进休闲体育消费应该采取哪些策略？

本章参考文献

[1] 杨铁黎，苏艺民. 休闲体育产业概论 [M]. 北京：高等教育出版社，2011.

[2] 李相如，凌平，卢峰. 休闲体育概论 [M]. 北京：高等教育出版

社，2011.

［3］［美］李明，苏珊·霍华斯，丹·马宏等. 体育经济学［M］. 沈阳：辽宁科学技术出版社，2005.

［4］钟天朗. 体育经济学概论［M］. 上海：复旦大学出版社，2010.

［5］屠强. 休闲体育［M］. 北京：中国人民大学出版社，2012.

［6］2014年全民健身活动状况调查公报［EB/OL］. http://www.sport.gov.cn/n16/n1077/n1422/7300210.html.

［7］2016中国体育消费生态报告［EB/OL］. http://mt.sohu.com/20160808/n463079823.html.

［8］国务院. 国务院关于加快发展体育产业　促进体育消费的若干意见［Z］. 2014.

第六章　休闲体育项目策划与管理

>>> **本章导语** >>>

21世纪以来，尤其是随着"全民健身"和"健康中国"国家战略的提出，大众休闲体育活动的社会需求与日俱增，各种路跑、马拉松、城市定向赛、健身、足球、滑雪、户外运动等休闲项目纷纷登场，不同类型、不同规模的休闲体育活动层出不穷。"项目"是一个与具体运动项目既有区别又有联系的概念，它是以某一个或某几个体育项目为依托或载体的一项综合性的活动。从理论上说是为创造一件独特的产品、一项服务或者一个结果而进行的临时性努力，具有独特性和临时性特征，是诸多资源综合作用的结果。常见的表现形式有以运动休闲为目的的集体活动、表演活动、体育赛事等。可以说，休闲体育项目策划与管理的好坏是项目成功与否的直接性、关键性因素。

>>> **学习目标** >>>

通过本章学习，能够运用休闲体育项目策划原则开展项目策划与设计；掌握休闲体育项目策划流程与策划书的撰写要求，能够有针对性、科学地开展项目策划设计；掌握休闲体育项目管理中的范围管理、时间管理、成本管理、质量管理、资源管理、沟通管理、风险管理、采购管理、营销管理等知识，能运用相关理论开展休闲体育项目管理。

案例导入

美国艾奥瓦大学探险野营之道

我们有一个成功的秘诀,我们称它为"探险野营之道",是一种能将小事变得与众不同,带领大家通往成功的方法。

- 品质和卓越。提供卓越的服务,这是至关重要的一种能力。当我们提供最佳的服务时,参与者才能感受到品牌的魅力。

- 关注细节。有些小事会在优秀的组织和平庸的绩效之间表现出差异。

- 支撑和保护家庭。对他人的信任和支持是成功的关键要素。在活动中帮助孩子们与父母充分沟通,努力达成教育的目标,是我们重点要做的事情。

- 孩子/领导互动。为我们的参与者提供高质量的互动是最重要的事情。要学会真诚、慷慨、关怀和帮助别人。

- 预测参与者的需求。不要仅仅对参与者的需求做出回应。要学会事先预测需求,要在参与者提出要求之前满足他们。

- 足智多谋。要学会适应,根据你所处的不同的条件和环境创造性地做出回应。

- 合作。学会合作,不要在你和你的同事、上级或者合作伙伴之间制造障碍。

- 具有计划性、精心组织活动。探险野营项目的关键是计划与组织,有备而来才能成功。

- 态度和心态。积极的态度是十分重要的。要充满热情、精力充沛并风趣幽默。记住,如果你对自己所做的事情感到愉快,那么这种品格也会感染他人。

- 自豪。要相信你所做的事情是有感染力的。对探险野营项目的价值和你所做出的努力赢得好评而感到自豪。

探险野营试图创造一种关怀和共享的环境,以帮助营员和员工的个人成长。探险野营会让你变得与众不同,拥有魔法!

(资料来源:美国艾奥瓦大学探险野营青年服务项目。)

第一节 休闲体育项目策划

策划是一种程序，是一种运用脑力的理性行为，是指那些作为管理和控制的对象，按限定时间、预算和质量标准完成的一次性工作或任务。休闲体育项目策划是指以具体的休闲体育项目活动为对象，为达到一定的目标而进行的一系列构思、规划、论证、比较、选择等活动，并最终形成一个可行的活动方案。

一、休闲体育项目的策划工作流程

休闲体育项目的策划是项目组成立后的首要任务，是项目工作的开端，融合了分析、设计、整合等多个环节。完整的策划流程是保证项目设计与实施的关键，有着逻辑性强、程式化的特点。通常，休闲体育策划的工作流程如下：首先确立筹委会工作小组，确定整体策划方案，并根据活动内容进行调查分析，以便完成活动时长定位，初步论证策划的合理性，完成结构设计。其次，通过讨论与分析，完成总策划初稿，并递交主管部门领导审核。最后，根据主管部门领导的反馈意见，修改休闲体育项目策划，完成定稿并提交筹委会正式报批。休闲体育项目策划审定流程应包含策划小组内部论证、专家论证、主管部门领导审定等内容。在休闲体育项目策划的众多环节中，项目调研和市场细分与选择最具难度。

（一）项目调研

项目调研是指在一定的营销环境下，系统地收集、分析和项目有关信息的过程，是进行项目策划的基础性工作。对于休闲体育项目策划而言，首先要对整个项目活动的核心或依托——运动项目进行选择。对运动项目的发展状况、特点、适用人群、风险等各方面进行充分的调研分析，并确保调研具有可靠性。

（二）市场细分与选择

随着大众消费水平的提高和对高品质生活的追求，人们越来越关注户外休闲体育。2016年10月25日，国务院办公厅颁布的《关于加快发展健身休闲产业的指导意见》（国办发〔2016〕77号），不仅让百姓了解了何为健身休闲产业，让政府职能部门明确了发展方向，更让投资者明确了投资方向。由于休闲体育自主性高、娱乐性强、受众面广，发展潜力无穷，迎合和满足消费者需要就成为推广与普及休闲体育的关键点。

从营销学的角度来看，市场是"具有现实的或潜在的需求、购买欲望和货币支付能力的个人或组织"。根据这一定义，休闲体育市场就是指个人或组织对休闲体育有形产品和无形产品既有购买欲望又有货币支付能力的现实和潜在的需求。

市场细分是通过对市场分析后，把市场划分为若干子市场的过程。市场细分的客观基础是消费者需求的差异性。随着社会经济的发展和人们体育休闲需求的不断增多，休闲体育的市场越来越大。但是，人们的休闲体育需求各不相同，根据这种需求的差异性，又必须注意市场的细化。从目前我国的休闲体育发展来看，可以根据人们的家庭经济收入情况，把休闲体育市场细分为精英、中等和大众等不同层次的子市场；根据人们年龄层次的不同，把休闲体育市场细分为老年、中青年和青少年甚至幼儿等不同层次的子市场；还可以根据人们的性别将休闲体育市场细分为男性市场和女性市场。

市场选择就是指在市场细分的基础上选择目标市场的过程。一个项目到底是面向整个市场，还是选择某个子市场或某几个子市场，都要进行选择。一般来说，目标市场选择常用的策略主要有：

1. 集中性策略

集中性策略是指项目不面向整体市场，而是将主要力量放在一个子市场上，为该市场开发具有特色的项目活动。这种策略主要适合于短期项目，成本小，能在短时间内取得促销的效果。比如针对青少年户外运动夏令营以及像游泳、跆拳道等各种休闲体育项目的短期培训，从市场选择的角度看就是一种集中性市场策略。

2. 无差异性策略

无差异性策略是指项目活动不针对某个子市场，而是以相同形式在各种市场中推广项目。无差异的市场策略因省去大多数营销环节，所以总体成本相对较低，但是因手法单一，只适用于群众基础好的产品。比如时下流行的路跑、马拉松赛等就是采用无差异性市场的选择策略。

3. 差异性策略

差异性策略是指针对各个子市场分别进行营销，以满足不同需求的消费人群。差异性市场选择策略更具有针对性。休闲体育运动项目繁多，根据项目的特点，采用差异性市场选择策略，可以取得很好的效果。比如现在流行的瑜伽，其主要市场是白领阶层，且主要为女性市场。

（三）策划的创意过程

策划是人们意识的结晶，是一种思维的革新。具有创意的策划，才是真正的策划。创意是策划的灵魂。创意则是发现已有要素之间的关系，并将要素进行重新排列组合的过程。创意一般要经过以下几个阶段：

1. 创意的准备阶段

明确要解决的问题，此阶段要大量地收集资料，将收集的资料为己所用，初步尝试寻找解决问题的方法。

2. 处理资料阶段

将收集到的资料进行系统化的分类，形成自己的认识。创意主题可通过学习相关的技能以及知识确立，尝试从多角度分析问题。

3. 创意产生阶段

创意往往是在偶然因素的刺激下没有任何理由的突然出现，是灵感的顿悟，因此创意产生阶段也常被称为酝酿阶段。

拓展阅读：头脑风暴法

头脑风暴法，又名思维共振法、智力激励法，是一种比较常用的群体决策方法，主要用于收集新设想。头脑风暴法是在一定时间内，让专家集中到一起研究同一个问题，使他们在不受约束的条件下交流信息，畅所欲言，引起思维共振，产生连锁反应，尽可能多地提出方案的一种方法。该方法鼓励在思想的产生过程中，参与者可提出任何种类的方案设计思想。

1. 运用头脑风暴法的目的与作用

运用头脑风暴法只是创造性地进行讨论，其目的在于为决策者提供一系列能够解决问题的方式方法。会后由决策者确定这些设想的价值，选择最佳方案付诸实施。会中讨论时大家应严格遵循保留判断的原则，"头脑风暴"会议的意义在于能使决策者在较短的时间内，获取大量、有实用价值的设想。

2. 运用头脑风暴法的原则

参与者应遵守"保留判断"这一原则，确保每个参与者理解并遵守四项规则：

（1）不批评别人的设想，对他人设想的评论要在会后进行（此点最为重要）。

（2）鼓励自由奔放地思考，设想看起来越离奇就越有价值。

（3）提出的设想越多越好，设想的数量越多，就越有可能获得有价值的解决问题的办法。

（4）探索研究组合和改进设想。除了与会者本人提出的设想以外，要求与会者在别人设想的基础上进行改进或与之结合。

4. 创意发展阶段

创意的产生首先需要认识事物发展的规律，然后去思考原因并重组信息，提出方案，接着在潜意识中进一步组合有关信息，最后瞬间产生思路，完成创意。

（四）可行性研究

一个好的策划是否能成功，其关键在于执行策划前的可行性研究，可行性研究的内容应该包括以下几部分内容：

（1）对投资方的要求。在初始的项目调研阶段，根据休闲体育项目的特点以及开展的要求，通过环境分析，定位各种投资机会，提出大方向上的投资建议。同时对类似的休闲体育项目进行调研，分析其经验数据，并针对本项目进行评估。

（2）初步设计休闲体育项目，也可称之为初步可行性研究。

（3）进一步进行技术经济的可行性研究，也可称为详细的可行性研究，本阶段需要为项目决策提供详细的经济依据以及技术依据。

（4）再次评估、优选详细的可行性研究方案，对其经济依据和技术依据进行严格的审核，制定最佳投资决策，本阶段称为最终的可行性研究。

管理者有时需要对企业或企业某一部门的活动方向和内容进行选择，可以采用的方法主要有：SWOT分析法、经营单位组合分析法、政策指导矩阵等。

拓展阅读：SWOT 分析法

SWOT 分析法是帮助决策者动态分析企业内部优势和劣势以及外部环境中的机会和威胁，从而确定相应的生存和发展战略的一种有用而简单的决策分析方法。通过对企业的综合情况进行客观评价，使企业能迅速掌握企业竞争态势，并就发展战略做出选择的系统分析工具。

在进行休闲体育项目管理时，也常用此方法来客观地分析与项目密切相关的各种内部优势（Strengths）、劣势（Weaknesses）和外部机会（Opportunities）、威胁（Threats）（表 6-1）。通过对项目的内外部环境和竞争条件的调查了解，按照一定的矩阵将信息资源罗列出来，并用系统分析的方法加以分析，从中得出一系列的结论，为后期决策做好充分必要的准备。

表 6-1　SWOT 分析表

优势劣势＼机会威胁	优势（Strengths）	劣势（Weaknesses）
机会（Opportunities）	强化优势，抓住机会	1. 变劣势为优势，抓住机会 2. 舍去机会
威胁（Threats）	1. 克服战胜威胁 2. 减少冲突，避而远之	1. 克服劣势，变劣势为优势，进而战胜威胁 2. 适时转移，减少损失

1. 分析环境因素

运用各种调查研究方法，从主观和客观两个方面，分析休闲体育活动所处的各种环境因素，即内部环境因素和外部环境因素。

对内部环境因素的分析，即对优势劣势的分析，主要着眼于企业自身的实力及其与竞争对手的比较，在做优势劣势分析时必须从整个价值链的各个环节，将企业与竞争对手作详细的比较。如产品设计是否新颖，制造工艺是否复杂，销售渠道是否畅通，价格是否具有竞争性等。如果一个企业在某一方面或几个方面的优势是该行业中企业应具备的关键成功要素，那么该企业的综合竞争优势就会强一些。

外部环境因素分析，即机会威胁分析，着重外部环境的变化及其对企业可能的影响。机会是有助于企业实现或超过自身目标的外部因素和状况。机会可分为外部机会和内部机会。外部机会是指某一外部环境向所有企业提供的发展机会。这种机会对每一个企业来说都是平等的。由于不同企业的条件不尽相同,捕捉机会的能力也有区别。那些被企业所捕捉的外部机会会内化为一个具体的企业机会。威胁是指对企业经营不利,导致企业无法实现既定目标的外部因素。它是影响企业当前地位或希望的未来地位的主要障碍。在做机会威胁分析时,常常借助于机会威胁矩阵。如图6-1所示,机会1应该努力捕获,并做好相应的计划;机会2、3要密切关注,有可能向方向1转移;机会4可以不予重视。

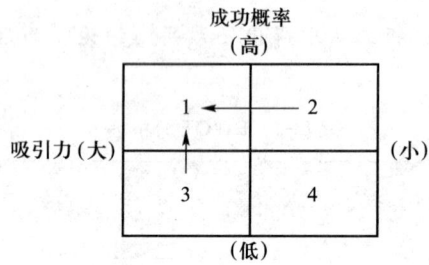

图6-1 机会威胁矩阵图

2. 构造 SWOT 矩阵

将调查得出的各种因素根据轻重缓急或影响程度等排序,构造SWOT矩阵(图6-2)。在此过程中,将那些对休闲体育项目发展有直接的、重要的、大量的、迫切的、久远的影响因素优先排列出来,而将那些间接的、次要的、少量的、不急的、短暂的影响因素排列在后面。

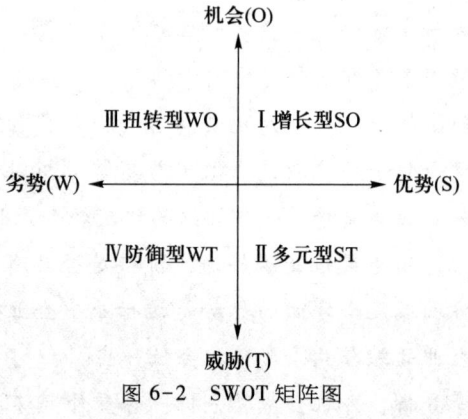

图6-2 SWOT 矩阵图

3. 制定行动计划

在完成环境分析和 SWOT 矩阵的构造后，便可制定出相应的行动计划。制定行动计划的基本思路是：发挥优势、克服弱势、利用机会、化解威胁。运用系统综合分析的方法，将排列与考虑的各种环境因素相互协调匹配并加以组合，得出一系列休闲体育项目发展可供选择的策略。主要有：

SO 策略是一种最理想的策略，是指依靠内部优势去抓住外部机会的策略，努力使这两种因素都趋于最大。

ST 策略是处在一般情况下采取的策略，是指利用企业的优势，避免和减轻外部威胁的打击，努力使优势因素趋于最大，使威胁因素趋于最小。

WO 策略是处在一般情况下采取的策略，是指利用外部机会来改进内部弱点的策略，目的是努力使弱势趋于最小，使机会趋于最大。

WT 策略是一种最不乐观的策略，是处于最困难的情况下不得已而采取的策略，是一种直接克服内部弱点和避免外部威胁的策略，目的是努力使这些因素都趋于最小。

（五）策划的实施

活动策划制定后，在执行策划书时要协同参与策划的各个部门，以保证休闲体育项目的顺利进行。首先，要明确各部门的职责、权利，监督各部门履行相应的工作，减少错误环节，确保休闲体育项目的开展。其次，要设计好预防措施，体育活动中不确定性因素较多，容易发生突然事件，休闲体育项目开展前应做好相应的预警计划，防微杜渐。最后，做好休闲体育项目的回馈机制，提高策划的服务质量，同时总结经验，改正错误，为后续活动奠定基础。

（六）对策划结果的评估

项目策划可不断提高、不断完善，策划中的每一个环节质量都影响整体策划的效果，每一个环节都可以被评估。策划评估也是为下一次策划做准备。通常可以采取策划前后相结合的调查研究方法，或是策划结束后进行跟踪调查这两种方式进行。针对策划的异常部分以及成功部分进行分析，全面总结经验，为下次项目策划做准备。

拓展阅读：

表 6-2 休闲项目矩阵表

Program Areas 项目领域	Class 培训班	Competitive 竞赛	Club 俱乐部	Drop-in 非预约式	Special Event 特殊事件	Outreach 外延服务	Workshop/Conference 工作坊/会议	Interest Group 兴趣小组
Visual Arts 视觉艺术	Drawings Class 绘画班	Pottery Contest 陶艺大赛	Heromodelling Club 航模俱乐部	Visit Art Museum 参观艺术博物馆	Art in the Park 公园艺术展	Craft Sale at Residence for Elderly 老年公寓工艺品展销	Conference for Teachers on Painting China "中国画"教师交流会	Arts Focus Group 焦点艺术小组
New Arts 新艺术	Photography Class 摄影班	Film Festival 电影节	Radio Club 无线电俱乐部	Photography Lab 摄影室	Computer Art Display 计算机艺术展	Photography on Display in Mall 购物中心摄影展	Conference on Television As Art form 电视艺术会议	Photography Group 摄影小组
Performing Arts (Dance) 表演艺术（舞蹈）	Tap Dance Class 踢踏舞班	Dance Marathon for Charity 慈善舞蹈马拉松	Square Dance Club 广场舞俱乐部	Boom-Box Music for Dancing 录音机音乐舞蹈	Black Dance Troupe Concert 黑人舞蹈团音乐会	Teen Dance at a Shopping Center Parking 购物中心停车场举办青少年舞蹈表演	Workshop on Ethnic Dancing 民族舞工作坊	Jazz Dance Group 爵士舞团

续表

	Puppet Class 木偶培训班	Debate Contest 辩论赛	Dinner Theater Group—once a Month 晚餐剧院：每月一次	Costume Design Shop 服装设计店	Community theater Production 社区剧院作品	Shakespeare in the Park 公园莎士比亚节	Creative Dramatics for Children 儿童戏剧创作	Mime Troupe 哑剧团
Performing Arts (Drama) 表演艺术（戏剧）								
Performing Arts (Music) 表演艺术（音乐）	Guitar Lessons 吉他课	Battle of the Bands 乐队比赛	Older Adults Kazoo Band 老年人卡祖笛乐队	Listening Classical Music 欣赏古典音乐	Barbershop Quartet Concert 理发店四重奏音乐会	Christmas Caroling 圣诞颂歌	Master's Workshop 大师工作坊	Choral Group 合唱团
Literary 文学	Spanish Lessons 西班牙语课	Topical Debate 主题辩论	Correct Book Club 读书俱乐部	Library Reading Room 图书馆阅览室	Rare Book Exhibit 珍本图书展	Bookmobile 流动图书馆	Workshop on the Works of Shakespeare 莎士比亚作品工作坊	Library Advocates 图书馆爱好者
Sport, Games, And athletics 体育、游戏、竞技	Beginning Golf Class 初级高尔夫球班	Softball tournament 垒球锦标赛	Soccer Club 足球俱乐部	Tennis Courts 网球场	5K Run 5公里跑	Rollerskate Mobile 轮滑运动	Workshop for Youth Sports Coaches 青年体育教练工作坊	Sports Boosters 体育项目啦啦队

续表

Outdoor Recreation	Orienteering Class	Cross Country Obstacle Ski Club	Sierra Club	Picnics	Winter Carnival	Day Camp	Family Conference on Boat Safety	Gardening Club	
户外休闲	定向运动班	越野障碍滑雪俱乐部	塞拉（山峦）俱乐部	野餐	冬季狂欢节	日间夏令营	乘船安全家庭会议	园艺俱乐部	
Hobbies	How to Get Started on a Hobby	Matchbook Collectors Contest	Electric Train Owners Club	Hobby Shop Slot Car Racing	Hobbyist Trade Show And Sale	Mobile Display of Stamps And Coins	How to Know the Value of Books Workshop	Hobby Interest Group	
业余爱好	如何开始个人爱好	火柴收藏家赛	电动火车玩家俱乐部	玩具店槽轨赛车	业余爱好者展销会	邮票和硬币流动展	"如何获得图书价值"主题工作坊	兴趣爱好小组	
Travel	Reading Topography Maps	Sports Car Rally	Antique Car Club	Sightseeing	Driving Along the Autumn Trial	Travelogs	How to See Europe by Train Workshop	Senior Travel Program	
旅行	识别地形图	跑车拉力赛	老爷车俱乐部	观光	驾照秋审	游记	"如何乘火车游欧洲"主题工作坊	老年人旅行项目	
Social Recreation	Quilting Tips for Beginners	Pie-Eating Contest	Saturday Group	Conversation	Progressive Dinner	Friendly Visitors	Bridge Club Workshop	Partners Program	
社交休闲	初学者缝纫技巧	吃派比赛	星期六社团	交流	渐进式晚餐	友好访客	桥牌俱乐部工作坊	合作伙伴计划	

第一节 休闲体育项目策划

续表

	Orientation to Working With Children	Taking a Sport Team to Play at Correctional Institution	Candy Stripers	Tutoring for Students	Recognition Dinner for Volunteers	Reading to Visually Impaired in Their Homes	Role of Volunteers in the Community Conference	Volunteers in Action
Voluntary Service 志愿者服务	孩子们的工作取向	在教养院带队比赛	护士助理	辅导学生	志愿者表彰晚宴	视障家庭阅读	"志愿者在社区中的作用"会议	志愿者行动
Wellness 健康	Aerobics 有氧运动	Fun Run 慈善跑	Weight Loss 减肥	Open Gym 开放式体育馆	Health Promotion Fair 健康促进会	Health Exams/Check-Up 健康检查/测试	Conference on Smoking Cessation 戒烟会议	Walking Group 漫步协会
Aquatics 水上运动	Water Aerobics 水中有氧运动	Swimming Team 游泳队	Masters' Swimming Club 大师游泳俱乐部	Open Pubic Swimming Pool 开放公共游泳馆	Swimming Meet 游泳比赛	Aquatics Mobile 流动水上运动项目	Safety in Pool Clinic 冰池安全讲解会	Polar Bear Group 北极熊兴趣小组

二、休闲体育项目策划原则

（一）可行性原则

可行性是项目策划的基本原则。所谓可行性，是指项目开展应当具备必要的资源条件。在休闲体育项目策划过程中，首先考虑的就是体育项目资源，包括其社会认知度、参与度、普及度、社会关注度、文化内涵、技术门槛等；其次要考虑场地设备资源，还要考虑人、财、物等基础条件。休闲体育项目策划需要资源的选择与整合，从项目策划的开始阶段，就应该对各个方面的资源条件进行详细的考察，对其可行性进行充分的论证。

（二）调适性原则

调适性原则指项目策划必须具有弹性，要能够随着市场的变化进行相应的调适。休闲体育项目策划是面对市场的，而市场是千变万化的。因此在休闲体育项目策划的开始阶段，就应该充分考虑到在项目实施过程中可能会遇到的各种问题或困难，针对可能出现的问题，制定一个弹性调适范围。一个策划方案是否具备调适性，是一个策划案能否成功的关键因素。

（三）创新性原则

项目策划需要重视可行性，但更需要创意或创新。具有创意的策划，才是真正的策划，创意是策划的灵魂。休闲体育项目策划中的创意，既包括对常见体育项目在组织形式和文化内涵上的创新创意，也包括新项目的创新开发。创意或创新的宗旨是能够激发人们的兴趣，提高项目的感召力和参与度，丰富人们的休闲体验。

（四）安全性原则

安全永远是任何休闲体育项目策划中首先要考虑的问题。任何体育项目，包括场地设施等都会存在不同程度的危险性，如何规避这些危险或风险，在项目策划过程中是首要考虑的。参与人员的保险，现场急救人员和设施，场地设施提前测试考察，提前了解天气预报情况等，都是有效规避危险或风险的措施。

三、编写休闲体育项目策划方案

策划是对休闲体育项目的主题、内容、形式进行系统、全面的构思谋划，运用创新的思维方式制订出可行性方案，为接下来所有的筹备工作做足前期准备，完成后期审定工作。策划书要求准确把握休闲体育项目特征，结合活动主题进行策划。策划语言要简单明确，条理清晰，能够针对活动的具体情况，科学严谨地撰写项目策划书。策划书在突出活动创新性的同时，要注重策划的可操作性，以免造成物力、人力以及财力的浪费与流失。

（一）项目策划书的基本框架

方案编写是项目策划的重要步骤，也是前期调研分析结果的最终体现。策划方案要求用文字详细说明项目活动的全部内容，包括项目主题、内容、目的、实施过程等。策划方案并无特定格式要求，但必须充分体现其逻辑性、实效性和可操作性。

1. 策划方案题目

通常由策划的对象与休闲体育活动内容构成，如"第三届全国场地高尔夫邀请赛"。

2. 策划方案文头

由策划负责人姓名、策划方案制定日期、休闲体育活动主办单位、承办单位、协办单位、赞助单位等组成。

3. 策划方案正文

（1）前言。内容包括休闲体育活动目录、特点、起源、背景、宗旨、创意等，方便参与者对休闲体育活动有充分认识。

（2）策划方案内容。由休闲体育活动基本内容、休闲体育活动设计、休闲体育活动前期宣传与推广、活动整体经费预算、工作人员任务分配表、休闲体育活动场地设施、休闲体育活动道具需求、休闲体育活动效果评估等构成，可结合具体休闲项目的特征，增加创新内容，力求让人一目了然，并说明策划方案的可行性与操作性。

市场分析：市场需求分析、参与人群分析。

活动主题：相关休闲体育活动的宣传语或者口号，体现开展休闲体育活动的目的与意义。

活动目的：根据项目特点和参与人群特点而定，如强身健体、体验激情等。

活动意义：根据项目的目的和选择休闲体育活动的特点，分析本次活动可能产生的社会意义。

活动对象：最简洁的语言说明参与活动的具体对象。

活动时间：注明活动从举办到结束的全程时间。

活动地点：注明活动所涉及的所有地点。

前期宣传与推广：利用报纸、互联网、电视、广播等手段，进行活动宣传与推广。

整体经费预算：项目所需要的全部费用明细，控制预算经费在可接受范围之内，力求小的花费产生较高的经济效益。

战略方案分析：采用SWOT分析法对企业内外部环境进行客观系统的综合评价，以便快速掌握企业的竞争态势，选择制定企业发展战略。

工作人员任务分配表：根据休闲体育活动的内容进行任务分工，标注任务并指明负责人。

活动场地设施：根据开展的休闲体育活动特点，提前寻找合适的活动场地，确保活动正常进行。

活动道具需求：根据休闲体育活动的特点，提前准备充足的活动道具，确保活动保质保量完成，使每位参与者都能尽兴参与活动。

活动场地规划：现场勘探后，根据休闲体育活动特点，制定场地规划、资源配置，确保活动开展时，场地使用的合理性。

活动时间表：体现出活动进度，如＊年＊月完成邀请函的发放。

活动效果评估：评价活动是否达到预期效果，实现活动目的意义；是否充分体现了活动主题；是否各方代表均对此次活动满意，参与者是否积极参与等。

应急预案：如有天气原因或其他不可抗力因素发生时，应如何应对。

（二）休闲体育项目策划书的格式要求

1. 封面设计

策划书的封面有着极其重要的地位，它不仅是策划书的外在保护，更是阅读者首先关注的内容。封面的颜色、图案选取、外形都会影响到阅读者的注意力，是策划人创意能力的体现。应该根据休闲体育项目的主题以及标志来选择封面的图案设计以及封面内容，使阅读者对活动主题、活动发起单位一目了然，封面纸张的材质也会突显一份策划书的品质。

策划书封面应明确表明：策划书名称、策划发起单位、策划负责人名称以及策划机构名称、策划日期等内容。

2. 目录设计

目录是对策划书整体内容的简要概述，阅读者根据目录内容，可以快速了解策划的内容结构以及逻辑关联。项目策划书目录可体现到正文二级标题，如内容不多，也可以延伸至三级标题。

3. 正文编排

整个项目策划书的核心内容就是正文，由前言、章节内容、附录组成。前言一般体现项目实施背景、实施宗旨、策划目的等；章节则体现了策划的具体内容，附录一般是文件说明等或者其他特殊情况说明。正文的页眉可以体现策划的 logo、策划名称等内容，编号可采取 1、1.1、1.1.1 的方式进行，递进方式的编排可以使策划书看起来一目了然，逻辑清晰。

拓展阅读：科罗拉多州福特希尔斯公园 & 休闲部门青年志愿者（VIP）计划

祝贺您顺利通过了青少年志愿者工作。1992 年，超过 100 位青少年参加了公园 & 休闲部门的夏季项目，向我们的部门和社区贡献了超过 4 000 小时的宝贵服务。这些数字反映了青少年志愿精神在全国范围内的发展（表 6-3）。

青少年志愿者需要什么

（1）青少年志愿者需要被尊重。不要把青少年志愿者当作免费的员工，而要把员工当成志愿者。那些最终进入计划为你工作的青少年都要经过精心筛选和考察。

（2）青少年志愿者需要你的耐心、宽容，去接纳彼此相对独立的个性。

（3）青少年志愿者需要被了解。试着记住每一位青少年志愿者的名字，当你来工作的时候要先和他们打招呼，否则你可能很难去认可他们的努力和付出。

（4）青少年志愿者需要被倾听和关注，要及时关注他们的意见。

（5）青少年志愿者需要你的帮助，使他们有个良好的工作开端：

● 介绍自己，并向每一位管理监督人员做汇报。

● 在游乐设施或场所，说明可以放置个人物品和出入签到的地点，怎样找到休息室以及在哪儿可以停车。

● 说明身体不适的呼叫程序，比如应该呼叫谁、电话号码是多少、最佳的救援时间等。

- 了解管理人员在工作中将要回答的问题。
- 通过地点的不断更新变化去影响他们。
- 如果任务提前完成，志愿者需要知道接下来该做什么。

（资料来源：科罗拉多州福特希尔斯公园&休闲部门青年志愿者（VIP）计划）

表6-3 科罗拉多州福特希尔斯公园&休闲部门青年志愿者申请表

志愿者申请表

预约申请			申请日期	
你是怎样知道本项目的？ □广告 □职业介绍中心		□朋友 □亲戚		□偶然 □其他方式_____
姓		名	中间名	
地址 号	街道	城市	州	邮政编码
电话号码	家庭号码		工作号码	

教育	小学				高中				大学本科			研究生教育/职业教育			
完成年限	4	5	6	7	8	9	10	11	12	1	2	3	1	2	3	4
文凭/学位																

您拥有对社区有益的特殊技能和（或）资格证书吗？
_____
_____

您有心肺复苏证书吗？□是 □否　您有急救证书吗？□是 □否
请列举您的个人兴趣、爱好等。
_____
_____

你是哪个社区机构的成员？（教堂、俱乐部或其他组织）
_____

请列举您之前志愿者工作的经历（描述被雇佣的工作及年限）
_____

您希望通过志愿者经历获得什么？
_____

您愿意为福特希尔斯公园和游憩区奉献 6 个月的时间吗？
☐ 是　　　☐ 否

每周可利用的天数和时间 _____

_____

志愿者工作会与你现在的工作发生冲突吗？ _____

_____

您的职业 _____

_____

以往的就业经历（描述被雇佣工作及年限，仅限近 10 年经历）
_____
_____

请列出我们可以联系到的两位推荐人：

姓名 _____　地址 _____
姓名 _____　地址 _____

请列出与您的志愿者经历相关的其他信息
_____

申请人签名

_____

申请地址：
福特希尔斯公园和游憩区
老吉卜街　南 2200 号
莱克伍德，科罗拉多，CO 80227
电话：303-987-3602

志愿者办公室
1995 年 3 月 6 日

（资料来源：科罗拉多州莱克伍德市福特希尔斯公园和游憩区的志愿者申请表）

案例：探寻齐鲁第一古村

1. 景点介绍

胡山森林公园的前身为国有胡山林场，始建于 1917 年第五峪森林公司。公园总面积约 3.33 平方千米，其中老林区 1.53 平方千米，新开发林区 1.8 平方千米，林木覆盖率达 95.6%。山上松柏常青，山下阔叶树种混杂，四季色调多彩，鸟语花香。山林相映生辉，环境幽静，空气清新，风景秀丽宜人。自然景观和人文景观众多。园中有老君洞、六和塔、山门山街等名胜，有著称于世的胡山三麓。南有高 30 米的哨石，群鹰盘旋落居，俗称"落鹰石"；北有古月洞；中有朝阳洞。明代著名文学家李开先曾就读于此。山阴处还有珍珠胡同、轿山、圣水灵井等名胜古迹，始建于明万历年间，康熙、光绪年间又先后续建，并有康熙海州黄炳题石："阳丘转胡山麓，有圣水峪，四面环抱可容纳 500 余人，山峰奇秀、草木繁盛，泉水涌出，群牧洗饮，盖一方圣井水也……"

朱家峪是我国北方地区典型的山村型古村落，是山东省唯一的"中国历史文化名村"，现为 AAAA 级景区，电视剧《闯关东》《红娘》《老农民》等 40 多部影视剧在此拍摄。古村为梯形聚落，三面环山。古村有大小古建筑近 200 处，大小石桥 30 余座，井泉 20 余处，庙宇 10 余处。康熙立交桥、文昌阁、魁星楼、关帝庙、朱氏家祠、双轨古道、坛井七桥、狮子洞等人文、自然景观数不胜数。2005 年，朱家峪被专家誉为"齐鲁第一古村，江北聚落标本"。

2. 活动主题

健康、自助、自律、团队、环保。

3. 活动目的

户外实践运动，了解当地乡土风情、历史文化、交友、亲近自然、保护环境。

4. 活动时间

2016 年 10 月 9 日（周日）早 7：30（为保证活动顺利，请所有人员务必提前到达指定集合地点，过时不候，敬请谅解）。

5. 活动集合地点

第一集合地点：五院斜对面儿童医院门口公交站牌处，早 7：30。

第二集合地点：省体育馆篮球馆北门（经十路与民生大街交叉口正对面），早7：45。

第三集合地点：燕山立交东南角，二环东路与经十路交叉口东南角（桥下往东50米），早8：00。

第四集合地点：奥体北门台阶处（泰山童子雕像处），早8：15。

6. 活动内容

徒步、登山、探寻古村、赏景、摄影、交友、户外运动实践、野外环保。此次活动的领队会准备捡垃圾的袋子和手套，保护环境，地球因你而美丽。

7. 活动线路

整个行程8~9千米，海拔高度200米以上。非常规路线，不走回头路，欣赏沿途自然原始风貌。

8. 徒步级别

活动强度2星、难度2星、沿途风景4星、趣味指数4星，适合6~55岁广大户外运动的爱好者和兴趣体验者。

9. 天气预报

晴转多云，气温13 ℃。

10. 活动领队

刀锋（孟＊＊）1895318＊＊＊＊

专家成员：

壹基金救援联盟山东救援队核心队员

美国心脏协会AHA—H5国际急救员

中国红十字会急救员

国家攀岩指导员

中国登山协会户外指导员

＊＊＊＊攀岩教练

＊＊＊＊总领队

＊＊＊＊户外拓展教练员

＊＊＊＊搏击教练员

11. 人数要求

5人成行，最多一团45人。

12. 交通工具：包车

13. 活动经费预算

140元/人，分享微信至朋友圈可享优惠价格40元/人（一个家庭只限1人，儿童只要占座同样收费）。

费用包含：专业户外运动险、往返交通费、司机费、领队费、户外技能培训费、攀岩场地费、组织管理费、意外应急备用金等，活动费用不含午餐费。

14. 活动报名方式

（1）手机短信报名、微信报名。

（2）论坛报名。

（3）报名格式：网名+人数+乘车地点+报名人员电话。

（4）短信、微信或QQ将个人信息（姓名+身份证）告知领队，便于购买保险。

15. 缴费方式

（1）济南＊＊攀岩馆前台缴费，缴费后由前台开具正规收据，如需开发票需缴税。

（2）支付宝缴费：支付宝账号为＊＊＊＊＊＊＊＊＊。

16. 食品及装备说明

（1）推荐食品：面包、饼干等；牛肉干、巧克力、葡萄干等高能量零食；水果、多功能运动饮料、氨基酸、矿泉水、咖啡、奶茶、泡腾片等；应急口粮压缩饼干等。因上午全程无水源补给，自带水不少于1.5 L。

（2）药品：感冒药、肠胃药、消炎药等内服药，其他外用急救药品由俱乐部负责。

（3）公用装备：气炉、套锅、GPS/对讲机、各种药品。

（4）个人装备：背包：双肩背包。

服装：保暖衣物，耐磨性好的速干衣裤。

鞋袜：登山鞋或防滑耐磨运动鞋、户外袜。

手杖：建议最好有2支，节省体力。

帽子：带沿帽为佳，或头巾、太阳镜。

17. 活动注意事项

（1）本活动行程地处山区，食宿条件欠佳之处敬请包涵。

（2）听从领队指挥，未经领队许可，不可单独行动。发扬团队协作精神，倡导自助与互助相结合的自助旅游活动理念。

（3）顾全大局，有良好的集体观念，遵守时间，乐于帮助他人。

（4）爱护环境，做到"除了照片什么都不带走，除了脚印什么都不留下"。

（5）尽量不携带不易溶解包装的食品，活动产生的垃圾请及时处理，不采摘林中植物，做到"留下的只是你美丽的回忆，带走的只是你的留影和垃圾"。

（6）摄影爱好者请携带轻便设备，避免不必要的负重，沿途风景优美，请备足电池和存储卡。

（7）请尊重当地宗教及风俗习惯，避免与当地居民发生冲突。

（8）如因不可抗拒因素导致行程更改，具体情况协商后由领队决定。

18. 特别说明

（1）若患有高血压、心脏病、心血管疾病等其他不合适运动疾病的人士，请如实告知隐瞒者若出现意外一律责任自负。

（2）参与者需具备基本户外技能，拥有户外经验和体能良好者优先。

（3）服从领队安排，具备较强的集体观念和纪律性。

（4）本活动可能具有一定的危险性，参加者需对自己的行为负责。凡报名参加者均视为具有完全民事行为能力人，如在活动中发生人身或财产损失，发起人或领队不承担赔偿责任，由受损害人依据法律规定和本声明依法解决，凡报名者均视为接受本声明。代他人报名者，若被报名参加者遭受人身损害，发起人或领队同样不承担赔偿责任。本声明中关于免除发起人或领队赔偿责任之约定效力，同样属于本次活动的副领队。本声明系根据最高人民法院2004年5月1日起颁布施行的《关于审理人身损害赔偿案件适用法律若干问题的解释》而制定。

（5）凡参加者均视为具有完全民事行为能力人，报名时或活动中需向组织者如实告知自身情况，服从领队安排。户外活动是非常规性旅游，具有一定危险性和不可预见性，属特殊行程，参加者需对自己的安全负

扫一扫6-1：
"探寻齐鲁第一古村"项目管理分析

责。户外活动中发生意外事故，活动组织者有义务积极求援、组织救援或改变行程，但不承担任何法律和经济责任，参加者需根据自身情况通过保险等方式化解风险。

（6）在旅途中若发生交通意外事故，造成人身伤害或财产损失，将按有关保险条例由保险公司进行赔偿，活动组织者不承担赔偿责任。

第二节 休闲体育项目管理

美国项目管理专业资质认证委员会主席珀尔·格瑞斯说："项目管理如狂潮般席卷整个经济领域，而且在愈来愈多的领域中体现着非凡的生命力，到处都可见到它的影子，因此在当今社会中，一切都是项目，一切也将成为项目。"世界著名的项目管理专家弗雷姆博士在其《组织机构中的项目管理》一书中提出，项目管理最根本目的是如何有效地利用时间、技术和人力。因此，项目管理就是指在时间、经费和性能指标的共同约束下将项目最优化，高效、高质量地完成项目任务的过程。

休闲体育项目管理是指以休闲体育活动为管理对象，通过运用科学的方法和手段对项目施以管理，使其在最短的时间内，以最小的成本、最优化的方案实现既定目标，从范围管理、时间管理、成本管理、质量管理、资源管理、沟通管理、风险管理、采购管理、营销管理等多角度实现并满足项目利益相关者的多方诉求。

一、休闲体育项目范围管理

项目范围作为项目管理的第一个环节，也是最为重要的核心环节，它决定着项目的架构、时间、成本以及质量等诸多要素，起到承上启下的重要作用，是制定项目计划的基础。该阶段的主要任务就是明确项目范围。

项目范围由项目目标分解得到，对项目内容进行定义和控制，明确哪些工作任务是必须完成的。项目组及项目联系人按照项目要求的范围完成所涉及的所有过程，包括作为项目结果的项目产品或服务以及生产这些产品或服务所用到的过程。

项目范围与项目时间、项目成本是项目发展中至关重要的三个条件，它们彼此相互影响、相互制约。之所以说项目范围管理最为重要，是因为项目范围的改变将直接影响项目的时间和成本。当项目范围较小时，完成项目所需要的时间和成本相对也会较小；当项目的范围较大时，完成项目所需要的时间和成本相对也会较大。现实中，有些项目因在开始时对项目范围、项目时间、项目成本计算较为粗略，致使随着项目的逐渐开展，各项预算都不断膨胀，项目无限度地扩大，预算一超再超，让企业无法承担。可见，控制好项目范围是项目管理的重中之重。

二、休闲体育项目时间管理

美国项目管理协会认为："项目经理或组织者可以把每一个项目划分成若干个阶段，以便有效地进行管理控制，并与实施该项目主旨的日常运作联系起来，这些项目阶段合在一起称为项目生命期"。每个项目的生命期都是独一无二的。

一般来说，每个休闲体育项目都存在生命期，要经历从启动、成长、成熟、终止四个阶段。大部分项目在从开始到结束的过程中，以"慢—快—慢"的进展方式朝目标发展。在项目诞生之后，项目经理随之推选而出，项目核心成员和资源将被迅速调集，按照一定的工作程序准备进入工作状态，各类要素联合运作并产生成果，一直持续到该项目结束，最终完成从生产、发展到衰亡的完整过程。

在休闲体育项目管理中，时间管理是项目管理的第一要务。合理地安排项目时间是休闲体育项目管理的关键内容之一，它是保证按时完成项目、合理分配资源和发挥最佳工作效率的有效途径及措施。其主要工作是定义休闲体育项目的各项工作任务，明确休闲体育项目的目标，重点是强调休闲体育项目是否能够按照计划完成。对于一个休闲体育项目来说，一般时间管理大体经历6个阶段。

（一）工作任务的定义

工作任务的定义是指将休闲体育项目分解成诸多个环节、步骤或工作包，以便能详细地掌握休闲体育项目中各项工作任务的开展情况，保障项目最终能够按时、保质地完成。分解项目的目的是为了细分项目，使项目变得易于操控，能够对各项可交付的成果随时跟踪，以确保项目目标的实现。细分后的项目，变得更易于管理。小的工作包使项目的各项工作任务更加明晰，每一个环节或步骤都被明确地定义，既可以责任到人，也可以有针对性地根据各项工作任务制定具体活动计划。

在项目实施过程中，所有被分解后的活动都将被列入明细清单中，以便项目组成员能够清楚具体有多少工作需要处理，确保项目经理在项目实施过程中的宏观把控。在实际工作中，我们往往要不断地将项目活动进行进一步分解及细化，从而获得更加准确的项目成本估算。随着项目计划的不断详尽、精确地完成，项目成本也会随着考虑因素的增加而增加，在项目执行阶段才会得心应手。由此，对项目进行工作分解并不断更新则显得至关重要。

（二）各项工作任务间的逻辑排序

厘清项目活动中各项工作任务的关系是一件复杂而重要的事。有时我们既要考虑项目各项工作任务之间的依赖关系和工作顺序，又要考虑项目组内部自身发展中形成的特殊顺序和优先逻辑关系，包括内部与外部交叉形成的各种关系等。特别是要明确项目中关键事件、关键目标的时间节点，它是确保项目得以完成的重要因素。项目组应从需求出发，将可交付的成果作为关键任务设置在时间序列表中，通过优先图示法、箭线图示法、条件图示法、网络图示法等表现形式展现，最终形成项目网络图。

（三）各项工作任务的工期估算

休闲体育项目的工期估算是指根据项目范围、活动清单、资源状况（包括资源的种类与数量）、人员的能力因素以及环境因素等综合情况，列出完成项目任务所需的工期。其目的是为了充分考虑项目的诸多风险因素对工期的影响，以便有效地控制项目工期，按时、保质完成项目。在对项目工期估算的过程中，要不断地积累量化数据，并不断完善、更新活动清单，以便工作的有效开展。

一般来说，工期估算主要有以下四种方式：

1. 专家评审形式

由有经验、有能力的专家对休闲体育项目工程进行分析和评估。

2. 模拟估算

使用以前类似的休闲体育项目作为未来项目工期估算的基础，科学、有效地计算并评估工期。

3. 定量型的基础工期

当休闲体育项目产品可以用定量标准进行工期计算时，一般采用精确的计量单位为基础数据对项目工期进行整体估算。

4. 保留时间

在休闲体育项目工期估算中，可以事先预留一定比例作为项目风险应对时间。当然，随着团队的逐渐发展与成熟，项目预留时间也可适当减少，但始终要保证预留时间可以有效应对突发事件及风险，确保项目的顺利进行。

（四）各项工作任务的进度安排

休闲体育项目各项工作任务的进度安排是一个反复确认的过程，首先项目团队要在这个阶段明确项目活动的开始和结束日期，然后根据项目网络图、项目工期估算、资源需求与共享情况、项目执行的工作日历与进度限制、风险管理计划、活动特征等进行统筹考虑。

进度限制即根据活动排序考虑如何定义活动之间的进度关系。一般有两种形式：一是加强日期形式，以活动之间的前后关系限制活动进度，如一项活动不早于 A 活动的开始或不晚于 B 活动的结束；另一种是关键事件或主要里程碑形式，以定义"里程碑事件"作为要求的时间进度的决定性因素，制定相应时间计划。

（五）各项工作任务的进度控制

进度控制是项目时间管理的最后一个过程，其目的是全面监督项目进度的执行状况，干预导致项目进度发生变化的因素，对已经发生的项目变更及时发现和纠正偏差、错误，做好变更管理。在控制中要考虑影响项目进度变化的因素、项目进度变更对其他部分的影响因素、进度表变更时应采取的实际措施。

在进度控制阶段，首先要确保项目进度安排是否符合实际，切实可行；其次要充分利用纪律手段来控制项目进度，适时地安排领导来强调项目进度控制的重要性。此外，在项目管理过程中使用项目管理软件，可使项目时间管理更方便、快捷、灵活、高效。

三、休闲体育项目成本管理

成本是商品经济的价值范畴，是商品价值的组成部分。人们要使生产经营活动顺利进行或达到一定的目的，就必须耗费一定的资源，消耗资源的货币表现及其对象化称之为成本。一般认为，休闲体育项目周期可以分为 4 个阶段，即启动阶段、规划及准备阶段、执行与控制阶段和收尾阶段。整个项目生命周期的各个阶段所产生的成本总和即为休闲体育项目成本。

(一)启动成本

休闲体育项目启动阶段的主要任务是体育赛事或体育活动的选择工作,该阶段所产生的成本主要发生在调研、收集和掌握一手信息资料以及对可行性的论证研究。

(二)规划和准备成本

休闲体育项目规划和准备成本阶段主要任务是休闲体育项目举办权的取得、休闲体育项目方案的制定、休闲体育项目的组织筹备等工作。该阶段要解决活动举办阶段需要的人力、物力等资源的组织、安排和落实工作。本阶段产生的成本通常包括项目申办经费、活动场地设施筹建费、活动规划阶段的组织和办公经费等。

(三)实施成本

休闲体育项目执行与控制阶段的具体任务包括休闲体育项目的举办与控制工作。该阶段的成本是指在项目实施过程中,为完成"项目产出物"所消耗物质资源的成本和劳动的成本。

(四)终结成本

休闲体育项目收尾阶段的主要任务是该阶段会发生一些评估费用以及场地设施清理费用,构成休闲体育项目的终结成本。

在整个休闲体育项目策划实施过程中,对项目在计划目标之内所做的预测、计划、控制、调整、核算、分析和考核等管理工作即项目成本管理,一般包括成本管理计划、成本估算、成本预算、成本控制四个管理过程。

四、休闲体育项目质量管理

国际标准化组织(ISO)将质量定义为"一个实体满足规定和潜在需要能力的特性的总和"(ISO 8042,1994)或者"一组产品固有特性符合要求的程度"(ISO 9000,2015)。休闲体育项目质量管理是基于满足消费者体验性、适应性、参与性、趣味性、休闲性、娱乐性、经济性等多种需求的一种管理过程,其目的是确保项目能够承载市场的需求。

项目质量是项目执行过程中不可忽视的重要内容。休闲体育项目的质量管理与时间管理和成本管理处于同等重要的位置。为了使项目处于良性循环的运营状态,有时项目团队要与利益相关者建立良好的工作关系,甚至要了解他们规定的或潜在的需求。比如对于马拉松赛事而言,跑者不仅需要完美的赛道设计，还需要优质的赛道服务，每一个细节的服务质量都不能忽略，否则都将引起参与者的不满，甚至影响赛事的综合效益和未来赛事的成长。

休闲体育项目质量管理应贯穿整个项目的生命周期，它由质量规划、实施质量保证和实施质量控制三个过程组成。质量规划是指确定与项目相关的质量标准及其实现标准的方式方法，可以通过质量管理计划、质量量度、质量清单、过程改进计划、质量基线及项目管理计划的更新等实现。实施质量保证是指定期评估所有的项目绩效，以确保项目符合相关的质量标准，可以通过组织过程资产更新、变更请求、项目管理计划的更新及项目文件的更新等实现。实施质量控制是指监控具体的项目结果，确保它们符合相关的质量标准，从而提高总体质量的方法，可以通过质量控制测量结果、确认的变更、确认的可交付成果、组织过程资产的更新及项目管理计划的更新等实现（图6-3）。

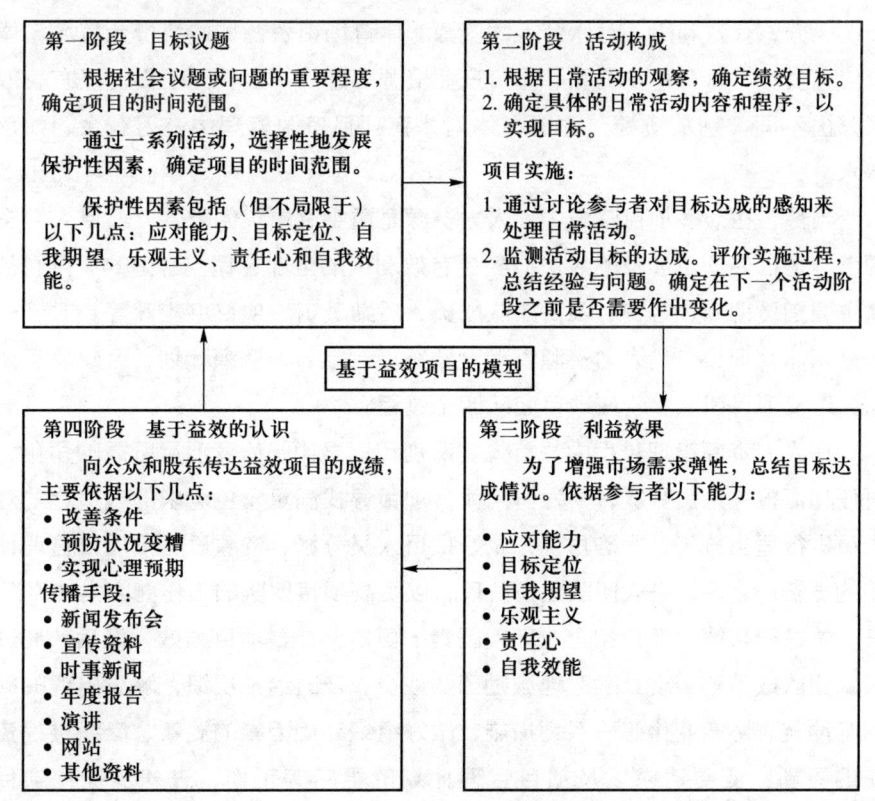

图6-3 基于益效项目的模型图

（资料来源：2002年罗斯曼和史雷特提出的基于益效项目模型。）

五、休闲体育项目资源管理

休闲体育项目资源是对能够满足休闲体育项目开展所需的各种要素的总称。由于休闲体育发展过程中需要投入的要素较多，且围绕如何满足人们的休闲体育需求，融入人类的创造与劳动，通常通过产品或服务的形式表现出来。

在绝大多数情况下，在休闲体育项目资源管理中是存在不同类别资源交叉管理现象的。比如，马拉松赛事赛道的设计，既要融入当地的自然景观与人文景观，还要考虑地域性特质和民族特色，将历史与现代相融合，突显自然资源、人文资源和社会资源的多样性融合。此外，马拉松赛事也要考虑有形与无形资源、流动性与非流动性资源的管理与使用，特别是无形资源的开发与使用问题。要对国有体育资源、社会（集体）体育资源、个人体育资源加以区分，有效利用，对体育人才资源、体育场馆资源、体育资金资源、体育信息资源、体育科技资源、体育产业资源等部门开展管理工作。只有有效区分出不同类别的资源，才能在休闲体育项目资源管理中游刃有余、如鱼得水。

当然，在众多项目资源中，人力资源是重中之重。休闲体育项目人力资源管理是指使项目涉及的人员得到最有效利用的全部过程。这里的项目利益者主要指赞助商、客户、项目团队成员、后勤员工、项目供应商等。对于一个休闲体育项目，其人力资源管理大致经历制定人力资源计划、组建项目团队、建设项目团队、管理项目团队四个过程。

在人力资源管理过程中，首先要识别和记录休闲体育项目所需的角色、责任和汇报关系。其次，要为休闲体育项目寻找满足角色需求的人员，并对人员进行适当分工，明确角色，做好项目人员分派、资源日历和项目管理计划的更新。之后，进入团队建设阶段，以提高项目团队的工作能力为主要任务，做好团队绩效评价和企业环境因素的更新，提高项目绩效。最后，通过跟踪团队成员的表现，适时地激励团队成员，及时给予反馈，解决出现的问题与冲突、协调变化等一系列措施，做好组织环境因素的更新、组织过程资产的更新、变更请求以及项目管理计划的更新等工作，进一步优化项目绩效。

此外，休闲体育项目的自然资源管理也值得重视。我国地域广阔，历史悠久，地貌复杂，地形多样，这些都为我国休闲体育的发展提供了有利条件。如可以利用草原开展骑马、滑草、摔跤等休闲体育活动；可以利用山地开展森林探险、徒步登山、野外攀岩等休闲体育活动；可以利用湖泊开展钓鱼、游泳、瀑布探险等休闲体育活动；可以利用沙漠开展滑沙、沙漠探险等休闲体育活动；可以利用大海和海滩开展冲浪、潜水、游泳、帆船等休闲体育活动。

总之，休闲体育项目的资源管理种类繁多，休闲体育项目受资源多样性的影响也丰富多样，使得我国休闲体育项目管理具有复杂多样性的特点。

六、休闲体育项目沟通管理

良好的沟通是开展项目管理的前提，是获取足够信息、发现潜在问题、控制项目开展的重要保障。对于一个项目而言，最大的威胁就是沟通失败。沟通是指人与人之间思想和信息的传递，是将信息由一个人传达给另一个人，并广泛传播的过程。沟通管理是休闲体育项目管理中不容忽视的重要环节与内容。项目联系人之间的信息交流与传递将会成为项目成功的重要推力。有时候项目组织者甚至花费75%以上的时间用于项目沟通，其重要性可见一斑。

项目管理中的沟通并不等同于人际交往中的沟通，更多的指对沟通的管理。休闲体育项目沟通管理就是为了确保项目信息能够合理收集和传输以及最终处理所需实施的一系列过程。其主要目标是为了确保项目信息能够及时适当的产生、收集、传播、保存和最终配置。对于休闲体育项目来说，只有做好项目的信息沟通，才能保证科学的组织、指挥、协调和控制项目的实施过程。良好的信息沟通对项目的发展和人际关系的改善都有巨大的促进作用。

休闲体育项目沟通管理具有复杂性和系统性的特征，因此越是大的项目，沟通起来越是困难。现代管理理论认为，繁杂的科层制管理方式不利于沟通管理，应当提倡扁平式管理体制，以利于沟通渠道的畅通。现代社会，除了良好的沟通技巧和高效的会议之外，现代化的通信手段及协同合作管理软件都可以作为改善项目沟通的主要途径。

七、休闲体育项目风险管理

项目风险管理是为了防微杜渐，是确保整个项目在生命周期内最大程度实现项目目标的重要保障。实施风险管理的目的就是通过对项目风险的识别、分析来评价其潜在的不确定性，将风险对项目带来的损失降到最小。好的项目风险管理会让人在毫无察觉的状态下完成危机管理，降低或避开项目风险。

在休闲体育项目运作过程中，风险是客观存在的，各种变更是不可避免的。为了减少风险对项目的干扰，就要对可能存在的风险进行管理，对潜在危险进行评估并采取防范行动。休闲体育项目风险主要来源于行政管理（活动的合法性）、营销和公共关系、健康和安全（食品、器材质量与维护、场地、损伤与急救）、人群（运动员、教练员、观众）管理、交通等方面，尤其是安全管理。休闲体育项目是以休闲体育活动为主要形式，参与者多为大众，由于对体育运动知识了解匮乏，运动风险防范意识较差，尤其是一些高危体育项目，如山地越野挑战赛、城市马拉松赛、沙漠探险、漂流等，安全管理显得尤为重要。

实施休闲体育项目风险管理，要通过风险辨识、风险分析和风险评价，合理地使用各种风险应对措施、管理方法和技术手段，以实现对项目风险的有效控制；妥善处理风险事件造成的不利影响，确保在最小的成本下实现项目总体目标。

（一）风险管理过程

1. 风险管理规划

风险管理规划是项目风险管理实施的整套计划和行动指南，可以为休闲体育项目提供项目风险管理战略性和全生命周期的指导性纲领，包括项目组及其成员的风险管理行动方案、行动方式、管理方法、确定风险评价与判断的依据等内容。该过程的表现形式是一份休闲体育项目风险管理计划，而风险管理计划又是项目管理计划的一部分。

风险管理计划是以预防、减轻、遏制或消除风险为主要目的，通过建立时间和经费储备以应付不可避免的风险，从而制定出项目生命周期内的行动方案。而项目风险管理计划的制定要依据诸多因素进行综合讨论与分析后确定，主要内容有项目范围说明、成本管理计划、进度管理计划、沟通管理计划、企业环境因素以及组织的过程资产等。大多数休闲体育项目除了要有风险管理计划外，还要有应急计划、退路计划、安全计划和应急储备等。对于高危休闲体育项目而言，还应制定救援计划。

2. 风险识别

风险识别就是判断哪些潜在的事件会对项目产生有益或有害的影响,并记录其特征的过程。通常休闲体育项目的风险主要有市场风险、财务风险、技术风险、人员风险以及结构或过程风险等。识别风险采集信息的方法也多种多样,如头脑风暴法、德尔菲法、访谈法、根本原因分析法和 SWOT 分析法等。一般情况下,项目组会制定一份风险登记册,将已经识别的风险清单和其他与风险相关的信息登记在册,以供后续工作参照和使用。

3. 定性风险分析

休闲体育项目定性风险分析是指对已经识别出的项目风险发生的概率及其影响进行评估和汇总,对风险进行排序,以便进行后续分析或行动。排序的目的是确定已识别风险的重要性和优先级。通常分为高、中、低三个水平进行风险概率或影响的描述。

4. 定量风险分析

休闲体育项目定量风险分析是指在对休闲体育项目定性风险分析的基础上,对事先排序的风险进行量化分析,以便将总风险控制在满意的程度,完成项目总体目标。在实际操作中,特别是对于一些有经验的项目经理,有时定量风险分析与定性风险分析是同步进行的。在进行定量风险分析时,我们可以依据历史信息、项目范围说明、风险管理体系文件、风险清单、有关项目管理计划等来进行分析。一般来说,常用的方法有资料聚集、外推法、模拟法、敏感度分析和决策树分析等。

5. 风险应对计划

当项目团队对项目风险识别和定性定量分析后,就将进入应对风险的环节,制定应对风险计划。休闲体育项目应对风险计划是指为了提高项目目标实现的概率、降低目标威胁而开发设计的应对风险方案和即将采取的行动。它不仅针对现有已识别的风险,对不能事先预测的未知风险也同样奏效。应对风险计划包括项目主要风险、针对该风险的主要应对措施、措施的具体负责人员、要求完成的时间以及进行的状态等。

6. 风险监控

休闲体育项目监控风险是指在整个休闲体育项目实施过程中,对风险的发展与变化情况进行全程监督,并根据需要随时做出应对策略调整。因为风险不是一成不变的,它是随着内外部环境的变化而变化的,有时会增大或衰退，有时会新生或消亡。对监控项目风险的目的是随时掌握项目的发展动态，监控项目风险管理策略是否可以应对实际风险，是否能够在可接受的变更范围内实现项目目标。它是项目风险管理的最后一个步骤，也是项目实施过程中的重要环节。它贯穿于项目生命周期的全过程，负责跟踪已识别风险、监测残余风险、识别新风险、实施风险应对计划和评估风险应对效果等。

（二）风险管理策略

1. 风险规避

风险规避是指有意识地回避某种特定风险的行为。比如 2003 年第四届女足世界杯赛原定于在我国举办，但由于受到"非典"的影响，为了规避风险，国际足联在国际足联医学委员会提供报告之后，决定改在美国举办。还有第六届奥运会、第十二届奥运会和第十三届奥运会等都是为了避免战争带来的风险而被迫取消的。通常，避免风险的方法有两种，一种是放弃或终止项目的实施；另一种是虽然项目继续，但改变其性质。

2. 控制损失

控制损失是指通过降低频率或者减少损失程度来减少期望损失成本的各种行为。几乎每一届奥运会开幕式前，举办国都将出动大量人力和物力，多次举行反恐演习和其他方面的应急预防演习，目的就是为了控制风险。

扫一扫 6-2：
上海 DTM 井盖事件视频

2004 年 7 月上海举办 DTM 赛车时，由于天气炎热，用于固定窨井盖的硅胶作用减退，多辆赛车飞驰而过后，强大的气流将窨井盖掀起，致使比赛开始后不久一辆赛车撞盖受损，退出比赛。事故发生后，组织者立即中止了比赛，调集人力对 2.58 千米的赛道中所有窨井盖作焊接修补，并通过了赛会的再度审核。大约 4 个小时后，比赛继续进行。赛事组织方表示，窨井盖事件考验了上海面对体育赛事中突发事件的应变能力，让比赛最终得以顺利完成。

3. 风险转移

风险转移是指将风险及其可能造成的损失全部或部分转移给他人。这是应用范围最广、最有效的风险管理手段。常用的方法有出售、分包、签订免除责任协议、保险等。比如在体育赛事项目管理中，可以把一些带有风险的财产出售给他人，或将带有风险的活动分包给其他组织或团队，将风险转移出去，让他人来承担风险；主办方也可通过交纳保险和签订免除责任协议的方法来减少风险损失。事前签订协议,明确各方责任,对休闲体育项目存在的风险和最低保障用精确的语言做出明确规定(包括合同、商标和标志、保险的确定和赔付、法律条文、合同终止、安全保卫等),是项目管理的明智之举。比如要策划一个山地越野挑战赛项目,一般组织方要参赛选手提供医院开具的健康证明和个人购买的参赛保险(也可由赛事组织方统一购买),并在报名前告知比赛存在的风险,签署免责协议。通常,在签订免除责任协议时,一定要注意法律的有效性。

4. 风险自留

风险自留是由经历风险的单位自己承担风险事故所致损失的一种方法,它通过主办者内部资金的融通来弥补损失。通常是一些频率高但损失幅度很小的风险,如体育馆内的一些设施的磨损、维修、保养等(图6-4)。

扫一扫6-3:
巴西极端组织使里约奥运会反恐形势骤然升级

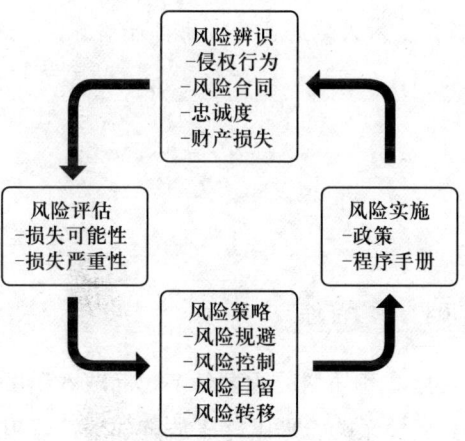

图6-4 风险管理流程图

 案例:2016年山东体育学院第三届全国场地高尔夫球邀请赛自愿参赛责任书

1. 我完全了解自己的身体状况,确认自己的健康状况良好;没有任何身体不适或疾病(包括先天性心脏病、风湿性心脏病、高血压、脑血管疾病、心肌炎、其他心脏病、冠状动脉病、严重心律不齐、血糖过高或过低的糖尿病以及其他不适合场地高尔夫运动的疾病),因此我郑重声明,可以正常参加2016年山东体育学院第三届场地高尔夫邀请赛。

2. 我充分了解本次比赛期间的训练或比赛有潜在的危险以及可能由此而导致的受伤或事故，我会竭尽所能，以对自己的安全负责任的态度参赛。

3. 我本人愿意遵守本次比赛活动的所有规则规定。如果本人在参赛过程中发现或注意到任何风险和潜在风险，本人将立刻终止参赛或告知赛会官员。

4. 我本人以及我的继承人、代理人、个人代表或亲属将放弃追究所有导致伤残、损失或死亡的权利。

5. 我同意接受主办方在比赛期间提供的现场急救性质的医务治疗，但在医院救治等发生的相关费用由本人负担。

本人已认真阅读全面理解以上内容，且对上述所有内容予以确认并承担相应的法律责任，本人签署此责任书纯属自愿。

代表队名称：　　　　　　领队：　　　　　　教练：

队员签名：

（单位章）

年　　月　　日

八、休闲体育项目采购管理

采购管理是决定成本和质量的重要环节，而成本和质量又是项目管理的关键要素。可以说，丢掉采购管理就等于放弃成本管理和质量管理，就等于没有进行项目管理。"采购"一词多用于政府，对于大多数的企业经常会使用"外购"和"外包"。而提供采购服务的组织或个人常被称为供应商、供货商、承包人、分包人或者销售商，其中供应商应用最广。

休闲体育项目采购管理是指从项目执行组织以外获取商品或服务的过程。项目采购是在合同的约束下进行的，休闲体育项目组既可以是某项产品或者服务的买方，也可以是卖方。通常，休闲体育项目采购管理大致分为4个阶段。

（一）采购规划阶段

该阶段涉及分析哪些项目由项目组内部完成，哪些项目最好通过外包如承包商、供应商或者其他组织或个人提供产品或服务来完成，即做出自制或外购的决策。通常在采购之前，项目组要进行采购分析，以决定是否要采购、怎样采购、采购内容、采购数量以及何时采购等内容。该阶段项目决策者除了要明确采取外购的方式和地点，还要决定合同的种类，并且向潜在卖方描述工作的内容，做好必要的沟通。这时的卖方可以是组织也可以是个人，主要负责提供项目组需求的产品或项目服务。

（二）采购实施阶段

该阶段涉及获取卖方回应，并在多家卖方中筛选最终合作伙伴，签订采购合同。采购合同是一份用来描述如何管理采购过程的文件。合同编制过程包括准备招标所需要的文件和确定合同签订的评定标准的过程，即何时开始招标，何时选择供方、签订合同，以确保采购的各种产品或服务能够在项目进展时及时到位。招标过程从潜在卖主处获取关于满足项目需求的答复（如标书和建议书），通常该过程没有直接开支，潜在卖主会花费大量的时间和精力用于项目沟通。随后，进入供应商选择过程，即从所有提交建议书或投标的潜在卖主处依据法定程序选定一家或几家作为该项目的实际卖主（供应商或承包商）。同时，采购合同双方除需承担相应的责任外，还受《经济合同法》保护。

（三）采购管理阶段

该阶段涉及与已选卖方的关系管理，合同绩效的监督和所需变更的决定。休闲体育项目管理采购可以考核供应商的执行结果是否满足合同的要求。在通常情况下，项目经理要参与到撰写和管理合同中，有时可以适当地让法律和合同专家也参与到撰写和管理合同中。同时，项目团队的成员应充分理解合同条款的内容，否则将会影响休闲体育项目目标的实现。

（四）采购结束阶段

休闲体育项目采购管理的最后一个过程就是结束合同。该阶段涉及每份合同的完成和处置以及未清条款的处理。项目团队应当以合同为蓝本，确保每份合同都能够按照预期的约定和目标圆满完成。对于一个项目而言，及时地总结并记录更新，保存好变更信息尤为重要。

九、休闲体育项目营销管理

美国哈佛大学的营销权威赖威特认为，营销是把整个商业过程看作一个紧密完整的发现、创造、唤醒和满足顾客需要的过程。从市场营销角度看，休闲体育市场是指个人或组织对休闲体育实物产品、休闲体育服务产品既拥有购买力又有购买欲望的现实和潜在的需求。为此，休闲体育项目的市场营销管理应是一种通过提供休闲体育产品或休闲体育服务来满足消费者需求的营销。

（一）市场调研

项目团队通常要对大众的人口特征、地域特征、心理特征、社会特征、行为特征等方面进行市场调研，用以区分大众对体育产品或体育服务的需求和欲望，不同的购买行为与购买习惯，将目标市场做细，以寻找适合项目组的子市场。

（二）服务消费者

休闲体育项目的消费者是使用休闲体育活动产品或服务的成员，具体表现为参与者对休闲体育活动核心产品的直接消费以及辅助性支撑服务的间接消费。由于消费者有面对不同服务选择改变消费模式的决策权利，那么增强消费者消费行动的意识和理由，建立对产品服务的正确理念，都将影响消费者参与服务经历的质量。在这种前提下，休闲体育活动的产品服务重点就会落在建立并维持良好关系上，不能停留在物资服务或推广或最低价格上，而应尽力去服务消费者，使消费者愿意重复休闲体育活动经历，并带动周边人员的参与，促使休闲体育活动营销建立和维护良好的客户关系。

（三）营销手段

休闲体育项目市场营销是指通过产品策略、价格策略、分销策略和促销策略等休闲体育活动营销组合的制定和实施以及其他营销方式的运用，实现休闲体育活动及其衍生产品的交易，从而满足休闲体育活动价值补偿以及盈利的需要。我们可以通过休闲体育项目产品、休闲体育项目价格定位、休闲体育项目产品分销渠道、休闲体育项目产品促销手段等营销要素的组合，实现休闲体育项目目标，满足消费者需求。

在项目市场营销中明确几个重点：

（1）竞赛水平的高低、质量的好坏、规格的大小等因素都将直接影响该项休闲体育项目营销；（2）消费者的价值知觉是基于自身对休闲体育活动产品的独特体验，受内外部多因素影响；（3）分销渠道是消费者，在方便的地点及时接受休闲体育活动产品的能力；（4）休闲体育项目产品的促销形式多种多样，有销售规划、广告、礼遇、电视、广播、新闻报纸、杂志、公共关系、传单、手册、海报等；（5）好的市场营销可以影响人们的态度、语言、观点、思维和行为方式，项目组织者应该激励人们对其所提供的产品或服务采取善意的态度。

 案例：美国陆军士气、福利与休闲部（MWR）的市场营销

扫一扫 6-4：美国不同类型的休闲项目设计

名称：
家庭与士气福利休闲服务项目（Family and MWR Programs）

服务对象：
军队士兵、士兵的家庭成员、文职人员以及军队退休人员

服务产品：
照顾孩子、青年项目、学校、图书馆、体育和竞技、金融咨询、配偶就业计划、配置影院供给服务、家庭意愿小组、住宿和健身中心等。

使命：
使那些为服务国家、保卫祖国的社区人民获得幸福、健康、充满活力。无论你身在何处，只要你与军队有关，军队社区将为实现每一个人的需求、利益、职责提供相关服务。

目的：
试图消除部队驻地与当地社区之间的隔阂，为士兵及其家庭成员减少压力、培养技能和增强自信提供服务，保持部队的战斗力。

目标：
- 使MWR提供的产品和服务永远作为士兵及其家庭的第一选择
- 为士兵提供工作与娱乐之间的平衡
- 保持领导与士兵、家庭和公民之间的信任
- 培养能够促进士兵适应性和自力更生能力发展的环境
- 促进士兵身体、情感、社会、家庭和精神力量的发展
- 为服务国家的人提供服务和牺牲是一种至高无上的荣誉

复习思考题

1. 在休闲体育项目策划中应把握哪些原则？

2. 简述休闲体育项目策划的流程。

3. 请设计一款校园休闲体育项目，并撰写项目策划书。

4. 请以某个休闲体育项目为例，简述项目执行中的相关管理内容。

5. 请结合一次户外徒步体验，简述休闲体育项目风险管理的过程及风险管理的策略。

本章参考文献

［1］Project Management Institute. A Guide to the project management body of knowledge［M］. PMBOK® Guide，Fourth Edition，2008.

［2］Christopher R. Edginton，Susan R. Hudson，Rodney B. Dieser. et al. Leisure Programming：Service-centered and benefits approach［M］. New York：McGraw-Hill，Fourth Edition，2004.

［3］［美］凯西. 施瓦尔贝. IT项目管理［M］. 杨坤，王玉译. 北京：机械工业出版社，2011.

［4］张宏，陈华. 休闲体育管理［M］. 北京：中国人民大学出版社，2015.

［5］卢长宝. 项目策划［M］. 北京：电子工业出版社，2014.

［6］高兵，郭彬. 体育活动策划与管理［M］. 北京：化学工业出版社，2016.

［7］邓果丽. 实用项目管理与策划训练［M］. 北京：高等教育出版社，2015.

［8］李相如，凌平，卢锋. 休闲体育概论［M］. 北京：高等教育出版社，2011.

［9］陈文俊. 项目策划研究［D］. 武汉：武汉理工大学硕士学位论文，2001.

第七章 体育旅游

>>> **本章导语** >>>

体育旅游作为体育产业和旅游产业交叉渗透产生的一个新的项目，是以体育资源为基础，吸引人们参加与感受体育活动和大自然情趣的一种新的旅游形式，是体育与旅游相结合的一种特殊的休闲体育生活方式，也是休闲体育产业的一个重要组成部分。本章从体育旅游的基本理论、体育旅游的产生与发展、体育旅游的发展途径与服务以及体育旅游资源的开发与保护四个方面综合阐述体育旅游的发展。

>>> **学习目标** >>>

要求理解体育旅游的概念、特点与分类；了解体育旅游产生与发展的演变过程；懂得体育旅游发展途径与服务体系；掌握体育旅游资源的开发与保护内容与原则。

案例导入

2013年11月北京与张家口联合申办2022年冬奥会，必将成为体育旅游发展新的催化剂，将进一步激发我国尤其是京、津、冀地区冰雪旅游市场的活力。专家们预计，体育旅游市场将成为体育产业蓝海中最汹涌的一个"浪头"。自申办冬奥会以来，2013—2014年雪季的游客数量较上一雪季增加了约40%，达到142万人次。张家口年均游客增长率为30.27%，2022年张家口赛区的星级酒店客房将从6 000间增加到12 000间。可见，体育旅游已成为我国旅游业发展的新风口，有望成为国家经济发展新的增长点。

第一节 体育旅游的内涵和特点

随着世界经济的高速增长和收入阶层差异带来的市场需求变化，使得旅游产品向休闲、运动等多个方向发展，旅游者从传统的观赏型旅游向参与体验型旅游发展，要亲身参与到旅游项目中去，促进身体健康，加强体育锻炼。根据我国游客的需求，结合休闲泛化和休闲结构调整，发展体育旅游、探险旅游等现代旅游产品正成为我国旅游市场未来发展的主要趋势之一。

一、体育旅游的含义

旅游，在《新华字典》中的定义为外出旅行游览，其对应的英文是"tourism"，原义是指按照圆形轨迹的移动，是一种往复的行程，即离开后再回到起点的活动。国际上对于旅游的定义与解释很多，但目前得到普遍认可的是艾斯特定义："旅游是非定居者的旅行和暂时滞留某地而引起的现象和关系的综合。这些人不会导致长期定居，并且不牵涉任何赚钱的活动。"我国学者谢彦君（2004）也把旅游定义为"个人以前往异地寻求愉悦为主要目的而度过的一种具有社会、休闲和消费属性的短暂精力。"

作为"体育学"与"旅游学"的交叉学科，旅游界和体育学界对体育旅游概念的内涵和外延有不同的认识。本书关于体育旅游的概念是：体育旅游指旅游者暂时离开居住地，以健身、休闲、娱乐、探险为主要目的，以参与体育活动或观赏体育比赛和表演为主要内容,从而使旅游者的身心得到全面发展,丰富社会文化生活的一种旅游活动形式。

体育旅游是休闲体育的一部分,与休闲体育是隶属的关系,且休闲体育与体育旅游在开展项目上有较强的兼容性和互补性。一方面,将休闲体育融入体育旅游产业中,能为体育旅游增添吸引游客参与的特色旅游运动项目,从而丰富体育旅游娱乐载体,拓宽经济发展渠道。国务院印发的《"十三五"旅游业发展规划》中明确提出要加快休闲度假产品开发,大力开发温泉、冰雪、滨海、海岛、山地、森林、养生等休闲度假旅游产品,建设一批旅游度假区和国民度假地。另一方面,随着经济条件的改善,人们不但喜欢玩、敢于玩,而且玩得起,这就促使了"旅游+休闲体育"模式在实践中出现,体育旅游的发展同时又将各地有特色的休闲体育项目推广出去。两者相得益彰,互惠共赢,并带动了传统区域旅游模式向人文、休闲、健康与经济社会协调发展模式的转变,提高了体育旅游产业的核心竞争力,增强了其个性化服务能力和发展动力。

 案例:高尔夫体育旅游——后起之秀

2017年1月19日,国务院《关于加快发展旅游业的意见》指出,要推动旅游产品向观光、休闲、度假并重转变,满足多样化、多层次的旅游消费需求。随着体育旅游和高尔夫运动的发展,旅行社也推出了高尔夫旅游产品,其中既有国内游也有国际游,既有跟团游也有自助游和半自助游。2014年8月21日,国内最大的在线旅游企业"携程旅行网"宣布,启动新业务类型"主题旅游",并推出第一个主题游项目——"爱玩高尔夫"APP,正式进军高尔夫旅游行业。其目标是将"爱玩高尔夫"打造成中国最大的高尔夫服务平台,为高尔夫消费者提供球场预订、高球旅游、球队运营、赛事、社交等一站式服务。而阿里体育也延续了体育旅游的经验,向高尔夫旅游领域进军。其主要产品有以打球为主题的高尔夫旅游(国内)、订场服务、二手会籍。

随着高尔夫体育旅游的兴起,我国高尔夫旅游参与者也越来越多。薛先生就是其中的一位。2016年10月29日太平洋联盟在浙江九龙山高尔夫俱乐部举办的球队赛场上,我们见到了这位来自哈尔滨的高尔夫爱好者薛先生，薛先生是一家金融公司的人事主管，比赛前半个月，他的朋友邀请他到上海玩，顺便帮自己所管理的球队打一场比赛，薛先生在比赛前一天跟随朋友及球队成员到达浙江九龙山高尔夫俱乐部进行试场，打完比赛又赶上世锦赛——汇丰冠军赛的决赛轮，薛先生又在朋友的带领下，到上海的佘山高尔夫俱乐部观看了一场世界级的高尔夫赛事。以高尔夫运动为核心的旅游活动已经成为薛先生休闲生活的重要内容，而这也代表了我国高尔夫体育旅游参与者休闲生活的常态。

中国高尔夫旅游大数据显示，在高尔夫旅行中，影响旅行者舒适度的最重要因素是住宿和航班舱位。绝大多数的旅行者表示对住宿条件非常在意，他们认为住得舒服，是成就美妙旅行的最重要因素。旅行者对航班舱位也颇为注意，他们认为选择头等舱是美妙旅行的开始。在旅行社方面，54.94%的人通常自行安排旅行，22.32%的人通过旅行社的自助服务，完全参团的只有9.44%。45.92%的人需要旅行社的量身定制服务，因为线路不熟、语言不通；34.76%的人不需要量身定制。

随着近年来我国居民消费水平的提高以及休闲时间的增多和休闲观念的转变，越来越多的居民参与到户外休闲体育运动当中。高尔夫作为一项休闲体育运动，为越来越多的人所喜爱。就目前国内高尔夫运动的发展来看，普遍存在的问题如高尔夫球场供不应求，球场收费价格偏高，球场管理不善等，这些使得高尔夫还不能成为一个大众型的体育项目，越来越多的高尔夫爱好者选择国际高尔夫旅游。高尔夫旅游虽然是一个新兴的旅游项目，但随着高尔夫运动的大众化发展，高尔夫旅游必将成为一个旅游热点。高尔夫旅游要想在激烈的市场竞争中赢得优势，必须各部门通力协作，加强引导，通过提高服务质量，制定合理的费用标准，引进大型高尔夫赛事等途径开辟高尔夫旅游发展的新方向。

二、体育旅游的特点

（一）专业性强

进行体育旅游一般需要较强的体育专业知识或专业技能。对于体育旅游者而言，如果想在旅游过程中参与高尔夫运动、蹦极、攀岩、漂流或滑翔等户外运动，就需要掌握专业的技术、技能以及知识，并且必须在专业教练的指导下完成;如果体育旅游者在旅游过程中要观赏体育比赛或表演,他就有必要对比赛的规则、参赛双方的技术风格、表演项目的特点等相关信息有所了解。而体育旅游企业所提供的设施装备、产品、教练与服务同样具有专业性。如登山俱乐部,需要有相应的基地、特制的服装、工具及医疗救护队等;赛马俱乐部则需要马场、跑道、养马师等。体育旅游设施是否具备,旅游资源是否可进入,是开发体育旅游的关键因素。

(二) 挑战性大

许多体育旅游者参与体育旅游活动的目的是希望得到冒险、刺激的情感体验。在众多的体育旅游类型中,一般而言,健身类体育旅游活动安全系数较高,观赏型体育旅游次之,挑战极限类项目的安全性最低。近年来,我国的登山探险运动和山地户外运动发展迅速,根据中国登山协会对登山户外运动人口的调查数据显示,2015年我国登山户外人口数达到了1.3亿人。由于登山和山地户外运动属于高危体育项目,在活动的开展过程中不可避免地会发生一些险情和山难,发生数量也会随着参与人群的增多而上升。2007年5月,云南省迪庆藏族自治州梅里雪山发生雪崩事故,正在山路上徒步探险的10余名游客被坍塌的积雪掩埋,造成2死7伤。据数据显示,2007年户外登山探险事故共发生29起,死亡28人,失踪10人;2009年7月11日,一支由35位"驴友"组成的团队到重庆万州潭獐峡溯溪漂流,漂流途中遭遇山洪,19人遇难;2015年共发生189起户外登山运动事故,事故总人数为845人,其中受伤事故54起,受伤人数为63人;死亡事故38起,死亡人数为44人。与2014年相比,事故总数增加29起,增长率为18.1%;事故受伤人数增加156人,增长率为22.6%;受伤事故数增加15起,增长率为38.4%;受伤人数增加21人,增长率为50%。2016年山难事故发生率有所降低,全年共发生278起登山事故,其中死亡人数47人。我国登山遇难事故主要集中在珠穆朗玛峰和贡嘎山地区,珠穆朗玛地区海拔高,含氧量低,天气恶劣,气候变化大,是事故高发地带。以上所有的案例都表明体育旅游挑战性大,而造成这种现象的主要原因就是部分体育旅游项目的可控性差。

(三) 时效性强

体育旅游的时效性体现在两个方面。一方面,赛事旅游具有很强的时效性。在赛事旅游中,人们旅游的主要目的是观赏精彩的体育赛事或体育表演,在短暂的比赛与表演之后,这种观赏与消费行为将不复存在。例如 2008 年北京奥运会吸引了全世界众多体育爱好者前来观看,极大地丰富了北京的体育旅游市场,刺激了人们的购买欲望,但在奥运会之后,这种以观赏为主题的体育旅游活动也暂告一个段落。另一方面,为提高安全系数,其他参与型的体育旅游活动应把握好时间。例如登山活动,应该选择春秋两季,其他季节参与的危险性较大。

(四)可重复性高

体育旅游资源不同于一般的旅游资源,它会吸引游客不断重复地去同一个地方进行体育旅游活动。对于传统旅游活动而言,自然风光或地域文化是吸引旅游者前去参观或游玩的主要原因。一旦在旅游地欣赏了自然景观,领略了其特有的地域文化后,旅游者再去故地重游的概率很小。这是由旅游者求新求异的生理和心理需求导致的。体育旅游者与传统旅游者不同,虽然在旅游过程中也观赏自然风景,也为其特有的文化所吸引,但参与体育旅游的核心目的是进行户外体育活动或观赏体育比赛。对体育旅游者而言,体育活动或精彩的体育比赛是吸引他们参与旅游活动的主要因素。因此,相对于传统旅游,体育旅游者很可能会反复光顾同一旅游地。

(五)社会效应大

体育旅游是向自然的挑战,向自我的挑战,向极限的挑战。因此无论是个人还是团体,都以独特的魅力吸引着新闻媒体。且部分赛事一经新闻媒体报道随即成为世人注视的焦点,对城市发展产生全方位的影响。全国赛车界名声大噪的东川泥石流国际汽车越野赛,是云南省立足于生态环保理念,"化腐朽为神奇"打造的国际体育赛事。东川小江泥石流带形成的天然场地,对国内外广大越野赛车手极具吸引力,该赛事至今已连续举办 14 届,参赛国家和地区不断增加,参赛车辆和选手规模不断扩大。2016 年,该赛事吸引了东南亚和全国各地 95 个车组近 200 名车手参赛,观赛者达到了 20 万人次。十年磨一剑,经过媒体的广泛报道与宣传,该赛事已经从一项区域性赛事成长为我国体育赛事名片之一,并成功入选全国体育精品赛事。赛事不仅有力地促进了云南汽车运动的发展,也为该省体育旅游项目的创建、开发产生了积极的作用。近几年马拉松赛事在我国迎来了井喷式的发展,2015 年国内参与马拉松比赛的有 150 万人次,2016 年参与马拉松赛事的人达到了 280 万,较上一年增长了 130 万人,创历史新高。根据《中国体育产业发展报告（2015）》显示，2014年马拉松赛事运营收入达到20亿元，带动相关行业收入超百亿元，2015年收入甚至达到了300亿元。这些体育旅游事件经由传播被大众所熟知，从而影响参与者的人生观、价值观及对体育旅游的看法。

三、体育旅游的分类

伴随着我国社会经济、政治、文化的发展，体育旅游活动也越来越普及，朝着多样化、大众化的方向发展，研究者们从不同角度对体育旅游进行了分类。

（一）从体育旅游概念和属性分类

以体育旅游的特征为标准结合体育旅游的实践，可将体育旅游的参与方式分为参团体育旅游和自助体育旅游两大类，这两大类型还可细分。

1. 参团体育旅游

参团体育旅游是指旅游者在旅游活动期间报名参加体育旅游部门组织的体育旅游活动，通过向其缴纳一定的报名费用，参与其组织的体育旅游活动，享受体育旅游组织方提供的服务。参团型体育旅游又可分为观赏型参团体育旅游、参与型参团体育旅游和竞赛型参团体育旅游。

观赏型体育旅游是指旅游者在远离其常住地，主要通过视听感官对体育活动、体育建筑场馆场地、体育艺术景点、特色体育文化进行欣赏体验的过程，旨在从中获得愉悦的感受。例如，每届奥林匹克运动会、世界杯等大型体育赛事，都有数以万计、百万计的游客到奥林匹克举办国、举办城市观看比赛。

参与型参团体育旅游与观赏型参团体育旅游的区别是旅游内容不仅仅只用眼睛观看，还要亲自参与到活动当中去，在体育旅游领队、教练员的帮助和指挥下完成有一定难度、需付出一定体力体能的体育项目。参与型参团体育旅游以体验感受和娱乐为主，特点是方便，但不一定舒适，时间安排紧张有序，个人自由活动时间较少，体能消耗较大。

竞赛型参团体育旅游是指以参加某种体育竞赛为主要目的的旅游活动，运动员、教练员以及与比赛密切相关的人员，为了参加某种体育比赛，在本地或外地逗留一段时间的旅游活动，均属于该类型的体育旅游。这一类型体育旅游活动的特点是处处强调团队，个人随意性弱，时间安排紧张有序，需在规定的时间内完成竞赛项目,活动中对参与者身心的冲击常常达到极限。

> **知识拓展:体育赛事旅游**
>
> 体育赛事旅游是一项融体育、比赛、娱乐、探险和观光于一体的专业性旅游服务产业。体育赛事旅游产业把体育比赛和旅游有机地结合起来,开发了体育比赛的旅游功能。由于体育赛事的召开而引发的各种旅游不仅包括国内外旅游者观看赛事的行为,也包括旅游者在赛事期间和赛后在举办地及其周围地区参与的各种旅游活动。例如,全球规模和影响力最大的体育赛事是奥林匹克运动会。所谓"奥运兴旅游,旅游促奥运",每一届奥运会的举办都促进了举办国的旅游业迈上了一个新的台阶。2008年我国以"绿色奥运"、"科技奥运"和"人文奥运"为主题成功举办了第29届奥运会,向全世界展示了我国五千多年的华夏文明;我国旅游业借此契机,以"奥运前"、"奥运中"和"奥运后"为时段,举全国之力、集各方支持,以服务北京奥运为宗旨,大力促进我国旅游业发展,提升了中国旅游业地位和知名度,也为体育赛事旅游产业的发展创造了一个绝佳的契机。2008年北京奥运会成为宣传我国形象、提升北京、青岛等赛事城市品牌、改善旅游基础设施、推进旅游业发展的重要事件;同时旅游业也成为弘扬奥运精神、服务奥运赛事的重要领域。北京奥运秉承和平、友谊和发展的理念,促进了我国和世界多民族的文化交流。奥运会结束后,北京奥运会比赛场馆就成为北京市新的旅游景点。2009年4月11日—6月17日,由北京市旅游局联合携程旅行网共同举办了"我心中的新北京十六景"评选活动,其目的在于评选出北京奥运会之后代表北京形象的16处景点。参与海选的景点共有60个,收到有效投票数共为14 394 859票,位列前5名的分别是八达岭长城、国家游泳中心、故宫、国家体育场和天安门广场。通过这次评选活动可以看出,北京奥运会比赛场馆已经成为北京市新的地标性建筑。

2. 自助体育旅游

自助体育旅游是指旅游者在旅游活动期间一般不借助或很少接受体育旅游业的帮助,独立完成体育旅游项目内容的旅游活动。其主要内容包括户外体育休闲和自助户外竞技探险。户外体育休闲是以体育活动为主要内容度过闲暇时间的旅游活动,户外体育休闲又可分为度假型体育旅游、健身娱乐型体育旅游和保健体育旅游。自助户外竞技探险是与有组织的户外体育竞技相对应的,参加户外竞技探险的游客一般都很有个性,他们不喜欢团队纪律的束缚,喜欢自由自在地展示自我。自助体育旅游的特点主要表现为不受体育旅游组织部门或团体的限制,活动时间、地点、内容有较大的主观能动性。

(二) 按照体育旅游者参与体育旅游的行为分类

按照体育旅游者参加体育旅游的行为可以将体育旅游划分为参与型和非参与型体育旅游。参与型体育旅游是指体育旅游参与者前往异地直接参与某项具体的体育活动,其主要的出游目的就是参加体育活动,如爬山、滑雪、打高尔夫球等。而非参与型体育旅游包含观看体育赛事、参观体育场馆等观赏型的体育旅游,也可称为观摩型体育旅游。

(三) 依据体育旅游时空特征分类

从体育旅游时空特征角度,可以将体育旅游分为周期性体育旅游、定点型体育旅游以及季节型体育旅游。

1. 周期性体育旅游

周期性体育旅游是指体育旅游者在特定体育活动的吸引下,前往其举办地旅游,观赏或是参与体育活动,这类体育活动在举办时间上往往具有一定的周期性,举办地的选择一般具有不固定的特点,比如奥运会和高尔夫巡回赛等大型体育赛事,与之相对应的体育旅游就具有周期性特点。

2. 定点性体育旅游

定点性体育旅游是指游客前往某个固定旅游地参加或观看某项特定体育活动。这类旅游分两种情况,一种是体育赛事旅游,比如环法自行车赛、达喀尔汽车拉力赛等。这类体育赛事在时间的选择上具有明显的周期性,而且地点选择也是相对固定的,其举办地基本不变,由此带来相应的旅游活动具有目的地相对固定的特点。另一种是旅游者出于对某项体育运动及其相关的运动场所的特殊喜好,不定期地前往某地进行旅游,如不定期到海南三亚打高尔夫球,这就是一种定点性体育旅游。

3. 季节型体育旅游

这类体育活动的开展受季节影响非常明显,其旅游活动的特点是在空间上指向性不太明显,而在时间上则具有明显的指向性。比如户外滑雪运动,基本上都是在冬季开展,青岛的冲浪运动必须在夏天等,游客要想参加,必须等到特定的季节。

(四) 依据体育旅游活动场所划分

从体育旅游场所的角度，可将体育旅游划分为陆地项目、水上项目、海滩项目、空中项目和冰雪项目。陆地项目包括山地项目、草原项目、沙漠项目、森林项目。山地项目主要依托山地资源开展体育旅游活动，体育旅游者喜爱的项目一般为登山、攀岩、越野、狩猎、高山速降、高山探险、秘境探险等。山地体育旅游一年四季都可开展活动，选择范围也很广。草原项目一般包括骑马、滑草、摔跤等活动。沙漠项目包括滑沙、骑骆驼旅游、沙漠探险旅游等。森林项目包括森林探险等项目。水上项目包括陆地水域和海上项目，主要是依托水体资源开展体育旅游活动，这种类型的体育旅游者多在夏季或温热带地区进行活动，主要项目有冲浪、滑水、潜水、帆船、漂流、溯溪、钓鱼等。海滩项目是利用陆地和大海之间的海滩开展活动，包括冲浪、潜水、游泳、帆船、海底探险等活动。空中项目主要包括滑翔伞、热气球等危险性大、对器材要求高的时尚运动，参加此类项目的旅游者一般具有较高的经济收入。冰雪项目以北方冬季的冰雪或人工冰雪场地为依托，开展的体育旅游活动包括滑雪、溜冰、冰帆、雪橇等。

第二节 体育旅游的产生与发展

一、国外体育旅游的起源与发展

(一) 早期的旅游与体育活动

体育旅游活动历史悠久。原始社会人类的生存行为为体育旅游奠定了基础，人们攀爬、狩猎、野炊等正是体育旅游的雏形。公元前5世纪，希腊旅行者开始外出旅行。早期的体育旅行大多出于宗教目的，旅行者前往各种神所居住的圣地访问。当时雅典已经成为前往帕提农神庙的旅行者必去的重要地点。希腊人对宗教节日的热衷使宗教节日逐渐朝着娱乐尤其是竞技体育的方向演化。其中，公元前776年，古希腊举办了第一届奥林匹克运动会，参赛的运动员以及成千上万的观众，借助不同的方式前往目的地参加或观看比赛，这也是最早的体育旅游现象，为现代体育旅游活动的开展奠定了基础。

（二）近代体育旅游的兴起

体育旅游确切来说是与近代旅游同步兴起的，很大程度与工业革命的影响密不可分。工业革命促进了生产力的发展，蒸汽机的发明促进了新交通工具的产生，使远距离的旅行成为可能，让旅游的空间范围也得到了扩大。而且，在工业革命的影响下，人们的工作方式、生活方式产生了变化，生产率的提高和社会财富的增加，让更多的人可以从生产中解放出来，获得短暂的休息和调整的机会，因此，参与旅游活动的人数不断增多。但在那时，旅游因为对于时间和金钱的消耗要求较高，暂时还属于贵族阶级的活动。

1786年，德·索修尔和巴尔玛揭开了现代登山运动的序幕；1857年，英国成立了登山俱乐部；1883年，挪威、瑞士等国也相继成立了滑雪俱乐部，为滑雪爱好者提供各种服务；1885年，英国又成立了野营（帐篷）俱乐部，主要向喜爱户外活动的旅游者提供食宿设施及相关服务。1890年，法国、德国成立了休闲观光俱乐部。各种类似的体育俱乐部不断出现，这些旅游组织的活动已经具有了体育旅游的意义，也成为近代体育旅游的开端，以体育为主要目的和内容的旅行，成了当时社会的潮流。

19世纪后半期，消遣的概念开始产生。随着欧美国家人们生活水平的提高，闲暇时间的增多以及新观念和新文化的发展，休闲、度假、疗养、健身、娱乐活动逐渐成为一种时尚。一大批集食、宿、游、娱于一体的闲暇疗养胜地、度假中心、娱乐场所、休闲设施逐渐发展起来。室内娱乐项目开始出现骨牌、投镖、台球、桥牌、保龄球等。户外开始流行登山、滑雪、漂流等体育项目以及赛马、垂钓、打猎、棒球、垒球、网球、高尔夫球等休闲体育健身活动。这一类体育健身及娱乐活动最初服务于上层社会，随后逐步转向大众消费者，并逐渐成为近代旅游产业的重要组成部分。

（三）现代体育旅游的发展

20世纪初，以体育健身和各种闲暇娱乐为主体的休闲娱乐业在一些西方发达国家初具规模，美国、英国、法国等国家开始大规模兴建高尔夫球场。随着人们物质财富的增加，对休闲的追求也越来越高。20世纪中后期，随着旅游业的快速发展以及各类体育运动的普及，以体育为特色的旅游项目在欧美国家得以迅速发展。另外，包括奥运会、世界杯、F1赛车等在内的各类大型体育赛事的开展，进一步推动了体育旅游业的发展。据国际体育旅游协会的一份报告数据显示：1995年全世界的体育旅游收入为2.69亿美元，1994年全球体育旅游收入占世界旅游收入的25%，42%的旅游日程是与体育旅游有关的活动。英国权威体育商业杂志《体育商业》的一份关于体育旅游专题报告称，2003年体育旅游占全球旅游市场的10%，创造价值达510亿美元，其潜力还在迅速增大。

体育旅游在发达国家经历了较长的时间发展，目前已经较为成熟，总体看来发达国家体育旅游具有以下特征：

1. 发展进入成熟阶段，体育旅游市场已形成规模

西方发达体育旅游大致可以分为参与型体育旅游和观赏性体育旅游两大市场，并且项目的开发也都较为成熟。据世界旅游组织统计，1967—1989年这22年间世界体育旅游市场有了1 300%的增长，其后进入稳步发展阶段。1984年洛杉矶奥运会、1988年汉城奥运会、1992年巴塞罗那奥运会、1996年亚特兰大奥运会期间，入境旅游人数分别达到了22.5万、22万、30万以及35万人次。2000年悉尼奥运会期间共接待国外旅游者达50万人次，旅游外汇收入高达42.7亿美元，澳大利亚旅游局所开创的奥运旅游促销战略被国际奥委会推荐为"今后主办国的角色模式"。

2. 体育旅游经营部门已形成，经营渠道多元化

发达国家体育旅游的开发起步较早且项目比较全面。随着体育旅游爱好者的不断增加，体育旅游市场的扩大，许多国家成立了专门的体育旅行社。如德国的途易旅行社集团、内曼旅行社、杜塞尔多夫航空运输旅行公司等，均把高尔夫球旅游作为大众旅游活动来推广。另外，随着互联网的发展，通过互联网登记注册的体育旅游产品也日益增加。据统计，目前全世界在互联网登记的雪场已经超过2 000家，这使体育旅游爱好者更便捷地了解世界各国体育旅游开发与运营的信息。

3. 注重资源的持续利用，带来可观的效益

对体育旅游资源，特别是体育旅游人文资源的持续利用，给发达国家带来了较大的经济效益和社会效益。奥运会、世界杯等大型国际比赛所开发的赛事体育旅游，不仅在当时为举办国发展体育旅游造就了良好契机，而且随着举办地关注度的提升，赛后仍有大量的游客涌入举办国，获得更多的旅游体验。例如，1980年美国普莱西德湖冬奥会场地直到今年仍在为当地旅游业创造可观的经济收入。根据美国奥运地区发展机构的报告，2004—2005年该奥运场地为当地带来了3.56亿美元的收入，2006年以来有5个场地的

游客人数比去年同期提高了13%。效益最大的地区包括埃塞斯、富兰克林、克林顿和沃伦，这几个郡周边的场地，旅游收入达到了3.24亿美元。

二、我国体育旅游产业的发展

（一）我国体育旅游的发展历程

1. 体育旅游发展的萌芽期（1985—1994年）

1985—1994年是我国体育旅游产业发展的萌芽期。这段时期，在旅游业发展的推动下，大量星级宾馆、饭店的兴建，使许多海外健身配套设施进入我国。交通、通信等基础设施的极大改善，也为人们的出行旅游带来了方便。1985年，西藏自治区体委为了满足国外登山爱好者登珠穆朗玛峰的需要，成立了西藏国际体育旅游公司，开启了我国体育旅游市场化运作的先河。1985年，国务院批准了《全国旅游事业发展规划（1986—2000年）》，决定将旅游业列入我国重点支持发展的事业之一并列入"七五"计划。随着改革开放的深入，人们生活水平的提高，对健身活动要求趋向多元化。体育旅游作为一种可供选择的健身休闲方式，因其兼有娱乐、刺激等独特魅力，越来越受到欢迎，滑雪、漂流、攀岩、登山、沙漠探险、徒步旅游、自行车等体育旅游项目在我国逐渐兴起。

与欧美国家体育旅游的产生主要为满足国内市场需求不同，我国体育旅游发展一开始就走"外向型"的发展模式。例如我国最早成立的西藏国际体育旅游公司以及1986年国家体委组建的中国国际体育旅游公司，都是主要面向国外体育旅游消费者。1982—1985年间西藏接待了20多个国家的登山队，共计4 100多人，创汇164多万元。

2. 体育旅游的初步发展期（1995—2005年）

1995—2005年是我国体育旅游的初步发展阶段。1995年，在国际体育旅游座谈会上，原国家体育总局副局长张发强作了《关于体育旅游业的几个问题》的报告，他认为体育旅游就是体育与旅游的结合，是体育性的旅游事业和旅游性的体育事业，都带有经济行为，是强调姓"体"字的旅游。20世纪90年代开始，我国各地开始利用优势资源开发出多种体育旅游产品，如东北的滑雪、郑州的少林武术、内蒙古的那达慕大会等。

进入21世纪，随着旅游业和体育业的快速发展，我国的体育旅游得到了政府更大的支持和国民更多的关注。2001年被定为"体育旅游年"，同时国家旅游局发布了《2001年中国体育健身活动方案》，其中罗列了146项体育旅游产品，将体育旅游分为专项旅游路线和体育旅游节庆活动，规划了82条路线。并且，在2001年我国各地举办了100多项体育赛事或体育旅游节庆。这些活动既有历史悠久、特色浓郁、参与性强的民间传统体育项目，又有举办多年、极富吸引力的体育旅游活动，还有扣人心弦的专业体育赛事。例如，2001年我国北京承办了第21届大学生运动会，并积极申办2008年奥运会。当年，我国还推出了11个体育旅游专项产品：攀岩、漂流、滑雪、沙漠探险、登山、徒步、自行车旅游、驾车自助游、海滨健身游、高尔夫球等。2002年，原国家体育总局副局长张发强同志在全国政协九届五次会议上提出构建"环太湖体育圈"的设想后，我国许多地区开始逐步以"体育圈"的形式推行区域体育旅游合作。这一时期，民营资本也大量进入体育旅游产业。体育旅游出现了产业集群的组织形态萌芽，如北京、广州、上海、海南作为我国高尔夫球场最为密集的区域，已出现了高尔夫产业集群的雏形。

体育旅游的发展，给一些地方带来了社会效益和经济效益。如黑龙江省充分利用冰雪资源开展丰富多彩的体育旅游活动，2000年冬季全省共接待游客358万人次，2001年春节仅7天时间就接待中外游客135万人次，旅游收入达7.01亿元。另据国家假日办公室公布的信息，仅2002年春节"黄金周"的最后一天，吉林市北大湖国际滑雪场旅游接待量就达4万人次，同比增长率为21%；哈尔滨市亚布力滑雪旅游度假区接待客人为1.7万人次，同比增长率为17%，整个度假区的住宿设施接近饱和。

3. 体育旅游发展的高速成长期（2006年至今）

2006年至今是体育旅游产业发展的高速成长期。国家加大了对体育旅游发展的政策扶持，在近10年中出台了一系列促进体育旅游健康发展的政策法规，在国家层面推动了体育旅游的高速发展，从而迎来了体育旅游业发展的春天。

2009年12月1日，国务院下发《国务院关于加快发展旅游业的意见》（国发〔2009〕41号），提出大力推进旅游与体育等相关产业和行业的融合发展，支持有条件的地区发展体育旅游；2009年12月10日，国家体育总局、国家旅游局联合出台了《促进中国体育旅游发展倡议书》，该倡议书提出："旅游部门和体育部门要科学谋划，努力实践，创新体育旅游产业融合发展体制机制，积极探索促进发展的工作方式和方法，研究相关政策措施，引导体育旅游产业健康发展，号召社会各界共同关注和支持体育旅游的发展"；同年，为了推动体育产业与旅游业的进一步互动与融合，促进体育旅游产业健康快速发展，国家体育总局经济司和国家旅游局政策法规司决定启动全国体育旅游业专项调研，对全国各地区体育旅游项目进行调查，厘清各地区体育旅游业的发展现状，以进一步探究未来两个部门共同推进体育旅游发展的思路、工作框架和政策措施。

体育和旅游作为近年来国家大力扶持的重点产业，是促进居民消费升级的重要体现，也是扩大内需、促进产业结构升级的重要驱动力。2016年5月，《体育发展"十三五"规划》正式出台，规划提出要与旅游部门共同研制《全国体育旅游发展纲要》，开展全国体育旅游精品项目推介，并打造一批体育旅游重大项目。在2016年中国旅游产业投融资促进大会上，国家体育总局、国家旅游局联合签署了《关于推进体育旅游融合发展的合作协议》。协议中提到，双方将共设"全国体育旅游工作领导小组"，启动全国体育旅游示范基地和体育旅游项目的遴选；探索建立体育旅游统计指标体系和标准体系，加强体育旅游从业人员培训进而提高服务质量。

随着政府部门各项文件的出台，"体育+旅游"这一新兴名词的出现引起了业内外的高度关注。2016年发布的《"十三五"旅游业发展规划》（国办发〔2016〕70号）中指出："要促进旅游与体育项目的融合发展，力争打造一批具有影响力的体育旅游目的地和一批体育旅游示范基地，并推出一批体育旅游精品赛事和精品路线，着力培育具有国际知名度和市场竞争力的体育旅游企业及品牌"。2016年11月，国家旅游局发布了《关于进一步扩大旅游文化体育健康养老教育培训等领域消费的意见》（国办发〔2016〕85号），该意见强调要加速升级旅游消费并大力促进体育消费，酝酿体育与旅游融合发展的指导意见。2016年12月，国家旅游局和国家体育总局共同印发了《关于大力发展体育旅游的指导意见》（旅发〔2016〕172号），该意见的提出对丰富体育旅游产品体系、开拓旅游消费空间、推动全民健身和全民健康深度融合都具有十分重要的意义。

北京奥运会的举办是这段时期中体育旅游发展的标志性事件。2008年北京奥运会的成功举办极大地提升了国民的体育健康意识和参与意识，促进了国民参与体育旅游消费。同时北京奥运会也给我国遗留下大量的体育旅游资源。根据北京市奥林匹克公园管理委员会的统计数据，自2008年9月底对公众开放以来，鸟巢接待游客约450万人次，日均迎客1.5万人，仅2011年上半年，鸟巢的运营收入就超过3亿元。我国体育旅游产业预计在"十二五"、"十三五"期间的产业总收入年增长率将高于9%，预估未来我国体育旅游产业环比增长率基数为15%~20%，体育旅游产业将进入高速发展的快车道。

（二）我国已开发的体育旅游项目

1. 滨海体育旅游

滨海体育旅游是滨海旅游的重要内容，也是体育旅游的重要分支。我国拥有近300万平方千米的海域与3.2万千米长的海岸线以及6 500多个岛屿，滨海资源极其丰富。20世纪80年代，我国滨海旅游业开始蓬勃发展，1990年滨海旅游者达620余万人次。进入21世纪，人们对于滨海旅游的需求日益增加，旅游内容也从简单的体验阳光、海洋、沙滩向度假、运动、理疗等多种形式转变，这些都促使海洋旅游资源的开发规模不断扩大，不少沿海城市加大了对休闲体育项目的开发，推出冲浪、帆船、潜水、水橇、快艇、高空跳伞、伞翼滑翔等参与性强的娱乐项目，滨海体育旅游也日渐成为人们出行的首选之一。

海南是我国管辖海洋面积最大的省份，有长达1 527千米的海岸线，这里优越的地理条件和资源环境为开发滨海体育旅游市场奠定了较好的基础。海南省依托丰富多样的旅游资源，已开发了大小不同的数百种滨海体育旅游项目。海口市在2010年、2011年、2012年连续举办了三届全国体育旅游博览会，不仅促进了海南省滨海体育旅游的发展，更成为我国向世界展示体育旅游发展的重要平台。此外，近年来，海南省还成功地举办了各类知名且具有影响力的国际体育赛事，如国际冲浪比赛、世界顶级高尔夫球赛、环海南岛国际公路自行车赛等，知名赛事的举办，不但提升了海南省的国际知名度，也吸引了国内外众多的体育爱好者到海南来观赛、旅游。

山东省地处渤海和黄海之滨，海岸线长达3 121千米，位居全国第四，拥有包括东营、滨州、潍坊、烟台、威海、青岛、日照在内的7个滨海城市，体育旅游资源丰富。2008年青岛成功举办了北京奥运会帆船赛，赢得了"帆船之都"的美誉，为青岛的滨海体育旅游奠定了良好的基础。克利伯环球帆船赛、国际极限帆船系列赛、世界杯帆船赛等国际高端赛事的成功引进和举办，为青岛市体育产业、旅游、文化发展带来了新的契机。2015年，世界休闲体育大会在青岛举办，大会期间，共举办了17个项目吸引了2.7万名选手，现场观看比赛人数超过7万多人次。有来自90多个国家和地区的975名国外运动员参与，累计参与各项赛事的总人数超过9.6万人。青岛在不断地形成体育休闲旅游产业聚集带，并打造"中国北方海上休闲体育旅游中心"。

除此之外，我国还拥有广东、厦门、浙江等海洋大省市，滨海旅游资源种类繁多。全国共有滨海景点2 000多处、海洋沙滩100多处，滨海旅游市场近些年呈现快速增长的趋势。2016年，为落实《全民健身计划（2016—2020）》，国家体育总局联合九部委印发了《水上运动产业发展规划》，为发展水上运动产业、带动健身、休闲、娱乐等相关产业的发展具有重要的意义。

2. 冰雪体育旅游

史料记载，我国的阿勒泰地区是世界滑雪运动的发源地之一。我国古书中也曾对滑雪有过多次记述，如"木马形如弹弓，长四尺阔五寸，一左一右系于两足"等。我国真正意义上的冰雪体育旅游起步较晚，1985年，哈尔滨市创办首届冰雪节，标志着我国冰雪旅游正式拉开序幕。

我国幅员辽阔，冰雪旅游资源也非常丰富，尤其是在东北、华北和西北地区。从地域上来看，我国东北地区冰雪体育旅游优势较为明显，哈尔滨、长春、沈阳、吉林、牡丹江、伊春等地都是比较具有吸引力的冰雪旅游城市。

黑龙江省是我国纬度最高的省份，独特的地理优势使黑龙江省成为游客向往的冰雪世界。作为我国开展冰雪运动最早的地区之一，黑龙江省的冰雪体育旅游配套设施较为完善，几乎所有的雪场都配备多种型号的雪具、雪服等，并且大部分雪场都集餐饮、住宿、娱乐为一体，可以充分满足游客的需求。

同黑龙江省相比，吉林省地处北半球中纬度地区，冬季雪期时间长，全年积雪日在140~180天，长白山地区积雪日更是长达近200天，并且雪质较好、温度更适宜。此外，吉林省的雾凇是我国四大自然奇观之一，长白山更是中国十大名山之一。吉林省还拥有丰富的湖泊资源，形成了众多的天然冰场，有着广泛的群众基础。

此外，内蒙古的草原冰雪和大漠冰雪加上蒙古族文化风情，使其冰雪旅游独具特色。新疆冬季很长，冰雪资源丰富，发展国际冰雪旅游拥有得天独厚的条件。京、津、冀地区以冬奥会为契机，整合了冰雪旅游资源，与体育、娱乐、休闲相结合，共建京北生态冰雪旅游圈。目前，北京市共拥有23家滑雪场。

21世纪以来，随着国民收入的增加，滑雪运动从"贵族运动"走入大众的生活中。特别是随着北京携手张家口成功获得2022年冬季奥运会的举办权，北京、河北地区的冰雪运动得到了快速发展。《中国滑雪产业白皮书》数据显示：2015年全国参加滑雪的总人次已高达1250万名，其中多家雪场的客人数超过20万。2016年11月，国家体育总局、国家发展和改革委员会、教育部及国家旅游局联合印发了《冰雪运动发展规划（2016—2025年）》和《全国冰雪场地设施建设规划（2016—2022年）》等多部政策性文件。作为一项新兴的旅游度假产品，冰雪体育旅游越来越受到人们的关注，并在我国体育旅游市场中的地位日渐凸显。目前，我国冰雪体育旅游已经形成了以东北为首，内蒙古、新疆、京津冀、四川等地全国性发展的态势。并且，随着我国获得2022年冬季奥运会主办资格，将带动3亿人参与到冰雪运动中来，我国冰雪体育旅游将迎来重大的发展机遇。

3. 山地户外体育旅游

山地户外体育旅游与户外运动几乎是同时发展起来的，真正意义上的户外运动诞生于19世纪中后期，起源于登山运动。20世纪50年代至90年代是我国山地户外运动的探索和学习阶段，1957年6月，我国第一支国家级登山队——中华全国总工会登山队登上了四川西部海拔7556米的贡嘎山顶峰，这也是我国登山运动员第一次独立组队进行的登山活动。到了20世纪90年代，大规模的民间户外运动涌现，1995年，一些大学生开始相继组建登山队，到2001年，以登山、攀岩、野营、远足为主体的大众户外俱乐部已经发展到150多家。而到了2005年，仅北京市各类型户外俱乐部就达到100余家。2005年4月，山地户外运动被正式设立为我国正式开展的体育项目，隶属于登山项目下属分项。

如今，登山、攀岩、徒步、溪降、漂流、野外生存、拓展运动等一系列惊险、刺激、张扬个性的山地户外运动越来越被国人所接受，并逐渐由少数爱好者参与向着大众化体育旅游的方式转变。但就目前而言，山地户外运动在我国的发展还处于初级阶段。目前，我国开展的山地户外体育旅游地区以西部地区为主，特别是贵州省山地民族特色体育资源富集，山地和丘陵面积占全省总面积的92.5%，峰林、峡谷、天坑、石林、溶洞遍布，全年有300~330天可进行户外体育休闲运动，并且拥有紫云格凸河国际攀岩节、遵义海龙屯国际户外运动挑战赛、贵阳和六盘水国际马拉松赛、梵净山国际公路自行车赛等众多品牌赛事。在2016年"中国旅游产业博览会——体旅融合发展高峰论坛"上发布了《2016年体育旅游参与现状调查报告》，报告显示，目前的体育旅游项目中，山地户外运动类最受欢迎，占总数的43.57%，而登山、徒步、露营是人们尤其热衷参与的项目。由此可见，虽然山地户外体育旅游在我国的发展还处于初级阶段，但丰富的自然资源以及广泛的群众基础，将使我国山地户外体育旅游市场蓬勃发展。

4. 航空体育旅游

航空体育旅游是为了达到愉悦、探险、求知、学习、休闲、放松等目的，以航空器及相关设施（如机场、产业基地、航空制造车间等）为载体，开展空中飞行和地面参观娱乐相结合的新型体育旅游形式。主要类型包括：以通用航空为手段的低空观光体育旅游，以机场为旅游地的航空观光体育旅游，以航空体育器材或民用航空器为载体的休闲、探险、表演、竞赛、训练等航空体育运动项目。

目前，全球多个国家的航空体育旅游都比较发达，但在我国尚属一项新兴运动。2016年，国务院办公厅印发了《关于促进通用航空业发展的指导意见》，首次明确低空开放提至3 000米，这为"体育旅游产业"和"低空领域"的结合提供了契机，未来必将成为市场关注的焦点：一方面，在通用航空领域，低空开放意味着包括私人飞行、公务飞行、旅游、海洋开发等在内的低空飞行应用市场将逐步打开。另一方面，航空体育旅游作为新型体育消费，未来市场空间巨大。

目前，我国已开始关注航空体育旅游的发展，2016年，首届航空体育旅游节在江苏召开，为期三个月的体育旅游嘉年华通过观光表演、体验互动等形式，打造了观赏性、体验性、实用性和趣味性于一体的体育旅游新形态。航空体育旅游也成为某些景区提升旅游品质的有效手段，例如海南省拥有优良的生态环境和独特的自然资源，为了提高当地旅游层次和可持续性，海南率先通过发展航空体育来带动航空旅游，在2011年成功举办了环海南飞行拉力赛,在国际旅游岛上贴上了"航空体育岛"的亮丽标签,极大提升了旅游岛的品位和美丽,对优化旅游产品结构起到了重大的推动作用。

(三) 我国体育旅游的发展趋势

自 20 世纪 80 年代以来,体育旅游作为一种新的休闲方式逐渐走进人们的生活。我国幅员辽阔、民族众多,复杂的地理环境及多样的气候特征,为发展体育旅游业提供了优良的自然条件。2009 年,国家体育总局和国家旅游局联合发出了《促进中国体育旅游发展倡议书》,明确了联合推动体育旅游发展的意向,提出了要不断开创体育旅游部门合作的新局面,大力培养体育旅游消费热点,不断优化体育旅游消费环境和广泛营造体育旅游发展的社会氛围等倡议。政策的支持、社会的关注、民众的参与,使我国的旅游事业得到了快速发展。目前我国体育旅游的发展呈现出以下趋势:

1. 体育旅游产品供给的专业化、聚集化更加凸显

体育旅游是"大旅游"和"小旅游"的统一体。"大旅游"是指体育旅游作为旅游业的一个分支,其发展必需依附于旅游业,充分利用旅游业现有的营销平台、推广手段、管理模式去实现自身的发展。"小旅游"是指体育旅游业涵盖了吃、住、行、游、购、娱等旅游的 6 大要素,本身构成了一个完整的产业链。基于体育旅游的这一特点,未来的体育旅游产品,极可能出现两个趋势,分别是"由点到线"和"由点到面"。"由点到线"是指在未来的体育旅游发展中,体育旅游可能会以一个独立的旅游板块运营出现,清一色、专业化的"体育旅游线路产品"可能被一些体育迷、"驴友"热捧。"由点到面"是指体育旅游发展的聚集化,它是相对于目前单一的体育旅游景点源而言的。聚集化包括两层意思:一是产品聚集,二是区域聚集。

2. 体育旅游投资主体的社会化更加显著

目前,我国的体育旅游投资主要有三种形式,一是传统景区为增加游客而开发的体育项目(包括赛事);二是体育系统为增加收入而进行的资源开放;三是社会资本为实现资本扩张而进行的专门投资。其中,社会资本投资是体育旅游投资中最为活跃、最主要的部分。调查显示,无论是高端的游艇、高尔夫,还是相对大众的滑雪、漂流,甚至是民间民俗的"斗牛"、"斗狗",都有社会资本投入。可以说,体育旅游业是体育产业中吸引社会资本最为活跃的业态。随着体育运动的社会化加深,大众旅游时代的到来,只要对社会资本的引导到位、服务完善,海洋运动、航空运动、康体、滑雪、邮

轮、游艇、自驾车、露营、房车等新兴的中高端体育旅游产品在吸引社会投资中的前景应该非常广阔，也将有更多的社会资本投资体育旅游。

3. 体育旅游的国际化进一步加剧

据世界旅游组织预测，2015年中国将成为世界上第一大入境游接待国和第四大出境旅游客源国。入境过夜旅游者将达到1亿人次，国内旅游将达到28亿人次，人均出游2次，出境旅游将达到1亿人次，三大市场游客总量达30亿人次左右。基于这样的判断，未来我国的体育旅游市场将会更加活跃。随着入境游、出境游人数的增加和体育全球化的加深，国际体育旅游者必将增多。一方面，中国游客有了更加多样化的出境旅行选择，出境体育旅游逐渐受到热捧。如1995年世界杯十强赛期间，就有上千名球迷包机去吉隆坡为中国队加油助威。2000年悉尼奥运会期间也有1 000人通过中国国际旅行社去澳大利亚观看奥运会。在第22届冬季奥林匹克运动会举办期间，一批中国游客飞抵索契，亲赴赛场为我国奥运健儿加油助威，并游览索契独特的风光。另一方面是以到访中国，参与观看世界性的赛事、中国"特色化"的体育活动的入境者增多。其中，来华参加体育旅游的国外旅游者感兴趣的是原始的山林、沙漠和自然水域，他们大多热衷参加那些路途较远、目标明确、过程艰苦、对体能和意志要求较高的、挑战自我、挑战人类极限的惊险刺激性活动，如：登山、漂流、穿越、洞穴探险等，仅2016年到我国攀登珠穆朗玛峰的外国登山队就有十几支。此外，国外旅游者对武术等中国传统的体育项目也十分感兴趣。例如日本经常有武术研修团来华旅游，我国也经常举办各种国际性的武术交流大会。

 案例：体育旅游也疯狂

作为意大利的铁杆球迷，在上海一家跨国公司工作的陈曦一个月以前就已经跟公司请好了年假，6月15日已经飞赴法国巴黎，他要前往图卢兹，到现场观看6月17日晚意大利对瑞典的欧洲杯小组赛，23日他还将前往里尔，到现场观看意大利对爱尔兰的比赛。观赛之余他还将在巴黎、图卢兹、里尔这3个城市旅游。为了更好地一边旅游一边看比赛，陈曦选择了国内专门做体育旅游的一家旅行社为自己订制了这趟行程，虽然花费不菲，但内容丰富，行程合理，陈曦觉得还是物有所值。

2016年5月，国家体育总局和国家旅游局签署了《关于推进体育旅游融合发展的合作协议》，而欧洲杯无疑是一块重要的"实验田"。盛开体育联合法国驻华大使馆和法国旅游发展署推出了观赛签证，还简化了签证的申请材料清单。再加上盛开体育作为欧洲杯在中国区唯一的票务代理商，实现了从购票到现场观赛的一条龙式服务，为中国球迷大大节约了时间成本。

各大旅行社也借势欧洲杯，打造了很多欧洲杯观赛主题线路，众信旅游就推出了"法国十日游"这样的观赛类产品。法国具备得天独厚的优势，这里不仅有足球，还有美景、美食。本届欧洲杯预计在门票销售上能获得接近5亿欧元左右的收入，比上届欧洲杯又有了大幅提升，比赛数量增加只是一方面原因，更多是因为法国这个大市场对球迷具备更大的吸引力。

上海中元国际旅行社本来是一家做传统旅行业务的公司，2015年他们看到体育旅游未来的发展势头，从2015年下半年就开始转型，将公司的业务重心转到体育旅游这个市场，为此，公司增加了很多既理解旅游又对体育有兴趣的人才，专门成立了足球、网球、篮球等事业部，其中足球事业部是体育旅游板块中最大的一块业务。

上海中元国际旅行社足球事业部总监王俊超告诉记者，欧洲杯赛期间，去法国观赛的游客很多，他们一方面希望满足观看部分场次比赛的需求，一方面希望在法国旅行。由于每名游客各自看比赛的时间、场次和行程不同，一般都是提供个性化的订制服务，有小规模组团的形式，也有提供机票+酒店产品的。

事实上，除了上海中元国际旅行社，上海还有其他很多旅行社也都有针对欧洲杯的旅游产品，但更多的还是基于机票+酒店，或者是配合一些目的地服务的内容，并没有太多的针对体育的爱好和需求。王俊超认为专业的体育旅游应该是突出体育的特色，比如针对球迷的需求，他们会委托欧洲团队，为游客提供与当地球迷、球星和球队近距离接触的机会。

4月19日，阿里旅行跨界联合阿里体育，上线"体育爱旅行"频道，阿里旅行作为旅游平台，引入了阿里体育，一个是旅游平台，一个是专业的体育，如何玩出专业的体育旅游？

与一般的"赛事游＝门票＋酒店＋接送"标准产品不同，阿里旅行"体育爱旅行"频道的第一站就是2016年法国欧洲杯之旅，体现的是专业和资源。包括与欧洲杯主办方的官方合作关系、大量的优质票源、接待服务和透明的官方球衣纪念品销售等。

在这次跨界合作中，阿里旅行提供了在线旅游平台的很多便利，包括品牌影响、流量入口、平台服务、支付便利、安全保障等，阿里体育方面，则提供了专业的体育赛事挑选、当地活动策划组织、体育IP和名人运用等。

作为双方首次的联名出品，阿里旅行的欧洲杯游第一期推出小组赛和半决赛的半自由行产品。由于阿里体育与本届欧洲杯主办方签署有官方合作协议，因此能保证充分的优选座位的赛事门票，并且在整体价格上远低于一般加价倒卖的旅行社或在线旅游平台。同时，不同于大量"黄牛"，阿里体育能保证为中国球迷无缝对接原汁原味的官方观赛服务和官方球衣及纪念品销售。

阿里旅行副总裁周正表示："由于阿里体育在体育领域的专业深耕，因此阿里旅行上的欧洲游产品，在简单的赛事—酒店两点一线基础上，还为消费者提供了足球主题活动，让中国球迷真正融入法国当地，融入欧洲杯，与法国以及来自全世界的球迷共同享受这次精彩的比赛。"

据透露，除了啤酒、烧烤这些球迷聚会标配，阿里体育还准备为中国球迷们请来法国前国足等大咖一起狂欢。另一方面，阿里旅行平台上提供了法国各类景点的门票、租车等海量品类供应，消费者还可以根据出行实际情况，发挥创造力，以欧洲杯游为核心，自由设计搭配出自己的个性化行程。

随着人们强身健体意识的增强以及对体育赛事热情的高涨，体育旅游市场正在逐年扩大。体育结合旅游的形式，成为民众喜爱的休闲方式。体育是发展旅游业的重要资源，旅游是推进体育产业的重要载体。近些年，不少中国游客不惜花费万元出国观赛，体育旅游市场增长迅猛，而除了体育观赛，参与度高的健身类出游也愈发受到游客的喜爱。虽然体育旅游发展迅速,但要想在激烈的市场竞争中赢得优势,还需要注重体育旅游的服务体系的完善和服务质量的提高、深化改革创新,激发群众的参与热情,从而推动体育旅游业健康、稳定发展。

4. 营销方式网络化初显端倪

当前,我国的体育旅游营销,虽然仍以旅行社为主,甚至在短期内其地位难以撼动,但是多数体育旅游目的地已建有自己的网络。研究表明,无论男女、不管城乡,绝大部分体育旅游者均倾向于不经由旅行社安排出游。因此,从长远来看,旅行社的地位必将弱化,这不仅是由网络环境下旅行社的生存现实所决定,更是由体育旅游自身的特殊性所决定。这种特殊性主要表现在两个方面,一是体育旅游中的相当一部分内容是由共同的体育爱好者自发实现的:自发组团、网络联系、自助出游是其基本的运行方式。二是体育旅游的停留时间通常较长。一个体育旅游者只要产品可以实现网查网购、交通可以实现自主自选、组团可以实现网络自发、食宿可以实现网络预订,就完全能够自主自便地安排自己个性化旅行方案。因此,未来的体育旅游营销,不仅会出现供需双方网络的直接对点营销,而且建立类似全球旅馆在线(World Hotel Line)的体育旅游的网络营销、集散中心亦在期待之中。

5. 体育旅游运营方式的一体化日趋明显

区域旅游一体化是当前旅游业发展的一个重要特征和主要趋势。一体化的基础设施、一体化的环境与保护管理、一体化管理制度、一体化的服务标准、一体化的宣传包装,是实现资源共享、形成品牌效应、增强竞争力的有效途径。目前,虽然处于成长中的体育旅游业还没有在政府机构、旅游政策层面纳入区域一体化的合作范畴,但是体育旅游在区域旅游一体化中的作用已显著地表现出来。随着体育旅游在区域旅游一体化中的"辐射效应"全面凸显,体育旅游的区域一体化必将受到政府、旅游部门的关注。伴随着体育旅游业的日益活跃,一体化运营将成为不断增多的体育旅游企业的必然选择和做大、做强的客观需求。

第三节 体育旅游途径与服务

一、我国体育旅游的发展途径

（一）我国体育旅游的基本情况

1. 体育旅游在社会经济中价值初步显现

根据对湖南、浙江、广西、江西、宁夏、北京、内蒙古、安徽8个省、自治区、直辖市的不完全统计，共有体育旅游的相关从业机构7 224家，创造各种就业岗位112万余个，营业收入约90亿元，实现利润超过19亿元。体育旅游带动宾馆、交通、餐饮等服务业收入200多亿元，带动直接就业人数3万人，间接就业20多万人。体育旅游为丰富旅游产品，服务社会经济起到了积极的促进作用。

2. 体育旅游产品体系日趋多样化

随着体育旅游的逐步兴起，以观赏性和参与性为主的体育旅游产品体系开始形成。体育观赏游主要包括大型体育赛事、体育表演、体育景观等产品形态。以体育赛事游为例，2010年我国举办的各种国际性体育赛事就有224项。F1与奥运会、世界杯并称为"世界三大体育赛事"，自2004年F1大奖赛落户上海，每年F1中国站三天的观众人数均超过10万人次，其中不乏大量境外观众。参与性体育旅游是我国最普遍的体育旅游产品，在不同地区、不同省份具有不同的产品分布，如东北的冰雪项目、海南等地的水上运动项目、贵州等地的山地户外项目、川藏的登山运动项目等。

3. 初步形成专兼结合的营销渠道

近年来，随着体育旅游人数的不断增多，一些大型旅行社，纷纷设立了专门的体育旅行社。部分体育经纪公司亦把体育旅游纳入业务范围。一些体育旅游的景区景点、赛事，成为各个旅游中介企业竞相争取的"香饽饽"。如贵州南江大峡谷漂流，有100多家旅行社与其签订合作合同。黑龙江亚布力的滑雪场，85%的游客均是由旅行社招徕。目前，在旅行社层面，初步形成了专、兼相结合的体育旅游营销渠道。

4. 加快发展体育旅游成为各级政府的共识

在国务院《关于加快发展旅游业的意见》以及国务院办公厅《关于加快发展体育产业的指导意见》中，提出了要大力发展体育旅游业。相关政策的出台，实现了"十二五"时期我国体育旅游产业的快速发展，使我国进入休闲社会的步伐大大加快。"十三五"期间，国务院又先后颁布了《全民健身计划（2016—2020）》《关于加快发展体育产业 促进体育消费的若干意见》《关于加快发展健身休闲产业的指导意见》《"十三五"旅游业发展规划》等相关政策文件，明确指出了大力发展体育旅游的目标，这也将进一步推动我国体育旅游业的蓬勃发展。

（二）我国体育旅游发展中存在的问题

1. 体育旅游专业人才匮乏

在我国体育旅游快速发展的同时，发展中的矛盾也逐渐凸现出来。首先就是体育旅游专业人才的匮乏，制约了体育旅游业的发展。目前我国的教育水平和人口素质还不能适应大力开发体育旅游目标的要求。专业人才的缺乏，一方面表现在服务能力和质量上不能满足消费者的需求，另一方面，体育旅游理论知识滞后，使发展空间受到制约。

2. 发展过程中的"政策缺位"

我国体育旅游产业发展处于社会主义市场经济体制背景下，因此必须强调政府主导，政府在发展体育旅游产业过程中应在战略整体规划、经济关系协调、政策指导、社会协调、信息引导、规范市场秩序、基础设施与服务供给、推进市场促销、提升产业素质等方面发挥作用。我国目前虽然相继出台了相关政策文件，但相对于快速爆发式增长的体育旅游现实而言，相关的保障措施和政策还较为欠缺，对于体育旅游产业依然属于粗放式管理。

3. 发展过程中的"市场失灵"

处于市场竞争的社会现实，我国体育旅游市场出现了许多经营体育旅游项目的企业会因为局部利益出现破坏生态环境等现象。有的为了成本回收，对体育旅游产品进行模仿抄袭，使体育旅游产品出现同质化、低级化的现象。另外，我国体育旅游产业发展中所面临的经营管理人才匮乏、经营思想观念落后、融资借贷难等问题，都说明目前我国的体育旅游市场机制存在失灵现象。

除以上问题之外，我国体育旅游业发展中还存在缺乏有效的政府引导和多部门协管机制、体育旅游设施严重不足、体育旅游资源布局失衡、体育旅游宣传薄弱等方面的问题。

（三）我国体育旅游的发展途径

1. 实施政府主导型体育旅游发展战略

体育旅游产业的发展必须遵从市场经济规律，走市场化道路。但在社会主义市场经济发展初期，为推动我国体育旅游产业顺利、健康的发展，在未来的一段时间内，仍应坚持政府主导的发展战略，由政府对企业进行宏观调控，具体体现在以下三个方面：

（1）健全体育旅游市场体系

体育旅游作为一项新兴产业，要解决自身在发展初期所面临的问题，使市场体系逐步完备，仍离不开政府及相关部门的政策导向。此外，为推动体育旅游市场主体的成熟和壮大，政府要建立现代企业制度，通过股份制的改造实现企业转型和现代企业制度的构建。

（2）加强体育旅游规划

制定全国性的体育旅游发展专项规划，根据不同省、市、自治区的地域特点，有重点、分类别、重特色地打造一批体育旅游示范项目。整合我国体育旅游资源，形成中国品牌，合理配置体育旅游设施，减少资源浪费。

（3）强化市场规范管理

加强体育旅游法制建设，建立健全体育旅游市场法律法规，建立敬业、专业的执法队伍，文明、高效执法，健全环境监督管理机构和检查治理机制，对体育旅游企业中破坏环境、欺诈体育旅游消费者等行为予以规范和治理。

2. 多样化模式发展体育旅游产业

政府主导型体育旅游发展战略的实质是在发展体育旅游产业的过程中，合理、有效地发挥政府职能，除此之外，为了更好地发挥市场作用，我国体育旅游应选择多样化模式，以适应市场竞争的需要，从而促进体育旅游业的快速发展。

（1）体育旅游产业集群发展模式

体育旅游产业集群具有共同基础设施服务的外部经济效应，规模经济效应，带动其他相关产业发展的关联效应，能降低运营成本，刺激企业在技术、服务、产品、经营等方面创新，有益于塑造整个区域体育旅游产业的整体形象，形成区域性销售优势和品牌优势。如我国目前已经出现的海南高尔夫、东北滑雪产业集群雏形。

（2）区域体育旅游发展模式

区域体育旅游合作具体可以分为两种发展模式。一是核心—边缘圈发展模式，例如上海在建设"健康城市"的目标下，构筑工作日、双休日、长假三个都市体育生活圈，使居民出门有普及型健身设施，利用交通工具15分钟可到达运用综合性体育设施，30分钟可到达运用环城林带或体育主题公园等自然体育设施。

二是点—轴—圈发展模式，通过以城市为中心的体育旅游地空间扩展，带动体育旅游点的增多和规模的扩大，最后向整个腹地呈圈层式扩展，如"京、津、唐体育圈"等。

（3）多产业协同发展模式

当前，我国社会正积极构建和谐社会倡导循环经济，体育旅游业也应进行生产方式创新，实施自然、经济、文化协同发展模式。城市体育旅游应以促进城市品牌塑造、推动城市经营为目标，少数民族体育旅游应以促进少数民族地区经济脱贫为目标。一方面促使体育旅游能完整地展现区域民族文化和个性，使区域内的民族产生自豪感，另一方面又要通过体育旅游对区域有形、无形的体育文化资源进行保护，并将保护融于开发之中。

（4）知识经济型发展模式

当前体育旅游产业发展已经进入软要素驱动的阶段，产业发展必须注重知识、创意等软要素的重大作用，因而体育旅游产业必须进行发展创新，形成知识经济型发展模式。在理论方面应考虑到体育旅游产业发展的理论滞后与缺失现状，在实践方面重视创新与创意的作用。

此外，为了有效地实施国际化战略，需要考虑国际体育旅游市场的发展动向，了解国际体育旅游者的消费偏好，加强对国际体育旅游市场及产品开发的研究，加强产品开发的国际化合作、体育旅游产品的国际化合作与营销，将中国体育旅游融入国际市场。

二、体育旅游服务

体育旅游是一个服务性较强的行业，从旅游产品的总体来看，其价值并不仅是物质化的消费，还在于为体育旅游者提供满足其需求的服务。体育旅

第三节 体育旅游途径与服务

游是一个全面感受的复杂过程,服务内容也包括很多方面,其中旅行社、食宿、交通是最直接的服务内容。

(一)体育旅游服务体系

体育旅游服务体系是支撑体育旅游产业健康发展的一系列服务的综合,是体育旅游供给方(包括政府、企业和第三方供给)和体育旅游需求方(体育旅游者)通过相互联系、相互作用而形成的整体。构建体育旅游服务体系有助于体育旅游产业的发展。体育旅游服务体系主要包括政府供给、企业供给和第三方供给三个方面。

1. 政府供给

政府是目前我国体育旅游服务体系中重要的供给主体。政府供给要素不仅包含针对体育旅游产业发展的政府政策,还包括政府供给的体育旅游基础设施服务和旅游公共信息服务。其中,政府政策不仅包括体育旅游产业政策和经济政策,还包括环保政策,而且体育旅游环保政策在当前环境下越来越重要。政府政策这一要素为体育旅游产业发展创造了宏观的制度环境,对体育旅游产业的发展起着至关重要的作用,是激发和释放旅游产业能量的催化剂。

2. 企业供给

体育旅游产业是一个围绕体育旅游活动所涉及的食、住、游、购、娱等提供一系列服务的产业系统。相关企业提供交通、住宿、餐饮、娱乐、购物等基本服务,辅助企业提供票务预订服务、酒店预订服务、场地预订服务等辅助服务。体育旅游产业体系涉及与体育旅游业相关的不同行业和领域,体育旅游与不同类型的相关产业相互融合,形成功能完善的综合服务支撑体系。

3. 第三方供给

第三方供给是除政府供给、与旅游六大要素相关的企业供给之外的其他企业和社会组织供给,第三方供给体育旅游服务涉及文化、体育、金融、教育和商业等,还包括社会服务机构和团体的供给。第三方供给所提供的体育旅游服务可以弥补政府和市场供给的不足。

社会组织和团体所提供的社会大环境对体育旅游服务的优化作用体现在以下几方面:(1)与体育旅游非直接相关的企业对体育旅游产业的作用越来越明显。如金融、教育等行业。(2)政府的政策和方针起着普遍性和基础性的作用，社会团体和组织所提供的体育旅游服务可弥补政府服务对旅游相关企业的不足，并将服务进一步细化，有利于体育旅游产业和体育旅游服务的创新，有效满足游客差异化、个性化的需求，为有特殊需求的顾客提供定制化服务。(3) 社会团体和组织对政府部门和企业所提供的体育旅游服务具有监督和制约作用，第三方供给的服务是构成体育旅游服务体系的辅助体系。我国目前的社会组织发展较缓慢，数量和结构不均衡，特别是针对体育旅游服务的组织少之又少，组织结构不完善，标准化程度较低，没有形成一定的规模，对政府的依赖程度较高，没有独立的发言权，对市场的补充作用不明显。

（二）我国体育旅游服务的发展策略

服务水平在很大程度上决定了体育旅游产业的发展，在我国体育旅游产业全面发展的今天，如何为体育旅游者提供更周到、更便捷的服务，对促进体育旅游产业可持续发展具有重要意义。

1. 构建体育旅游公共服务体系

构建体育旅游公共服务体系是为了满足人们日益增长的体育旅游需求。体育旅游公共服务体系具有鲜明的时代特征需求，提供了供给、改善和满足人们体育旅游需求的运行和保障机制。体育旅游公共服务体系在我国还处于起步阶段，其概念界定还不明确，但目前逐渐兴起的体育旅游热潮，已对构建体育旅游服务公共体系建设提出了较高的要求。各级政府应运用公共权力，灵活采用多种动力机制，联合市场、企业和社会非营利组织共同为国民提供体育旅游服务，实现体育旅游公共服务体系构建的可持续发展。

2. 重视对体育旅游专业人才的培养

体育旅游业的蓬勃发展凸显了体育旅游人才的匮乏，体育旅游人才需求的迫切性，显示了人才培养对于体育旅游产业发展的重大意义。高素质的体育旅游专业人才将成为体育旅游业发展的前提和支柱，是提高体育旅游服务质量的重要保障。体育旅游需要的是复合型人才，要求其掌握多门学科及多种技能。目前，我国体育旅游专业人才相对匮乏，体育旅游从业者专业理论不强，实践技能不足，这也成为影响体育服务质量的重要问题。对体育旅游人才的培养，需要各级政府和学校、企业的共同努力。对现有的体育旅游从业者要进行再培训，同时培养一批理论知识强、实践水平高的体育旅游专业人才。

3. 规范体育旅游市场，提升服务水平

各级政府主管部门应正确认识本部门职能，各司其职，在新《旅游法》颁布实施的大背景下，加强旅游市场的依法监督，对违法和违规行为进行惩治和处罚，从源头治理旅游市场；强化体育旅游市场的监管，如对体育旅游基本设施的维护、对体育旅游生态环境的保护等，积极采取各种方法和措施保障游客人身、财产安全，稳定体育旅游市场秩序；定期进行旅游从业人员职业技能的培训和考核，提高从业人员的知识技能水平，提升从业人员的整体服务质量。

复习思考题

1. 体育旅游的含义是什么？有什么特点？
2. 体育旅游活动的产生共分为几个时期？
3. 我国体育旅游虽然开展较晚，但发展速度较快，为适应快速发展的体育旅游业，我国还需要在哪些方面做好准备？
4. 查找资料，谈谈我国冰雪体育旅游的优势和制约因素。

本章参考文献

[1] 柳伯力. 体育旅游概论 [M]. 北京：人民体育出版社，2013.

[2] 陶宇平. 体育旅游学概论 [M]. 北京：人民体育出版社，2011.

[3] 陆邦慧. 体育旅游的现状调查与对策研究 [M]. 北京：中国文史出版社，2014.

[4] 马勇，李玺. 旅游规划与开发 [M]. 北京：高等教育出版社，2010.

[5] 鲍明晓，赵承磊，饶远等. 我国体育旅游业发展的现状、趋势和对策 [J]. 体育科研，2011（6）：9.

[6] 孙一. 吉林省冰雪旅游产业发展探究 [J]. 体育科学，2011，31（6）.

[7] 刘晓明. 产业融合视域下我国体育旅游产业的发展研究 [J]. 经济地理，2014，34（5）：187~192.

[8] 程蕉. 体育旅游分类的中外比较研究 [J]. 体育科学研究，2014，

18(1): 23~30.

[9] 胡冬临. 我国体育旅游资源开发分析 [J]. 体育文化导刊, 2014 (11).

[10] 肖秀显, 陈华胜. 体育旅游资源开发的要素分析——基于大众视角 [J]. 沈阳体育学院学报, 2015, 34 (4): 74~79.

第八章 休闲体育服务

>>> **本章导语** >>>

休闲体育服务是为满足人们追求运动、健康、参与、快乐等方面的需求所提供的服务内容的总称。本章从休闲体育服务的供给主体和供给途径（政府、社会、市场）两方面阐述了休闲体育服务的内容。从消费层次、服务领域和服务空间的视角，以体育主题公园、高尔夫球俱乐部、体育健身俱乐部、家庭休闲服务、社区休闲服务、户外休闲服务以及航空休闲服务为载体，介绍了休闲体育服务的不同形式和方式、方法，并结合案例分析了休闲体育服务中应注意的问题。

>>> **学习目标** >>>

熟练掌握休闲体育服务及休闲服务组织的内涵及内容；了解不同领域休闲体育服务具体途径及方式方法；能针对休闲体育服务的具体案例进行案例剖析并阐明观点。

案例导入

国家《"十三五"规划纲要》提出"建设健康中国"的发展目标，体现了党和政府对提高人民健康水平的高度重视，休闲体育以其特有的形式、内容和功能在"健康中国"建设中发挥着不可替代的重要作用，是实现中华民族伟大复兴中国梦的健康基础。"健康中国"建设为增强人民体质、提升人民生活品质、助力经济转型升级开辟了新的发展空间，也给休闲体育带来了前所未有的发展机遇和严峻挑战。第六次全国体育场地普查结果显示，截至2013年12月31日，全国共有体育场地169.46万个，平均每万人拥有体育场地12.45个。全国新建全民健身路径器械330.03万件，登山步道0.12万条，城市健身步道0.97万条，户外活动营地0.09万个，为全民参与休闲体育奠定了坚实的场地设施条件基础，但仍不能完全满足人们日益增长的休闲体育服务的需求。《2014年全民健身活动状况调查公报》显示：2014年全国经常参加体育锻炼的人数比例达到了33.9%，对场地设施及服务的需求进一步提升。此外，截至2014年年底，我国60岁及以上的老年人口总数达2.12亿，占总人口比重已达15.5%，带来了养老、医疗等一系列公共服务问题，休闲体育的场地设施建设、健身指导等各种服务如何适应我国人口老龄化这一发展现实状况，同样是休闲体育发展必须适应社会发展的客观需要。

第一节 休闲体育服务概述

人们参与休闲体育活动离不开场地、设施、技术指导或服务等前提条件。随着社会经济的迅猛发展，人们的生活质量显著提高，对体育保健、休闲娱乐、体育旅游的需求不断高涨，休闲体育服务的重要性逐渐凸显，并拥有广阔的发展前景和旺盛的生命力。

一、休闲体育服务概述

（一）服务的含义和特征

1960年美国市场营销协会（AIVA）认为，服务是一种经济活动，是消费者从有偿活动或所购买的相关商品中得到的利益和满足感。从贸易属性来看，服务是个人或社会组织为消费者直接或凭借某种工具、设备、设施和媒体等所做的工作及进行的一种经济活动，是向消费者个人或企业提供的，旨在满足对方某种特定需求的一种活动，其生产可能与物质产品有关，也可能无关，是对其他经济单位的个人、商品或服务的增加价值，并主要以活动形式表现的使用价值或效用。从整体的附加值视角看，服务是为客户提供价值的一种手段，使客户不用承担额外的成本和风险就可获得所期望的结果。尽管依据不同的视角对服务的认识不同，但是都强调服务的无形性及生产和消费的同时性。要准确把握服务的含义，必须了解服务的无形性、同时性、异质性和易逝性四大特点，这也是服务产品区别与商品的差别所在。

（二）休闲体育服务的含义及内容

休闲体育服务是为人们休闲体育活动营造场景、提供便利与帮助的各种行为与活动的服务形式和内容的总称。提供休闲服务的组织便是休闲服务组织。

从生产过程看，休闲体育服务是休闲体育组织将其体育场地空间设施、器材用品及服务转化为服务产品的过程。体育场地空间设施、器材用品等有形服务资源既是构造和营造服务场景的道具，又是进行服务转化的资源物质。

从消费过程看，顾客置身于特定的场景之中，自始至终与休闲服务机构的有形服务资源进行广泛的接触与体验，顾客接受的服务经历是对休闲体育服务过程与结果的消费。

休闲体育服务产品是一种有别于物质形态商品的产品，与商品和服务的差异是：它既有一般服务产品的共性特征，又有其自身的个性特征。休闲体育服务内容可分为休闲体育旅游服务、信息咨询与指导服务、活动项目策划与技能培训、康乐保障服务。

服务组织通过转化服务资源生产服务，顾客消费的不仅仅是服务结果，还会体验服务的过程，这充分说明服务是一个整体。在不同的经济时代，休闲体育服务的消费方式也不相同，针对顾客需求，提供顾客满意的休闲体育服务，是每个休闲体育服务组织的责任与使命。

（三）休闲体育服务业

休闲体育服务业是指第三产业中那些供给休闲体育服务的产业或部门的

总称，是体育产业的一个重要组成部分。作为我国大众体育的主要活动形式与健康休闲方式的休闲体育是"产业"和"事业"的复合体。

休闲体育服务的事业属性就是面向全社会，以满足全社会公共需要为基本目标的，直接或间接为国民经济和社会生活提供服务或创造条件，不以盈利为目的社会活动。具有公共性、非营利性和资源的供给性等特点。其产业属性是指为了满足人们娱乐、休闲、健身、审美、交际等享受与发展的需要而生产的特殊产品，是提供场地、环境、服务或组织活动而获取利益的各种合法行业的总称。

休闲体育组织是指以开展休闲体育活动，提供休闲体育服务为主要目的，并根据一定的程序和规章行动的团体。休闲体育服务体系是指两个或两个以上同一类型或性质相近的，以开展休闲体育活动、提供休闲体育服务为主要目的的组织相互联系、相互交叉所形成的多层次、多功能的服务网络。

休闲体育组织多种多样，划分类型的方法众多，其中比较有代表性的分类方法是美国休闲学家杰弗瑞·戈比根据组织管理方式的不同，将休闲体育服务组织划分为政府、非营利性组织和商业性组织三大类。根据我国社会改革趋势以及组织财政来源和管理方式的不同，可将我国城市休闲体育服务组织分为：政府行政类、非营利性和企业三大类。

二、休闲体育服务类型

目前以休闲体育旅游、信息咨询与指导服务、活动项目策划与技能培训服务、康乐保健服务等为主的休闲体育服务内容，体现了休闲体育服务多层次、多角度的融合发展态势。

（一）活动项目策划与技能培训服务

休闲体育活动策划是休闲体育活动开展的保障。项目策划主要包括策划原则、策划程序以及策划书撰写三大部分。在实践中精心组织策划休闲体育活动的同时，还需要对休闲体育活动技能的培训加以重视，因为休闲体育活动内容丰富，形式多样，休闲体育技能培训涉及的领域非常广泛，开展休闲技能培养的机构既有休闲健身企业，又有休闲社会组织和民间组织以及院校。培训内容既有日常健身的球类、棋牌、舞蹈，又有野外生存、攀岩、露营、拓展等，还包括水上运动、冰雪运动、航空运动和特色运动领域，各休闲体育技能培训机构也开始向"专业化、精细化"方向发展，满足人们日益增长的多元化休闲技能需求，强调专业化、特色化的服务。

 案例：××山协无敌少年拓展培训计划

1. 培训对象：5岁以上的青少年

2. 培训形式：分组小班制教学，每班10人，实行月度考核，结业时颁发"无敌少年"达标证书。

3. 培训时间：除周一外的所有节假日时间，可预约。

4. 培训地点：宁夏山地运动协会"青少年素质拓展中心攀岩基地"

5. 培训目标

■ 增强自信心：面对岩壁能毅然向上攀登，使孩子接受一次又一次的挑战，不仅有乐趣与满足，而且使成就感伴随自信不断提升。

■ 加强协调性：喜欢攀岩的孩子往往身材结实匀称，动作优雅轻盈，体力胜过常人。

■ 提升专注力：在孩子手脚并用的攀爬过程中，留意攀爬路线上的每一个细节，避免失误与坠落。对于好动而不专心的孩子，攀岩是训练专注力的最佳运动项目。

■ 提高进取心：锤炼孩子的意志力、进取心以及自我超越的决心。

■ 提升承受挫折的能力：成功的鼓舞和失败的磨砺，这种心理历练在攀岩过程中会被放大；通过一次又一次未知结果的攀爬，能正确理解成功和失败，提高自信心和承受挫折的能力。

■ 提升沟通能力：通过参与训练和游戏，培养孩子与他人的沟通能力、与他人一起生活的能力，学会适应环境以求生存。

■ 培养良好的运动习惯，让参加体育锻炼成为孩子的生活常态，让优秀的孩子更优秀。

6. 初级培训科目

① 基础体育技巧（50分钟）：通过简易瑜伽操、蛙跳、一分钟跳绳、双人推小车、鸭子步、延迟平衡、单腿起立等多种热身游戏，让孩子掌握正确的基本运动姿态。

② 心理建设项目

■ 飞跃激流：模拟山崖峡谷攀爬至高空，利用绳索飞渡，克服孩子常见的恐高心理，并进一步完成其他拓展任务（可反复体验）。

③ 攀岩（60分钟）：
- 对攀岩基本器械的认识和使用；
- 攀岩手点、脚点抓踩的基本技巧；
- 抱石墙直壁横移练习；
- 对直壁岩壁的攀爬；
- 运用直梯的快速攀岩；
- 抱石墙挂点。

④ 绳结技术（10分钟）：旨在锻炼青少年大脑的空间想象能力和手指精细作业的能力，根据训练需要，学会4种"8"字结的打法，并能熟练使用。

⑤ 心理拓展（10分钟）：能够完成自我介绍、自我总结，现场发言不少于30秒（可反复练习）。

⑥ 团队项目（20分钟）：通过梅花桩、超级绑腿跑、拉手平衡木等多种团队拓展项目，建立孩子们"平和与包容、安全与责任、自助与助人、不抛弃和不放弃"的信念。

⑦ 完成下列升级考核内容
- 30秒内完成飞跃激流项目，进而完成攀爬高空大绳的5个绳节；
- 直壁岩壁攀爬，速度测试50秒，最少测试10个手点；
- 抱石墙挂点时间不低于4分钟；
- 能够完成自我介绍和自我总结，时间不低于30秒，要求落落大方、说话清晰、声音洪亮、语言连贯具有一定的逻辑性；
- 在60秒内熟练完成"8"字结打法；
- 在团队拓展项目中，能得到同伴及教练组的好评。

7. 备注

① "无敌少年"只要通过考核即可颁发协会专用证书，不论学习时间长短。

② 参加培训班的学员需自备攀岩鞋一双、粉袋一只，以上物品岩场有售。

××山地运动协会青少年素质拓展俱乐部　　2017年1月6日

（二）休闲体育活动保障服务

休闲体育活动的后勤保障系统包括接待、住宿、餐饮、迎送、交通、安全保卫以及供电、供水、医疗卫生、通讯、信息系统、气象保障等，贯穿于休闲体育活动的全过程，是休闲体育活动顺利进行的重要组成部分。

做好活动后勤保障工作，需要提前准备、精心谋划、强化责任到位，对每一个环节做到定责、定事、定岗、定人。

（1）提前制定会务保障方案。例如《活动后勤保障实施方案》《活动后勤保障实施细则》《活动后勤保障人员管理规定》《活动住房安排》《餐饮管理规定》《发车时间及行驶路线安排细则》《医疗保健应急预案》《食品卫生检疫方案》《接送站安排》《值班制度》《后勤保障组人员联系表》等。

（2）责任到人。把活动后勤保障任务的每一项工作、每一个环节、每一件事都落实到人，并要求所有活动服务人员树立责任意识、协作意识和服务意识，做到手勤、口勤、腿勤、脑勤，确保各项任务不压、不漏、不误，做到事事有人管，件件有着落。

（3）细化分工。在制定方案、落实责任的基础上，对各个环节、各个岗位的工作职责和要求进一步细化，做到分工明确、责任明确、标准明确，使服务人员明白自己在活动前期、中期、后期要干哪些工作、如何干、什么时间干完、达到什么标准、应急措施有哪些，从而保证服务工作忙而不乱。强化工作到位，狠抓各项活动保障措施的落实。活动期间，按照事先制定的服务保障方案，强化工作到位，狠抓落实，密切协调配合，各项服务始终体现"严、细、深、实、快"的要求。

（4）人性化服务。注重服务细节，要从服务对象的感受出发，在服务细节上下功夫。严格按照不同民族饮食习惯为活动人员安排膳食，悉心做好医疗保健工作，合理安排行车方案，营造温馨环境，加强资源利用的有效性，提高工作效率和质量。

活动后勤保障工作琐碎繁杂，头绪多，应从保障活动顺利开展的角度出发，精打细算、严格监管、协调配合、统筹安排。

案例

2016年夏季，某饭店室外游泳池突然接到客人的投诉信息，说有几个儿童在泳池内游泳后出现眼部不适，呼吸道有异样感等症状。调查后发现负责人员在给游泳池消毒时操作不当，致使消毒制剂使用过量。游泳池内弥漫着消毒剂的刺鼻味，较为敏感的儿童最先产生了反应。面对心疼和着急的家长，后勤保障中心负责人表示深深的歉意并愿意承担相应的赔偿责任。

××足浴技师在服务过程中提前10分钟结束服务，导致客户投诉并强烈要求给予五折优惠。

分析：保障服务的生产和消费是同步进行的，在生产的同时应保证产品的质量，同时服务保障也需要标准化。

××棋牌室顾客反映夜宵品种太单调。

分析：保障服务同其他服务一样具有差异性的特征，因此服务中应灵活应变，因人而异。在服务中要注意语言艺术，既能照顾到顾客的情绪，又能解决实际的问题。

（三）体育旅游服务

随着体育旅游的蓬勃发展，休闲体育旅游也迅速活跃起来。体育旅游从不同的角度可以分为不同的类型，按照体育旅游的组织形式和参与形式可以将其分为观赏型体育旅游和参与型体育旅游两大类。

观赏型体育旅游是指旅行者前往目的地以观看或欣赏体育活动及体育赛事为核心内容的旅游方式，具体来看包括观赏赛马、航空飞行特技、竞技体育赛事等。

参与型体育旅游是指前往旅游目的地，以参与各种体育赛事活动为目的而进行的旅游。具体包括：户外体育旅游（登山、徒步、漂流、马拉松、野外探险、滑冰、滑雪、滑沙、滑草等）以及部分民族体育项目（赛龙舟、武术、太极拳）等。

根据旅游消费结构理论，随着人们收入的不断增加，其消费等级将经历观光—商务/购物—文化/度假—体育消费的升级。当前，我国已经进入休闲度假体育消费需求的全面扩张时期，需求和收入的双重增长推动休闲体育旅游迅速发展。体育与休闲旅游的结合是国际消费潮流，无论是综合性的奥运会、洲际运动会、大运会，还是关注度高的足球、篮球、网球、赛车等，或是新兴的滑雪、蹦极、跳伞等户外运动，都已经演化成为人气高、吸金力强的体育旅游项目。面对体育旅游产业的良好发展前景，许多企业不断增加休闲体育旅游服务，例如中弘控股携手IMG，发力长白山冰雪体育旅游；凯撒旅游与瑞士旅游局签约推出"滑遍天下"的新品牌；智美集团推出首个垂直服务的体育旅游产品；万达以6.5亿美元的价格并购世界铁人，完善体育布局；青海省为激活体育旅游，走智慧旅游绿色发展道路。

目前以运动休闲和娱乐为主题的体育旅游服务产品已经成为"体育+旅游"等行业融合发展的新"蓝海"。依"体"促"旅"推出体育旅游精品项目，打造集山体、水系等自然景观相结合的攀岩、滑雪、滑冰、蹦极等运动，拓展体育旅游服务范围，打造体验型体育旅游项目。

"体""旅"融合完善体育旅游服务产业链，在"休闲体育+旅游"的基础上与文化、农业、水利等部门合作，培育复合型的体育旅游服务产品，才能将更多的旅游元素融入体育旅游业态，不断创新体育服务的新形态。

（四）信息咨询服务与指导

信息咨询是一种基于收集、加工、传递、有效利用和反馈各种信息的业务活动。我国休闲体育咨询与指导服务的发展与休闲体育活动的迅速发展密切相关，作为一个蓬勃发展的领域，休闲体育信息咨询与指导服务在20世纪初就已经具备了行业发展的基本要素。

首先，休闲时代的来临，休闲体育的迅速发展，使得休闲体育信息咨询与指导服务的需求增多，这也反映了我国经济社会发展中人民日益增长的消费需求导向。

其次，在政策环境和技术条件上出现了有利于休闲体育咨询与指导服务生长的空间。

再次，休闲体育信息咨询与指导具备了一定的物质基础和人力资源条件。

在咨询服务内容方面既可以有只提供某一特定领域服务的专业模式，如管理咨询公司、市场调查公司、技术指导公司等，也可以是提供多领域服务的综合型模式。除此之外，还可以有既提供咨询服务又提供信息服务的结合型模式。

专业型模式重点突出，易于系统深入地把握服务对象，有利于服务水平的不断提高；综合型模式则便于与相关领域的交叉融合，触类旁通，既减少了环节，又扩大了活动服务的空间。

从目前休闲体育服务行业的咨询与信息指导服务来看，已基本包括了休闲健身信息咨询、决策咨询、管理咨询、技术培训指导等较为全面的行业咨询体系。咨询方式包括：

直接服务模式：面对面的上门咨询、通过电话、传真、网络在线咨询等形式。

间接服务模式：出版专刊、研究报告等。

直观服务模式：通过举办或组织研讨会、新闻发布会、展览会等。

代理服务模式：办理各种具体事务。

休闲体育权威专家的参与和介入是休闲体育咨询业蓬勃发展的重要因素之一。服务功能的多元化是我国休闲体育信息与指导服务的发展方向。

三、休闲体育服务的政策支撑与市场调控

（一）政策支撑

政府对休闲体育服务供给的主要作用是政策制定、法律法规的调控及宏观管理等方面，大多扮演决策者和掌舵者的角色。美国联邦政府机构在休闲体育管理过程中具有明确的职责和工作内容，主要包括：

（1）充分利用绿地、河流、湖泊、山脉等自然资源进行大众休闲体育活动用途的远景设计和规划。

（2）联邦政府对下级政府（州政府和地方政府）进行直接财政扶持，这些扶持款项一般用于体育场地和设施的修建和开发。

（3）组织各地居民进行各种娱乐、健身、休闲、比赛等活动。

（4）制定相关休闲体育的法律法规，对社会体育组织给予指导和帮助，促进各组织之间的信息沟通与联络。

我国各级政府在政策制定和产业规划指导等方面为休闲体育发展创造了积极宽松的政策和制度环境。

2007年3月国务院下发《关于加快发展服务业的若干意见》，《意见》

中明确提出抓紧制定体育等行业服务标准,对新兴服务业、龙头企业、地方和行业协会先行制定行业标准。

2010年3月,《国务院办公厅关于加快发展体育产业的指导意见》中将协调推进体育产业与旅游等相关产业的互动发展纳入了加快发展体育产业的重点任务。

2014年10月,国务院《关于加快发展体育产业 促进体育消费的若干意见》(国发〔2014〕46号)中提出发展健身休闲项目,大力支持发展健身跑、健步走、骑自行车、水上运动、登山攀岩、射击射箭、马术、航空、极限运动等群众喜闻乐见和有发展空间的项目。

2016年10月,中共中央、国务院印发的《"健康中国2030"规划纲要》中明确指出:以普及健康生活、优化健康服务、完善健康保障、建设健康环境、发展健康产业为重点,把健康融入所有政策,加快转变健康领域的发展方式,全方位、全周期维护和保障人民健康,大幅提高健康水平,提供公平可及、系统连续的健康服务,实现更高水平的全民健康。

2016年10月,国务院办公厅《关于加快发展健身休闲产业的指导意见》(国办发〔2016〕77号,以下简称《意见》)中明确提出:健身休闲产业是体育产业的重要组成部分,是以体育运动为载体、以参与体验为主要形式、以促进身心健康为目的,向大众提供相关产品和服务的一系列经济活动,涵盖健身服务、设施建设、器材装备制造等业态。《意见》还在日常健身、户外运动、冰雪运动、山地户外运动、水上运动、汽车摩托车运动、航空运动、特色运动以及产业融合发展方面给予指导。

2016年11月,国家体育总局等23个部门联合发布《群众冬季运动推广普及计划(2016—2020年)》《冰雪运动发展规划(2016—2025年)》和《全国冰雪场地设施建设规划(2016—2022年)》,旨在为推动冬季群众体育运动的开展,夯实冬季运动群众基础,传播积极健康的生活方式,引领全民健身新时尚,实现"带动三亿人参与冰雪运动"的目标,推动冰雪运动的普及和发展,为成功举办2022年冬奥会提供方向的引领。

以上这些规划的颁布和实施为我国休闲体育服务的发展创造了良好的政策和制度环境。

(二)市场调控

市场供给是指在一定时期和条件下,在一定的市场范围内可提供给消费者的某种商品或劳务的总量。市场供给是休闲体育服务多元主体融入的重要表现形式，具有弥补传统供给效率低下和打破以往政府垄断的特性，以确保休闲体育服务资源最优化。休闲体育的市场供给方式有民营运作、契约外包、特许经营、政府补助等多种形式，角色扮演包括生产者—被采购者、生产者—合作者、购买者—提供者、提供者—生产者四种类型；可通过优化"多元导向"的治理结构、推进"市场导向"的PPP模式、创建"公民导向"的参与格局及完善"绩效导向"的利益机制等来实现。

世界著名的体育公司有国际管理集团（IMG）、盈方体育、八方环球、埃培智市场咨询公司、拉加德雷体育、世界体育集团等。其中IMG是全世界最大、业务范围最广和专注于从事体育和娱乐事业工作的营销和管理公司；盈方体育主要进行体育赛事的开发和运作，尤其擅长足球赛事的运作；八方环球是著名的传播集团，是世界领先的广告及市场营销服务集团；埃培智市场咨询有限公司专注于体育娱乐营销及体育主题公园，经营全球规模最大的赞助咨询业务；拉加德雷是世界传媒出版界的先行者，从2005年开始涉足足球产业，并迅速成长为支柱企业；世界体育集团是一个国际性的体育营销和赞助机构，总部设在新加坡，拥有亚洲足球国家队和俱乐部联赛赛事的独家转播权和商业开发权，在北京、孟买、贝鲁特、新德里、香港、东京、新加坡等多地设有分部。

我国从事体育服务的公司有：中奥体育产业有限公司，是国内发展历史最长，规模最大的专业体育赛事投资公司；智美体育控股集团涵盖体育赛事运营、体育营销、体育服务、体育传媒等领域；中体产业集团股份有限公司是国家体育总局控股的唯一一家上市公司，在体育产业方面，公司承办各类体育比赛，开发、经营体育健身项目并参与建设体育主题社区，该公司还是北京申奥的策划主体之一；信隆实业近年来除了进行体育运动健身康复器材的研发外，还涉足儿童健身娱乐为一体的新型主题乐园。此外，北京探路者户外用品股份有限公司、高德体育、瑞博创维体育、北京体育之窗文化传播有限公司、北京新赛点体育投资有限公司、梅陇体育等都是近年来迅速发展起来的体育产业服务公司。

涉足体育健身休闲各领域体育公司的迅速发展为体育健身市场中休闲活动的开展和满足人们健身休闲多样化的需求创造了条件。

第二节 休闲体育服务的内容与方法

因休闲体育服务需求的多元化，服务产品和方式也多种多样，从消费能力来看既有服务大众的体育主题公园，又有适合中高端消费的体育俱乐部服务和高尔夫球俱乐部等。从服务的领域看有家庭、社区等，从服务的空间看分为陆地服务（户外运动）和空中服务（航空运动）。

一、体育主题公园服务产品

体育主题公园的布局形式很多，布局基础就是创造美丽的风景，并将体育运动与自然环境融为一体。

例如英国的可片·希尔公园，它是英国第一座体育公园。园内拥有游泳池、网球场、有小船、湖泊、码头和其他设施。在英国，草地和铺设了植物的空地多用来建设体育运动场，从而使这些场地真正具有公园特色。

瑞士苏黎世州建造了独特的体育运动公园中心系统。设计师在开阔的空地上建造了体操场、体操馆。在草坪和硬质地上建造了游戏场、游泳设施和文化教育设施，包括展览馆、音乐厅和游艺馆等。在面积有限的公园内集中建造了很多设施和装置，为游客休憩和从事多种形式的训练和娱乐创造了良好的环境。在各分区和场地间，巧妙利用自然地形搭配绿化，使公园与周围区域形成良好的隔离。

上海市闵行区环城体育公园是上海市正在兴建的一个运动休闲公园，公园的设计突出体育特色，将运动休闲融入独特的环境景观之中。公园中明确划分了三大功能区，即体育活动区、自然休闲区和生态健身区。自然休闲区是公园的主景区，以自然景观为主，有开阔的草坪、宽广的湖面、河流，四周密林环抱，景色宜人，是人们度假休闲的理想去处。在绿地上则开设了生态健身区和体育场馆等活动场所，其中，生态健身区为市民提供了一个良好的健身生态环境。在各种专用场地及草地上精心修筑了林荫道和小路网，路旁注明各独立景点间的距离。可以说，该体育活动区已成为闵行区一个集散方便、个性突出、设施齐全、功能完备、环境优美的体育活动区。公园在功能上与体育设施相互呼应，将健身活动融于自然景色中，从而达到生态健身的效果。

重庆歌乐山森林公园是以体育健身为主题的全民健身公园，既有篮球、羽毛球、乒乓球、网球等竞技性较强的项目，又有围棋、象棋等健身益智类棋牌项目，还有越野赛车、山地自行车、攀岩等 13 个健身区，今后还计划将健身项目增加到 30 个以上。该体育公园多次与各体育专业组织合作，开展了丰富多彩的集旅游、健身、娱乐等为一体的群众性体育健身活动，如重庆市歌乐山旅游文化节、"歌乐大腕"掰手腕大赛、重庆市大学生攀岩赛、飞镖大赛、歌乐山万人登山节、歌乐山体育大竞技、歌乐山铁人五项赛、电视吉尼斯颠球大赛、歌乐山山地自行车越野赛、攀爬车车技赛、红岩险道登山赛、空中迷宫探险赛等。

以运动为主题的体育休闲公园顺应了都市人的实际需求，将绿色景观与运动、趣味有机结合起来，在绿色中创造了个性突出、设施齐全、功能完备、环境优美的体育活动区，引导人们投入积极的健身活动。同时"绿肺"功能对于保护人们的身体健康功不可没。它符合人们崇尚自然，关注生命的诉求，对于提高城市生活品位起到推动作用。加强绿化、改善生态和积极运动、增强体质是城市居民的心声。从这一角度上说，建设体育休闲公园适应时代发展的潮流，符合人类返璞归真、回归自然、享受生活的美好愿望，在未来体育公园将会有更大的发展。

二、高尔夫球俱乐部服务

深圳观澜湖高尔夫球会是以高尔夫为核心，集网球、壁球、桌球、排球、羽毛球、健身中心、美食、SPA、儿童游乐场、度假物业等为一体的大型综合休闲体育产业群。在每一个观澜湖度假村中，都有养护身体、调适心灵的 SPA 水疗中心，此外，亚洲第一大乡村俱乐部、观澜湖水疗度假酒店、国际会议中心、大卫利百特高尔夫学院、辛迪瑞学院、特色荟萃的中西美食及多种休闲设施都为人们的健康养生提供了美好体验，已形成一个世界级的高尔夫和多元休闲产业群。观澜湖产业集群跨越深圳、东莞、海口三地，形成集运动、商务、养生、旅游、会议、文化、美食、购物、居住等为一体的国际休闲旅游度假区。同时，度假区还成立了互惠球会和观澜湖联盟球会，互惠球会的会员在观澜湖可享受观澜湖的会员待遇，观澜湖的会员在互惠球会亦可享受会员待遇。作为一个"环保球会"，深圳观澜湖球会是亚洲首家获得 ISO14001 环境管理体系认证的球会，显示其在环境保护方面的努力和决心。

高尔夫球俱乐部要在激烈的市场竞争中求生存、谋发展，关键在于提高产品和服务质量。服务是一种无形的产品，是一种人与人之间的互动过程，所以服务质量难以有具体的标准。高质量的服务就是要使球会的有形设施舒适、方便、安全；无形服务表现为友好、好客与善助。服务质量标准一般包括以下内容：

1. 便利性

球会的高尔夫场地、设施都是为顾客准备的，所以员工应使顾客有宾至如归的感觉。服务产品质量好，容易使顾客产生一种归属感。

2. 感官性

球场环境和草坪修剪质量高，会给顾客良好的视觉感受，并对服务人员的精神面貌留下较好的印象。

3. 及时性

对于球会客人来说最宝贵的是时间。要根据顾客的服务要求，及时采取服务行动，减少客人的排队或等候时间，并保证球场的顺畅，尽量避免阻塞。在顾客需要帮助时，及时提供服务，时刻关心顾客。

4. 反应性

对顾客的要求及时反馈，体现在球会各部门的日常服务工作中。这不仅反映了服务的态度，也体现了对顾客的尊重。

5. 舒适性

球会的设施和服务应尽可能满足人们物质或精神方面的需要。

6. 专业性

球会的员工，特别是球童要对球场规则、场地地形、运动技巧等进行全面了解，熟练提供专业化服务。

7. 友好性

球会员工充当了球会形象使者的角色，应热情、友好地传播高尔夫球的文化和文明，对客人尊重并多给予赞美。

8. 可靠性

在球会工作人员的服务过程中，对每一位客人都按照贵宾的规格和礼仪接待服务，以体现出客人的地位，从而使顾客产生自豪感和荣耀感。

9. 安全性

保证球会设施安全可靠，服务周到，保密措施严谨，让球会的每位客人放心消费。

高尔夫球俱乐部的服务以高尔夫运动为主，提供运动休闲、度假居住体验、康乐健身等专属化的服务，是商业精英、社会名流和高尔夫球爱好者的不二选择。

三、休闲体育俱乐部

休闲俱乐部是为大众提供全面休闲体育活动服务的经营性组织，已成为人们实现健康生活的最佳途径。但是休闲俱乐部在我国发展的时间还比较短，俱乐部的水平参差不齐，只有良好的市场定位和先进的经营管理方法以及周到的服务，才会有更好的发展潜力和市场。

休闲俱乐部在服务中可以从两个方面考虑：提供的休闲内容如何帮助顾客解决问题，如何帮助顾客感受快乐。通常对生活必需品以及在生活中必不可少的服务等是解决问题型；那些时尚的、品牌的及彰显荣誉、身份、地位的商品和服务则属于实现快乐型。

1. 通过健身娱乐业服务产品解决客户问题

解决问题型的休闲产品主要应用于客户通过持续参与或观摩休闲活动能够解决自身当前或某一时期内所出现的身体、心理等方面的问题。有调查发现，由于身体和心理原因到休闲俱乐部的顾客是最多的，也是最普遍的。当前休闲俱乐部之所以蓬勃发展，部分原因是因为社会经济的快速发展，导致富裕起来的人们出现了现代社会的各种身体疾病，如肥胖、糖尿病、抑郁症等，这必须在社会中找到解决问题的路径，为休闲健身行业提供生存与发展的空间。

2. 通过休闲体育产品满足快乐

享受快乐是实现自我价值的需要，是社会发展到一定程度后，部分群体通过参与和享受休闲健身娱乐来获得的一种身心愉悦。这种身心愉悦既包括在休闲健身娱乐参与过程中的体验式快感与习惯，同时也包含参与休闲健身娱乐获得的一种社会地位与价值追求，因此，休闲健身娱乐产品的开发也应当考虑享受快乐型的客户群体。从发展角度看，这类群体的数量将会在未来若干年快速增长。

第二节　休闲体育服务的内容与方法

从购买流程看，休闲俱乐部首先要做好对顾客的需要刺激，对不同层次、年龄、爱好、需求等消费者进行各种措施的产品宣传，无论是立体的还是平面的，是动态的还是文字的，只要宣传内容是真实的，也确实是能打动消费者的休闲健身产品。这是使顾客产生购买产品需求的第一步。对产品介绍得越详细，顾客做出甄别和选择的目的就越强。最后，对休闲健身产品而言，最重要的刺激手段就是顾客体验，如果能够模拟真实场景，或者方便顾客参与，并从中感受到价值的存在，顾客就容易产生购买行为。

（1）顾客购买休闲健身娱乐产品的流程。顾客每次购买休闲健身产品的行为都是一个流程。首先是受到一定刺激，这种刺激或是遇到了身体或心理问题，或是对休闲健身美好事物的向往，然后产生一定的购买欲望。顾客会去搜索相关信息，如休闲健身产品可以在哪里购买，举办的体育赛事明星团队是如何构成的，哪一家的俱乐部品牌最好等。在搜索信息的过程中不断筛选、评估，最后做出决定，实现结构的平衡。

（2）体育健身娱乐的服务层级。依据体育健身娱乐企业提供服务的水平与能力，可以把其服务营销水平分为四个层级，即基本的服务、满意的服务、超值的服务和难忘的服务。

（3）对休闲服务的评价。作为休闲健身企业到底从哪些方面去展开服务的自我评价，目前还没有一个统一的标准。通常企业会注重以下几个方面的自我评价，即企业是否知道顾客如何评价企业、产品、服务和业绩？也就是说，企业是否提供给了顾客评价企业的依据。企业的内部评估体系是否能够真实地反映出顾客对企业服务行为的评价？即休闲俱乐部在其内部的评估体系中是否明确表明了服务行为和如何让顾客根据标准进行评价。从顾客的角度来看，企业和竞争对手的优势及业绩比较结果如何？即此休闲俱乐部与其他休闲俱乐部相比在客户服务建设上有什么特色和新颖的地方；本行业的顾客对竞争对手的评价如何？本企业的哪些工作会给客户带来业绩上的帮助，哪些可能会造成损害？

需要说明的是，休闲俱乐部中高层领导与顾客的私人接触往往会带来更稳固、更有利的顾客关系和需求。因此，企业始终要认识的一点是始终把培养忠诚顾客放在首位，并使之成为永恒的追求目的，成为休闲俱乐部普适的服务理念。

四、家庭休闲服务

家庭休闲体育是以家庭为组织形式来进行的休闲体育活动，是促进家庭和谐发展的良好途径之一。家庭休闲是家庭生活的一部分，休闲作为一种特殊的活动方式，在某种程度上能满足人们对健康、娱乐、放松和审美等方面的需求，成为提高家庭生活质量和改善家庭生活方式的重要手段。家庭的健康幸福，不仅关系到家庭成员的健康成长和稳定，也关系到国家的稳定和发展。西方思想家认为，开发休闲，实际上就是积累一个人、一个家庭的文化资本，就是对人的教育与教养的投资。而且这种资本的投资越早，对社会的回报率越高。通过以家庭为单位的休闲活动，家庭成员之间可以获得广泛的交往，使娱乐、健康、情感和人际关系融为一体，既实现了物质与精神、体力与智力、生理与心理的和谐统一，又有利于消除隔阂，摆脱因隔阂而产生的孤独感，从而建立友好、平等、亲密的和谐关系。

随着全面建成小康社会的进程不断推进，人们的生活水平不断提高，生活空间不断扩展。闲暇时间的增多，健康意识的增强，家庭休闲的需求越来越多，以家庭为单位直接参与的体育活动数量不断增加，到2020年，家庭休闲体育将更加普及化，家庭休闲体育活动的内容将趋向多元化（体育休闲旅游、身心调节的身体练习、民俗文化体验、乡土体育和现代体育以及传统与现代的融合），一个或多个家庭的联合参与现象将更加普遍，家庭休闲体育将成为家庭生活消费的一个重要组成部分，具有活动内容的自愿选择性、活动形式的丰富多样性以及活动效果的综合性等特点。

家庭休闲服务灵活多样，可根据具体的休闲活动需求而定。现代运动休闲理念引导更多的家庭把更多的热情投入大自然中，追求与大自然融为一体，在大自然中放松身心、调节生活节奏、感悟生命的意蕴、人生的价值和来自家庭的温暖。特别是随着汽车的普及，改变了家庭休闲活动的时空结构，使得家庭出行更加便捷，"近郊远野"成为周末或小长假家庭外出感受山河、湖泊、森林、大海的主旋律，并可随时进行一系列的休闲体育活动，如登山、徒步、钓鱼、划船、游泳、下棋、打牌等。作为家庭休闲服务的提供者应着重考虑家庭休闲活动的形式、内容、场所、意愿以及影响家庭休闲的因素等，以便为家庭休闲活动提供更好的服务，促进家庭休闲活动的开展。

五、社区休闲服务

社区休闲是指社区居民在闲暇时间内,以社区为依托,利用社区资源,用自己喜欢的方式去放松身心、追求精神上的愉悦与充实,从事具有娱乐性、健康性、自发性休闲活动的总称。所谓社区公共休闲体育服务,从广义上来讲,是指专门为社区居民的自主休闲体育活动创造条件、提供帮助的各种活动的总称。社区公共休闲体育服务的本质在于其公益性和非营利性,部分休闲体育服务项目可以实行有偿服务,但不以营利为目的。因此,在现阶段有两种不同的形式:一种是由政府投资兴建,完全免费为公众开放;另一种是以收取一定的费用,但不以营利为目的的形式对公众开放。公共休闲体育服务主要指的是在公共体育场所提供的各种公共服务。目前,公共社区休闲体育服务的提供主体一般是政府、社区管理部门、体育社团、体育协会、大众俱乐部、晨晚练点等非营利性的休闲体育组织。

我国自20世纪90年代"社区建设"提出至今,社区的功能实现了从"管理"到"服务"的转变,以养老、医疗、社保、家政到现如今以休闲为主要内容的社区服务越来越健全。传统的居民休闲生活需要时间与金钱投入,休闲成本较高。另外,居家休闲的取向过于单一,需要建立在一定的阶层基础之上。而以社区为平台搭建的休闲模式有利于拓宽居民休闲渠道,降低休闲成本,也是立体化休闲模式中常常被忽视的一部分。社区休闲具有内容丰富、方式灵活、形式多样、参与者时间成本和经济成本低等特点,深受广大社区民众的喜爱。针对当前我国休闲资源匮乏、休闲经济发展不健全、居民休闲需求越来越强烈的现状,发展社区休闲就成为拓宽居民休闲方式的重要途径,有关影响社区休闲服务发展因素以及供给模式的探讨显得尤为迫切。

随着我国社区管理体制的逐步完善,社区服务的内容也越来越丰富,包括提供社区休闲场所和设施,组织相关文化、体育、娱乐活动,并且能够为休闲活动提供指导和服务,休闲服务功能逐渐成为社区的基本功能之一。同时,带薪休假制度、《娱乐场所管理条例》等制度的实施也保障了居民参加休闲活动的权利。

社区休闲的发展途径是多元化的,但始终离不开政府的引导、市场的支持、社会的协调和个人、团体的积极参与,因此,社区休闲的发展必须综合考虑各方利弊。从社区休闲发展的可能性供求关系考虑，其供给模式可分为四类：政府供给模式、社会供给模式、市场供给模式以及综合供给模式。

1. 政府供给模式

政府供给模式的主要方式是财政拨款、政策措施、资源调配以及规划引导等。政府处于统筹全局的地位，对于社区休闲的发展首先是给予财政拨款，让其获得资金支持，为社区休闲的发展奠定基础；其次是制定政策措施，规定社区休闲发展的目标和方式，比如规定社区居民的身份获得依据（户籍）等，从法律角度给予社区休闲发展的合理性和合法性支持；还有就是资源的分配问题，国家资源的总量有限，如何公平合理地分配这些资源，达到地区间的平衡，需要政府做出规划；最后是对于社区休闲发展方向的把握和引导，让总体的社区休闲发展处于正常轨道。

2. 社会供给模式

社会为社区休闲的发展提供服务和支持主要基于自愿原则，广义的社会供给模式包括捐赠休闲设备、提供专业知识及人才对休闲予以指导、社会组织介入社区休闲活动、志愿服务等内容。开展社区休闲活动，社会体育指导员的公益性健身指导，健身大讲堂进社区等都是社会力量提供休闲体育公共服务的形式。同时，社会还能为社区的休闲发展提供专业的人才支持，向社区休闲发展输送对口人力资源等。随着社会组织数量的日益增多，在合情合法的前提下组建社会组织为社区休闲的发展提供组织支撑。当前发展比较成熟的社区工作模式是通过社会工作小组介入社区开展服务，社区工作能够为社区休闲的发展提供指导。同时，社会志愿团体在社区休闲的发展过程中也起到重要作用，无论是个体志愿服务还是团体志愿服务都能够为社区的休闲发展带来很大便利。由此可见，社会供给模式下的社区休闲是整个社区休闲体系的重要组成部分。

3. 市场供给模式

市场供给模式主要包括市场环境、交换平台和竞争机制等方面，随着人们对健身休闲需求的日益多元化，能够满足多种消费需求的健身俱乐部应运而生。在社区中就近开展各种高档游泳馆、健康管理、健身服务等也是对社区休闲活动的有益补充。市场供给模式下的竞争机制能够给予社区休闲的发展提供动力和参考，由此推动市场环境下的社区休闲得到长足发展。

4. 综合供给模式

综合性供给模式是指以某种供给主体为核心，辅之以其他供给主体的社区休闲供给模式，这也是当下绝大多数社区所采用的一种供给模式。目前我国社区多以行政化领导为主，市场、社会和个人参与为辅，社区休闲建设模式是以政府为主导，市场、社会、个人共同参与的模式，由政府负责提供基础设施建设，推行市场化经营，并且整合各方社会力量充分参与。这样一种多方协作的发展模式，一方面很好地缓解了社区行政化管理的压力，同时能够很好地利用市场经济的优势，保障社区休闲的服务质量，同时将社会力量整合到社区建设中来。

现实中，没有哪一种模式能够覆盖所有社区，应该因地制宜从社区居民的实际需求出发，以社区居民的切身利益为根本基点，制定适合自身需求的社区休闲服务发展方式。

六、户外运动服务

户外运动在 20 世纪 80 年代初从欧美传入我国，是以自然环境为场地，带有探险性质或体验探险的体育运动项目群，依据场所的不同可以分为水上户外运动、空中户外运动和陆地户外运动等多种类别。广义的户外运动一般是指在非人工自然环境中的空间位移；狭义的户外运动一般指在自然场地（非专用场地）开展的体育活动，户外运动是健身休闲产业的核心内容。随着休闲时代的来临，户外运动服务以提高广大民众的身心健康，提高体育活动能力和户外生活质量，传播户外运动文化为目标进行布局发展。目前以登山、攀岩、徒步、露营、拓展等山地户外运动项目为主体的各种性质的户外俱乐部不胜枚举。同时伴随着经济的迅速崛起，包括户外拓展培训、户外特种旅游、户外用品生产销售、户外活动（赛事）策划经营行业在内的户外产业得到迅速发展。

随着户外运动的进一步发展，竞赛市场也将逐步走向成熟。目前我国大型的户外赛事主要由中国登山协会和中国定向协会主办，区域性赛事由各省相应的户外运动组织或企业主办或承办。例如河北省的区域性比赛有承德山地越野挑战赛、正定马拉松赛、京津冀（国际）户外运动挑战赛（崇礼）、狼牙山定向越野赛等。整个户外运动市场的发展呈现四个大的趋势：第一，户外运动培训市场的商业化（与企业员工培训、青少年素质教育相结合）与公益化；第二，户外运动旅游市场的专业化与"泛户外化"；第三，户外运动竞赛市场（山地越野挑战赛、跑山赛、攀岩赛、定向赛等）的职业化与大众化；第四，户外运动用品市场的多样化与时尚化。

户外运动服务呈现出多样性、灵活性和实效性的特点。服务体系主要包括组织管理体系、支撑体系、监测评估以及研究创新体系几个方面。

组织管理体系：户外运动的组织管理体系由各类户外运动协会、各级社会组织等具体负责和组织实施，现有的组织体系不利于大规模协同整合，同时由于户外运动的专业性较强，作为一个成熟的组织管理体系应提供相应的户外运动知识讲座、户外运动技能培训、户外运动突发事件解决等实操性较强的理论和实践内容的服务。在户外运动政策方面，国家体育总局下设了户外运动管理办公室，先后出台了《国内登山管理办法》《关于登山户外运动俱乐部及相关从业机构资质认证标准》《攀岩攀冰运动管理办法》《户外运动员注册与交流管理办法（试行）》《西藏自治区对外国人来藏登山管理条例》和《高山向导管理暂行规定》等相关政策法规，对促进户外运动本身的推广和市场发展起着导向和规范作用。

条件支撑体系：支撑体系是保障户外运动顺利进行的必备条件。包括开展户外运动的资金、设施设备、专业人员等方面，涉及物质保障（资金投入、场地设施、体质监测）和人员保障。条件支撑体系的建设内容包括：

第一，制定各项规章制度、明确划分各部门的职能以及各自所要负责的具体内容、方法和注意事项，确保服务有章可循，落在实处。加快户外运动服务的社会化进程，使各部门管理人员从具体事情中解脱出来，有效进行户外运动服务的宏观协调管理。

第二，拓宽户外运动服务资金的获取渠道。户外运动服务体系的资金主要可以通过以下几个渠道来获得：（1）政府拨款，设立户外运动专项基金支持户外运动。（2）体系自身创造价值（即提供有偿服务），同时，引导社会资本参与共建。（3）通过企业赞助获得活动资金。

第三，加大户外运动产业的开发力度。以各地户外运动协会为依托，充分发挥户外运动协会的资源优势，引导组织开发户外运动产业，加快户外运动俱乐部户外活动的蓬勃开展，为广大户外运动爱好者提供优质的服务，确保户外运动良性运作。

监测评估体系：监测评估是户外运动服务的重要环节。为了促进体系的服务质量，利用检查和评估等手段来调动体系中的各相关部门对户外运动服务的积极性，有必要建立一个切实可行的监督评估系统。建立"户外运动服务质量监测评估"的第三方组织，负责对户外运动进行实时监测，对服务体系的各个部分在实现计划目标中的效率进行评估。对质量监测的评估包括对机构、设施、服务队伍和计划项目等的监测评估。将评估结果反馈给管理者，管理者再根据反馈信息对户外运动做出决策，保证体系的正常运行。

研究创新体系：这是户外运动服务可持续发展的基础，其中主要包括宣传指导、产品开发以及对服务人员的知识更新等内容。产品开发为户外爱好者提供具体的消费产品；而人员培训则可视为产品开发的延伸，也可视为产品的依托。例如：户外运动俱乐部开发的户外团体拓展课程只有在经过专业培训的领队或教练的指导下才能最终形成消费产品，也就是领队或教练提供的户外团体拓展服务。如果光有产品没有消费者购买，那么产品的使用价值便没有得到认可，而宣传指导可以激发产品潜在消费者的消费热情。这三者是研究创新服务中的重要部分，缺一不可。

七、航空运动服务

航空运动就是利用飞行器或其他器械在空中进行的一系列运动项目群的总称。现代航空运动是伴随各类飞行器的发展而开展起来的，一般包括飞行、航空模型、跳伞、滑翔和热气球等。开展航空运动，有助于普及航空知识，传授军事技能，培养国防后备力量，为生产劳动和国防建设服务。

1955年我国在河北张家口成立了"中国国防体育俱乐部滑翔学校"，1956年迁至河南安阳，1998年改名为"国家体育总局安阳航空运动学校"，承担了飞机、直升机、跳伞、滑翔、热气球、动力伞项目的训练、比赛、表演及教练员等专业技术人员的培训。1964年8月中国航空运动协会成立，简称中国航协（ASFC），下设飞行、气球、跳伞、航空模型、悬挂滑翔及滑翔伞、模拟飞行6个项目委员会。中国航协是具有独立法人资格的全国性群众体育组织，是中华全国体育总会的团体会员，也是国际航联的成员国单位，现已开展有轻型飞机、超轻型飞机、滑翔机、直升机、热气球、动力伞、滑翔伞、航空模型、航天模型、模拟飞行等12个航空运动项目。虽然我国航空运动总体水平较低，但飞机跳伞和航空模型的竞赛水平在国际上始终名列前茅。2003年，中央军委、国务院联合颁布了《通用航空飞行管制条例》，改革了原有飞行管制和服务方式，大大方便了私人飞行器的上天飞行，揭开了我国航空运动新的一页。2014年10月，国务院印发《关于加快发展体育产业 促进体育消费的若干意见》，将体育产业上升为"国家战略"，提出大力支持马术、航空、极限运动等群众喜闻乐见和有发展空间的健身休闲运动项目的发展。2016年5月《国务院办公厅关于促进通用航空业发展的指导意见》（国办发〔2016〕38号文件）提出要充分发挥市场机制作用，加大改革创新力度，突出通用航空的交通服务功能，大力培育通用航空市场，加快构建基础设施网络，促进产业转型升级，提升空管保障能力，努力建成布局合理、便利快捷、制造先进、安全规范、应用广泛、军民兼顾的通用航空体系。2016年11月，国家体育总局正式出台《航空运动产业发展规划》，提出到2020年初步构建布局合理、功能完善、门类齐全的航空运动产业体系，基本形成安全规范、管理有效、广泛参与、军民融合的航空运动产业发展格局。该规划还提出，将通过加强航空运动基础设施建设，完善航空运动赛事体系，培育多元化航空运动市场主体，提升航空运动产业发展水平，积极引导航空运动消费等手段推动航运运动产业全面发展。以上政策文件为我国航空运动的发展指明了方向，带来了更为广阔的发展空间。

综上所述，休闲体育服务既要考虑区分不同阶层的个性化需求以及家庭和社区不同领域和空间的差异，设置相应的康乐保障服务，又要提升康乐管理和服务人员的岗位胜任力，强化基本素质、业务素质、能力素质和交际素质，不断提升服务能力和水平，从而为顾客提供满意的休闲体育服务产品。

复习思考题

1. 如何区分商品和服务？服务最明显的特征是什么？
2. 简述休闲体育服务的含义。如何理解休闲体育服务的性质？
3. 休闲体育服务的内容包括哪些方面？
4. 试举例说明休闲体育服务的供给途径。
5. 从休闲体育服务的案例中得到了哪些启示？以1~2个案例进行案例剖析。

本章参考文献

[1] 史小强. 美国公共体育服务体系研究 [D]. 上海体育学院硕士论

本章参考文献

文，2014.

［2］许宗祥. 休闲体育概论［M］. 北京：人民体育出版社，2007.

［3］刘兵. 体育健身服务业服务质量评价与分析［M］. 北京：人民体育出版社，2008.

［4］韩冀东. 服务营销［M］. 北京：中国人民大学出版社，2011.

［5］叶万春. 服务营销学（第2版）［M］. 北京：高等教育出版社，2007.

［6］刘兵. 体育服务营销［M］. 北京：高等教育出版社，2015.

［7］彭永虹. 论全面服务营销［J］. 武汉大学学报，2006，28（5）：138~141.

［8］刘兵，陈锡尧，楼小飞等. 健身娱乐业服务质量管理研究［J］. 体育科研，2006，27（1）：28~34.

第九章 休闲体育的发展与未来

>>> **本章导语** >>>

休闲体育自产生以来,其理念、内容与方式也在不断地发展和完善。目前,世界发达国家的休闲体育呈现出休闲体育产业发展均衡化、休闲体育研究深入化、休闲体育服务供给方式人性化等特点,而我国的休闲体育发展既有世界休闲体育发展的共性特征,也有民族性、区域性特征。本章重点介绍中外休闲体育的发展现状与趋势,以帮助学生进一步理解休闲体育,了解未来职业选择的可能范围,明确学习方向。学习中外休闲体育的发展现状与趋势,对清晰休闲体育的本质也将产生促进作用。

>>> **学习目标** >>>

通过本章学习,了解世界发达国家休闲体育的发展动态以及我国休闲体育的发展趋势,提升对休闲体育的认识与理解,进一步明确休闲体育与国家、社会和个人的关系。

案例导入

早在 20 世纪，西方的未来学家就极富预见性地指出，当人类迈入 21 世纪，其社会结构、生活结构和生存方式也将发生重大的变革。令人惊叹的是，这些预见不但已经成为现实，而且现实生活甚至比预测发展得还要快。1999 年第 12 期美国《时代》杂志封面文章描绘的就是新世纪初的社会形态，文章指出随着知识经济时代的来临，未来社会将以史无前例的速度变化着。人类社会进入 21 世纪以来，发达国家已率先表现出"休闲时代"的特征，休闲正成为人类生活的重要组成部分。据美国权威人士预测，休闲、娱乐活动、旅游业将成为下一个经济大潮并席卷世界各地。提供休闲的产业在 2015 年将会主导劳务市场，在美国的国民生产总值中占有一半的份额，新技术和新趋势可以让人把 50% 的时间用于休闲。

显而易见，休闲将不断演变为人类生活的中心内容，人们对"进步"的定义也将发生根本性的变化。传统意义上的"进步"往往意味着物质生活水平的不断提高，时至今日，物质财富的满足将让位于人们追求充实的精神生活。发展的质量标准将定位于人的生存质量、生命质量以及人的全面发展。几千年来，人类一直在致力于改造世界，而在新的世纪中，人类将会更多地致力于改造自身。因此，美国宾夕法尼亚州立大学著名的休闲研究教授杰弗瑞·戈比预测，今后休闲的中心地位将会加强，人们的休闲概念将会发生本质的变化，在经济产业结构中休闲产业的从业人员将占整个社会劳动力的 80%~85%，休闲服务将从标准化和集中化转向个性化服务，人们对休闲与健康之间的关系倍加重视，应运而生的休闲教育将占教育事业的极大份额，这为休闲产业、经济和文化的发展开辟了更加广阔的空间。

第一节 发达国家休闲体育发展的现状与方向

在人类迈向休闲时代的今天，体育已被视为最具代表性和吸引力的休闲方式之一，不只是因为其本身呈现出的休闲、娱乐和游戏属性，更重要的是

对国家的进步与发展、社会的文明与和谐、人类的健康与快乐的积极意义。休闲体育是社会变迁与文明进步的产物，离不开人类的需求；休闲体育的价值直接或间接地关系着民众的生活方式与生命质量，很多人愿意选择体育的方式追求幸福感和快乐的休闲生活。在这方面，欧美等发达国家表现得较为突出，比如颇具影响力的欧洲足球；收视率极高的 NBA 与美式橄榄球；高端大气的高尔夫、网球、斯诺克、F1 赛车等都源于西方发达国家，这些看似竞技性极强的运动却成为无数体育迷和民众的休闲生活目标。还有那些源于发达国家的探险运动，如高空跳伞、悬崖跳水、野外探险、海上冲浪等户外项目，更为勇于探索、不惧风险的挑战者奉献了寻求刺激与冒险快乐的机会。在冒险刺激的休闲运动受到热捧的同时，热衷平静和普通休闲体育活动的人群也不在少数，很多人习惯于选择体育主题公园、大学校园、体育俱乐部以及社区小镇作为体验和感受休闲体育活动的场所，应该说休闲体育各层面的服务都足以满足人们的运动需求。

众所周知，休闲体育研究起步于欧美发达国家，特别在休闲体育的理论探索，休闲体育的产业拓展，休闲体育的人才培养及休闲体育的社会公共服务等方面一直引领世界，为推动全球休闲体育与文化娱乐业的发展做出了重要贡献。回顾休闲体育发展历程，许多经典的理论如：加拿大学者罗伯特·斯特宾斯的"深度休闲理论（Serious Leisure）"，美国学者纳什的"休闲金字塔理论（Leisure Pyramid Theory）"，英国学者克里斯·罗杰克的"后现代休闲理论"（The Postmodern Theory of Leisure）以及著名心理学专家奇克森特·米哈伊的"畅爽"理论（"Flow" Theory）等都源于发达国家；一些健康的休闲运动理念，如英国人倡导的"Sports for All（全民健身）"和美国人提出的"Leisure for Everyone（休闲是每个人的权利）"等已深入人心，并影响到了现代人生活的方方面面，这些先进的理论与理念诠释的不仅是人类对休闲的渴望，更反映社会发展的必然。

在过去的一个多世纪里，休闲体育的发展受到社会变迁等众多因素的影响，比如闲暇时间与工作时间的分配，社会福利与医疗保险，家庭收入与家庭结构变化，人类身心健康问题以及休闲活动方式等都是影响人们生活质量和生活态度的关键因素。但随着社会的快速进步，劳动生产力水平的提高，居民闲暇时间和收入水平的增加，越来越多的人开始关注自己的生活方式和生活品质。体育活动作为最便捷和最有效的休闲方式不知不觉地成了许多人日常生活中的"必需品",无时无刻不陪伴着人成长。因此,休闲体育的价值在西方发达国家已经得到了广泛的认可和赞许。

休闲体育的社会认同,是指个人拥有关于其所从属的群体以及这个群体身份所伴随而来在情感上与价值观上的重要性知识,即个体身为一个群体成员的自我观念。随着个体发展与生活环境的不同,每个人一生可能发展出各种不同的认同形式:在个人方面,如自我认同、性别角色认同;在群体方面,如阶级认同、文化认同等,所以族群认同是个体可能发展的众多认同方向之一。休闲体育已经成为现代人的一种重要生活方式,在我们的生命中扮演着不可替代的角色,对提高人们的生命质量具有重要意义,同时对社会的稳定发展也具有特殊的作用。

一、休闲体育产业呈均衡化发展

休闲体育与娱乐文化服务是工业化社会和休闲与工作平衡的产物,随着社会的变迁,人们开始主动寻求休闲,一些公共休闲服务与体育活动机构,非营利体育组织和私人休闲商业集团为满足人类对美好休闲生活的向往,营造了舒适的休闲运动空间,提供了贴心的体育活动项目服务。根据美国国家休闲运动与公园协会报道,每年有几十亿美元的税收用于建设公共休闲体育活动场所,特别是非营利体育组织和私人休闲商业集团为休闲体育服务业创造了无数的发展机会。良好的休闲运动环境,让城镇和社区居民感受到了休闲体育活动的快乐,有些城镇还经常组织居民开展各种具有地方文化特色的体育娱乐活动。

进入21世纪,休闲体育服务业得到了迅猛发展,大众休闲观念在发生改变的同时,对休闲体育活动环境、运动设施品质和个人活动装备提出了更高的需求和标准,比如用于开展休闲体育活动的公园与俱乐部,安全可靠的公共运动设施,轻便舒适的绿色户外运动装备等都有相应的质量标准,休闲体育市场曾出现过供不应求的现象。发达国家对休闲体育的认同感与民众对休闲体育娱乐活动的热情,让当时的人们开始思考休闲体育对生命的价值,花钱买运动,花钱买健康,花钱买快乐被看作社会时尚,通过体育的方式休闲已经成为经济发达社会的主流。据美国《时代周刊》报道,每年用于旅游度假、邮轮旅行、高尔夫赛事、节假日的户外野营及各种休闲类体育娱乐活动的费用高达几十亿美元,甚至比美国的国防开支还大,大众休闲消费观念

第一节 发达国家休闲体育发展的现状与方向

的改变与投入成了社会经济发展的强大动力。

"欧美人喜欢锻炼"是很多人对发达国家休闲生活的一种印象,不仅与那些国家良好的经济基础有关,更重要的是对休闲体育的认识和理解,对生命的尊重,懂得生命的意义。休闲体育产业的均衡发展为广大民众提供了参与休闲体育活动的机会,也为专业人士创造了大量就业岗位。据美国《新闻周刊》报道:2020年,美国将有40%的工作机会与休闲体育和娱乐旅游业有关,到2050年,这个数据将增至50%。休闲体育与娱乐文化服务业的崛起,几乎成为许多国家的支柱产业。

休闲体育产业能够均衡发展的另一个原因,与欧美发达国家休闲体育国家政策,地区经济发展理念及民众的需求是分不开的,很多国家或地区都制定了严格的标准规定居民人口数量与休闲运动场所和设施配备的比例。在英国,很多地区为确保本地居民拥有足够的休闲运动空间,让更多人能够享受到社会公共运动资源与休闲服务,比如英国的一些城市和地区执行的"国家运动场地协会"和"国家体育委员会"等专业机构的标准,根据本地居民人口数量,配备相应的休闲体育活动场所与设施(表9-1),以此凸显社会公平,即休闲是每个人的权利(Leisure for Everyone)。

表9-1 英国的标准

休闲体育活动项目/种类	场地设施与人口匹配标准	制定标准的机构
户外休闲活动空间	每1 000人占地面积6亩	国家运动场地协会
户外配备运动设施场所	每1 000人占地面积0.2—0.3亩	国家运动场地协会
非正式的带有居住房屋活动场所	每1 000人占地面积1—1.25亩	国家运动场地协会
竞技体育与各种综合运动场所	每1 000人占地面积0.5亩	国家运动场地协会
高尔夫球场	每18 000人拥有一个9洞球场	国家体育委员会
市政公园	占地150亩,包括3.2千米长	国家体育委员会
区域公园	占地50亩,包括1.2千米长	国家体育委员会
本地公园	占地5亩,包括400步行距离	国家体育委员会
区域室内运动中心	每4万~9万人拥有一个体育中心,(平均每1 000人17平方米)	区域体育委员会

续表

休闲体育活动项目/种类	场地设施与人口匹配标准	制定标准的机构
室内游泳池	4万~4.5万人一个25米长的游泳池和一个初学者游泳池	区域体育委员会
壁球场	每5 000人一个壁球馆	网拍类协会
室内保龄球馆	8个保龄球中心服务5.9万人	区域体育委员会

（资料来源：George Torkildsen. Standards or guidelines of provision are from Leisure and Recreation Management [M]. the 5th edition, 2005.）

二、休闲体育研究更趋系统化和规范化

休闲体育是一门综合性学科，研究范围涉及人类生活与社会发展的方方面面，多视角审视这门学科，对了解休闲体育的本质，感悟休闲体育的价值有着积极的意义。关于休闲体育学科的研究，北美国家起步较早，大致分5大研究领域：康乐类休闲体育，自然资源类休闲体育，户外拓展类休闲体育，商业休闲与体育旅游，疗养性休闲与伤残人康复等。这五类研究基本代表着发达国家当前休闲体育的研究方向。休闲体育的分类研究不仅有助于清晰各领域的研究对象，更有益于规范研究的内容与范围。

（一）康乐类休闲体育提升了人们对生命价值的认识

大多数体育活动常常伴随着成功与失败的体验，在体验成功与失败的过程中，人的知、情、意、行等心理方面会产生很大的变化。成功能给人们带来良好的情绪体验，缓解日常学习、生活、工作积累的紧张、焦虑、抑郁等不良心理，增强自信心和自尊心。失败的磨炼能提高人们对紧张、害怕、信心不足、外界干扰的心理承受力和适应力，培养勇敢果断、坚忍不拔、沉着冷静、专心稳定、努力进取的心理品质。这些心理品质的形成会给人们的日常学习、生活、工作带来积极的影响，使人们更好地适应并融入社会。

通过体育活动人们的体质得以增强，而强壮的体质是以健美的身体形态为表现的。另外，人们在进行体育活动的过程中始终孕育着美，如自然与物化的对比美、静态与动态的结合美、平面与立体的映衬美、形体语言表达的准确美、技战术理解和表现的智慧美、与音乐和舞蹈融合的艺术美等。体育美的体验能够提高人们欣赏美的能力，激发人们追求与创造美的情感，陶冶人们的心灵，将这些美的体验内化成正确的审美观。

第一节　发达国家休闲体育发展的现状与方向

体育运动由许多项目组成，内容极为丰富。传统体育项目有着深厚的文化底蕴，强调天人合一、顺应自然，以礼为主、道德先行，以静为主、动静结合，养生为主、修身养性，给人一种轻松、和谐的精神享受和超自然的感觉。现代体育项目多具挑战性、刺激性、冒险性、新颖性、趣味性等，人们在激烈的竞争中表现自我、张扬个性、施展才华获得身心的满足和愉悦。体育之所以具有娱乐价值，与体育的游戏本质密不可分。不论体育项目在技术上如何复杂、规则上如何严格，人们都可以对其进行简化，以游戏的方式进行演绎，而这种方式恰恰满足了人们对自由的渴望，因此，体育具有娱乐价值。

康乐类休闲体育研究探讨的就是体育的娱乐价值，针对社会不同群体的运动需求，设计和制定活动内容与锻炼标准，通过高质量健康、体育和娱乐服务促进大众休闲体育的参与意识和健康生活意识。以北美国家为例，许多康乐类休闲体育研究机构，如加拿大健康、体育、娱乐与舞蹈联盟（Canadian Association for Health, Physical Education, Recreation and Dance），美国运动与娱乐法律协会（Sport and Recreation Law Association），美国国家娱乐与公园协会（National Recreation and Park Association）等，他们在体育、休闲娱乐专业指导标准和理念推广方面做出了重要贡献。研究机构非常注重从业人员专业素质的培养，强调专业理论知识与实践能力的结合，培训一般都涉及与大众康乐运动相关的内容，比如青少年活动场地设施的安全保障，户外探险项目开发与管理，娱乐运动教育与实施以及休闲信息服务与传递等。这些机构在加强理论研究与社会实践相结合的同时，还重视与相关组织的联系与横向合作，在促进城镇社区文化和经济的发展过程中起到了积极作用。

（二）自然资源类休闲体育增强了人们对动植物与环境的保护意识

对自然资源的开发与野生动物的保护是休闲体育研究另外一个主题，研究目标是针对自然资源有效的开发与利用，比如对原始森林、高山峻岭、江河湖海的开发等，目的是创建休闲运动环境，如用于运动休闲的主题公园、自行车绿道、可攀爬的岩壁、可垂钓的江河湖泊、可享受日光浴的滨海等，让人们在运动中感受和敬畏大自然的魅力。当然，自然环境的保护和对野生动物关爱是实现这一目标的基础。许多自然资源类休闲体育的研究机构也都因此确立了自己的研究目标和方向，比如：成立于1924年的美国动物园和水族馆协会（American Zoo and Aquarium Association），工作目标是为民众提供认识动物的机会，通过创设高质量爱护动物和福利标准，对民众进行动物保护教育；又比如美国公园法律执行协会（Park Law Enforcement Association）倡导的《自然环境保护法》，告诫游客在享受休闲运动的同时，应严格遵守森林法律，爱护野生动物，预防环境污染等；国际公园与娱乐管理联合会（International Federation of Park and Recreation Administration）强调了户外休闲体育运动的教育价值，号召人们珍惜原始的历史运动文化遗产，保护大自然等。

拓展阅读：美国黄石国家公园

美国黄石国家公园（Yellowstone National Park）于1872年3月1日被正式命名为保护野生动物和自然资源的国家公园，1978年被列入世界自然遗产名录。这是世界上第一个也是最大的国家公园。根据1872年3月1日的美国国会法案，黄石公园"为了人民的利益被批准成为公众的公园及休闲运动娱乐场所"，同时也是"为了使它所有的树木、矿石的沉积物、自然奇观和风景以及其他景物都保持现有的自然状态而免于破坏"，被正式命名为"保护野生动物和自然资源的国家公园"，这是世界上第一个国家公园。在黄石公园内，可供娱乐的项目非常多，比如露营、骑车、自然岩石攀爬、湖中独木舟、钓鱼、观赏动植物、摄影等，都是极具特色的黄石娱乐与运动休闲项目。此外，黄石地区还是美国本土48个州中最好的巨型动物群的野生生物栖息地，公园里大概有近70种哺乳动物，包括各类大型哺乳动物如美洲野牛、黑熊、麋鹿、驼鹿、骡鹿、白尾鹿、山羊、大角羊和山狮等，基本上都是受国家保护的动物。

（三）户外拓展类休闲体育为野外生存教育提供了平台

户外运动多数带有探险性，属于极限和亚极限运动。它完全依靠自身能力，对场地要求低，项目多样且同一项目因地理环境不同又有不同难度和级别，具有挑战性和回归自然性、刺激性、非人工性，能够培养个人的毅力，团队之间的合作精神，提高野外生存的能力，挑战自我。另外，户外运动有助于积累经验和提高人们随机应变的能力，这些特点深受广大青年人的欢迎和青睐。

对于这一类休闲体育的研究，关注领域最多的是户外运动项目的设计与开发、自然环境保护、野外生存教育以及团队合作精神的培养等,比如成立于1924年的美国露营协会(American Camping Association),发展目标是通过野营活动建立一系列露营专业机构作为露营知识普及和服务指导的中心,以丰富青少年和成人的业余文化生活;机构对露营管理者和从业人员专业素质要求很高,经常进行专业培训,特别在项目质量设定和健康与安全设施配备方面,更多体现"以人为本"的宗旨,同时,帮助游客选择符合政府认可标准的环境露营。又比如野外教育学会(Wildness Education Association)特别强调,通过体验荒野休闲体育活动,增强户外安全教育等;再如户外娱乐教育学会(Association of Outdoor Recreation and Education)始终坚持为更多的人提供参与户外拓展活动的机会,培养保护大自然的意识,提升户外服务质量等。总之,这类休闲体育的研究倡导的是户外环境教育,热爱大自然与野生动物,自我安全保护等。

（四）商业休闲与体育旅游优化了休闲服务

商业性休闲是以市场为导向,通过对休闲体育产品研发,市场销售和休闲服务供给等获得利润的过程。商业休闲有着悠久的发展历程,所涉及范围和领域比如体育主题公园、职业体育比赛(包括电视媒体类商业赛事)、旅游产业、体育俱乐部以及运动产品等都是与社会发展和人类精神层面的生活内容密切相关的。体育旅游是商业休闲的重要组成部分之一,兼具体育和旅游的共同特点,能很好地帮助人们摆脱压力、释放身心。随着生活水平的提高,与体育相结合的旅游方式已成为现代旅游业发展的新趋势,也是体育和旅游爱好者们梦寐以求的乐事。体育旅游和其他商业性休闲体育活动相比算是一个新型的商业休闲项目,体育因素的融入为整个旅游产业的繁荣起到了促进作用,其发展前景受到越来越多商家和休闲研究机构的关注,比如旅游及旅游研究协会(Travel and Tourism Research Association)、国际假日与项目协会(International Festivals & Events Association)、国际游乐园和景点协会(International Association of Amusement Parks and Attractions)、世界旅游组织(World Tourism Organization)以及加拿大旅游委员会(Canadian Tourism Commission)等,这些都是对运动与旅游产业的研究机构,为体育类的休闲旅游服务发展做出了重要贡献。为了丰富休闲旅游内容,提供高质量的旅游服务,许多旅游目的地都设计了包含运动的元素,让游客在运动体验中畅享他们的旅行,比如加勒比海的邮轮旅行,除了邮轮上提供的各种休闲体育活动项目，游客到了旅游目的地仍有很多可选择的滨海运动项目，如潜水、沙滩排球、高尔夫、钓鱼、越野沙滩吉普等，关注旅游景点的管理和提供优质服务是这些机构的发展目标。

 案例：迪士尼乐园

迪士尼乐园是世界上规模最大的集休闲娱乐、旅游度假、运动体验于一体的综合游乐场，也是商业运营最为成功的休闲娱乐公司，迪士尼乐园的全球发展经历了半个多世纪的历程。1955年沃特·迪士尼在美国洛杉矶创建了世界上第一个生产快乐的主题公园——迪士尼乐园，1966年迪士尼公司又在美国本土建成了由7个风格迥异的主题公园、26个高尔夫球场和6个主题酒店组成的奥兰多迪士尼世界。1971年10月1日，美国佛罗里达州的迪士尼乐园对公众开放，该乐园目前拥有3个主题游乐园、18家饭店、1个俱乐部、3个高尔夫球场、1个水上公园、1个野营地以及一些大规模的会议设施。1983年和1992年，迪士尼又以出卖专利等方式，分别在东京和巴黎建成了两个大型迪士尼乐园。2005年迪士尼乐园在香港落成，开幕当天就有1.6万名来自世界各地的游客参加了香港迪士尼乐园的首日游，收益达2 000万港币。2016年6月上海迪士尼顺利开幕，除了占地广之外，这里的游乐设施80%都是全新设计的，让迪士尼粉丝们摩拳擦掌。这座迪士尼非常特别，具有浓厚的中国元素，其中有六大之最更是让人眼睛为之一亮：① 全球最高的奇幻童话城堡；② 面积最大的迪士尼商店；③ 第一个以海盗为主题的园区宝藏湾；④ 第一间玩具总动员主题饭店；⑤ 首次以中文演出音乐剧《狮子王》；⑥ 首次设立以中国生肖为主题的十二朋友园。

迪士尼成功的秘籍源于其管理理念：

给游客以欢乐：提供高品质、高标准、高质量的娱乐服务。

营造欢乐气氛：微笑服务、眼神交流、令人愉悦的行为等。

把握游客需求：从游客的角度审视自身每一项决策。

提高员工素质：提供各种培训，让每位员工感到工作就是机会。

完善的服务体系：以东京迪士尼为例，乐园核心理念表现为4个方面：安全（Safety）、礼貌（Courtesy）、表演（Show）与效率（Efficiency）。

(五)疗养性休闲体现了对社会弱势群体的关爱

疗养性休闲是主要针对特殊人群开展的综合性治疗服务,特殊人群包括智障患者、身体残疾人士以及有精神疾病的人群等,这些人群常被社会视为弱势群体,应得到全社会的关爱与帮助,除了各个国家给予他们的特殊优惠政策以外,有针对性地治疗是不可缺少的。比如美国国家疗养性娱乐协会(National Therapeutic Recreation Society)、加拿大疗养性娱乐协会(Canadian Therapeutic Recreation Association)以及美国运动医学院(American College of Sports Medicine)等,这些机构共同的发展目标就是探索通过体育的途径帮助患者摆脱疾病和痛苦,或通过"运动+心理疏导"等手段使患者恢复到正常人的状态。教育培训是这些机构的工作任务,例如为患者开设心理疏导课程,定期变换生活环境,组织患者参与体育娱乐活动等,从心理或精神层面鼓励和唤醒他们,树立生活的信心。由于他们是社会中的一个特殊群体,需要社会的理解与支持,治疗与康复过程一般都要在社区诊所、健身房、公园等环境配合下完成。疗养性休闲对患者精神康复有着积极的促进作用,超出休闲体育只为正常人群服务的范围,其发展前景无可估量。

残疾人休闲体育运动具有强大的亲和力和包容性。平等、互助的体育精神为残障人了解社会、融入社会提供了理想的桥梁。通过休闲运动不但可以使残疾人体育事业得到发展,而且使残疾人的生存价值也得到了应有的尊重和保障,使其更可能成为社会财富的创造者以及社会稳定的维护者。同时,残疾人休闲体育运动能改善和提高人的素质,尤其是身体素质。身体素质的提高对提高劳动能力,减轻社会医疗保障和就业压力起着至关重要的作用。可见,残疾人体育活动的开展对于促进社会的文明、进步、发展,实现社会和谐具有积极的推动作用。

除以上研究分类外,各类休闲体育相关的国际性学术刊物与杂志也是促进休闲体育发展不可忽略的因素,这些刊物与杂志为科研人员提供了表达思想和探索未知的学术舞台,休闲体育学科能够发展到现在,与各国学者的共同努力是分不开的(表9-2)。

表 9-2 国际休闲与运动期刊

期刊名称（中文）	期刊名称（英文）
体育、娱乐和舞蹈杂志	Journal of Physical Education, Recreation and Dance
运动旅游杂志	Journal of Sports Tourism
实用娱乐研究杂志	Journal of Applied Recreation Research
休闲研究杂志	Journal of Leisure Research
公园与娱乐管理杂志	Journal of Park and Recreation Administration
休闲资源管理季刊	Leisure Resource Management Quarterly
休闲科学	Leisure Science
休闲研究	Leisure Studies
疗养性娱乐杂志	Therapeutic Recreation Journal
世界休闲杂志	World Leisure Journal
休闲与商业大视觉	Visions in Leisure and Business
……	……

（资料来源：Recreation and Parks: the profession written by Betty Van der Smissen, 2005.）

三、休闲体育活动空间呈多元化趋势

公共休闲活动空间一般是由政府投资创建的，供市民们享用的非营利性活动场所，被发达国家视为"城市客厅"，生活在城市的每个居民都有权利享受"城市客厅"提供的服务。在那里，人们可以自由自在选择喜欢的休闲运动方式，比如人与人之间的情感交流，人与大自然的亲近，运动知识与技能的相互学习，锻炼身体与放松身心，个体独处与享受运动快乐等，是一种聚集性公共服务。商业性体育俱乐部作为公共休闲运动空间的重要组成部分，虽然提供的是带有营利性质的公共休闲服务，却在人们休闲运动选择方面增加了丰富的项目内容，是休闲服务产业的重要补充。体育主题公园、体育俱乐部、社区小镇和大学校园的休闲体育中心等是发达国家最具代表性的休闲运动场所，也是民众热衷的休闲运动环境，可满足各种群体与层次人群的运动休闲需求。特别在社会快速发展的年代，利用闲暇时间去参与娱乐健身活动，放松心情已经成为一种社会时尚。

（一）体育主题公园更加人性化和生态化

以运动为主题的公园在发达国家比比皆是，比如美国的中央公园、法国

第一节 发达国家休闲体育发展的现状与方向

的特拉幕布尔体育公园、英国的摄政公园、德国的奥林匹克公园、日本北神户田园运动公园以及澳大利亚墨尔本中央体育公园等都是集运动、休闲、娱乐于一体的体育类休闲公园。公园所有设施都是围绕主题设置，所有活动都是围绕主题开展，从而更好地满足人们运动休闲的需求。休闲体育公园如此盛行，主要基于发达国家良好的经济基础和人们对休闲运动的追求与向往。体育公园作为体验休闲体育活动的重要场所，一直是备受社会青睐，人们不仅可以享受到清新的空气，养眼的自然景观，还可体验到各种运动的快乐。许多国家的主题公园，在设计与建设方面，始终把满足大众需求作为第一要素，比如公园的选址需考虑市民方便的融入，活动项目的设定需考虑受众的体育喜好等，目的是向市民营造宽松舒适的休闲运动环境，让更多的人受益。

许多科研机构把公园作为休闲体育研究的主要内容，甚至把"公园"一词放在研究机构的名称中，比如：美国国家公园与娱乐协会（National Park and Recreation Association）、公园与休闲教育者协会（Society of Park and Recreation Educators）、加拿大国家公园与娱乐协会（Canadian Parks and Recreation Association）等，其发展理念都是鼓励人们爱护环境，在大自然的怀抱里享受运动。为体现人文关怀，公园的许多休闲体育活动项目安排和运动设施建设，都要考虑满足不同年龄、性别、身体状况和使用人的运动需求。

拓展阅读：英国的体育公园

英国体育公园的设计非常注重与本国文化和民众需求的结合，活动项目的设置主要从本地居民的运动喜好考虑，以凸显体育项目的特点，比如：源于苏格兰的高尔夫运动，这项运动在整个英国传统文化里有着深厚的群众基础，许多高尔夫球场被改造成市民喜欢的高尔夫公园，使得爱好这项运动的人在城市中心就能实现打球的愿望。又比如著名的摄政公园（Regent Park），建于1817年，占地166公顷，曾经是英国皇室成员的狩猎场，随着社会发展的需要，摄政公园已经成为市民首选的休闲运动场所。公园主要以露天的形式为市民开放，提供各种户外休闲体育项目：橄榄球、足球、垒球、板球、曲棍球等，公园还围绕中央草坪、湖泊及山坡等布局各种绿道和人行道，为市民散步、骑自行车、玩耍等提供了方便。

（二）会员制是体育俱乐部发展的重要模式

体育俱乐部起源于 17 世纪的英国，是一种非政府性质的机构，运营方式主要采用私人经营或商业模式，备受西方社会的欢迎。俱乐部的出现为追求休闲运动的爱好者提供了相互交流、相互切磋、共享休闲运动的平台。在俱乐部锻炼的人群多以俱乐部会员的身份为主，吸引人们入会的重要因素是俱乐部文化和优质的服务，会员在那里可以享受特殊的礼遇。与主题公园锻炼最大的不同是，俱乐部锻炼的环境相对固定，所要学习的运动技术与技能较为专业，享受到的服务当然是一流的。俱乐部锻炼的人一般都是渴望体验深度休闲的群体，或热衷追求运动技能的人群。他们在享受休闲运动乐趣的同时，成为俱乐部会员更是一件令人自豪的事，特别是一些著名体育俱乐部，会员是身份的象征。体育俱乐部一般分布在居民生活的社区、大学校园以及公共活动环境的城市中心，为民众提供了锻炼的方便。不管是职业的还是业余的俱乐部，都已经渐渐深入人心，体育俱乐部将在未来人们的休闲生活中扮演主要的角色。

案例：奥古斯塔国家高尔夫俱乐部

奥古斯塔国家高尔夫俱乐部是美国高尔夫大师赛之家，是世界上最著名的高尔夫俱乐部，坐落于美国佐治亚州奥古斯塔市。奥古斯塔高尔夫球场由鲍比·琼斯先生于 1933 年建立，从 1934 年开始举办美国大师赛，该赛事同英国公开赛、美国公开赛和美国职业高尔夫锦标赛同为世界四大著名锦标赛。奥古斯塔国家俱乐部以高标准的自然景观特色闻名于世，球场周围的树丛繁花盛开。想成为一名奥古斯塔国家高尔夫俱乐部的正式会员吗？首先你需要每年交纳 2.5 万~5 万美元的会费，而且还需要被俱乐部邀请加入。只有当个人的财力、影响力、社交圈都足够大的时候，才有可能被邀请。到目前为止，这个高级俱乐部里只有约 300 名会员，排队等候加入俱乐部的人大概有 300 人，这些人都是被已经成为会员的朋友提名的。比尔·盖茨先生虽然球技平庸，但确实是一个狂热的高尔夫爱好者。据报道，他一直强迫自己的好朋友，奥古斯塔会员的沃伦·巴菲特先生助他一臂之力。《时代周刊》杂志报道，经过多年的争取，比尔·盖茨最终美梦成真，成为其中一员。

(三) 社区为居民提供便捷舒适的运动休闲环境

城市社区是居民生活的主要栖息地，居民几乎 2/3 的时间都会在自己生活的社区度过，除了享受家庭的温暖之外，社区环境则是影响居民日常生活质量与乐趣的主要因素。社区的体育环境可以使社区居民放松身心、有效形成社区文化，必将成为当今社会体育事业不可或缺的一部分，而且直接关系到和谐社区与和谐社会的构建。创建社区休闲体育环境、开放社区附近的闲置体育场馆、利用社区周边学校资源等都将有效改善社区休闲体育发展。除了注重美化社区自然环境和自家的前后花园外，社区休闲体育活动设施的配备也是必需的，社区人口数量相对应的运动场地和运动设施的标准已经上升到许多城市建设与规划方案中，比如英国国家运动场地协会（The National Playing Fields Association）2001 年出台的"六亩田标准"（The Six Acre Standard），主要用于社区规划与建设，即四亩地的公共空间用于居民的户外运动，包括各种运动场地与设施；两亩地专供青少年玩耍，以确保孩子们有足够的活动空间。这项政策的出台深受英国民众的欢迎，许多社区积极响应，并付诸了实施。和体育主题公园与体育俱乐部相比，社区运动场所和设施配备未必那么专业，但居民的休闲锻炼更具随意性和便捷性，出门即有锻炼的空间与机会。

(四) 大学校园体育中心是运动体验的理想去处

大学校园可视为休闲体育活动场馆和运动设施最齐全、最集中的地方，不仅有专业的休闲体育指导者，更有完善的休闲体育研究机构与服务体系。运动氛围通常代表着各大学的校园文化和办学特色，参与休闲体育活动的人群以在校学生为主，校园周边的社区居民会选择大学校园作为自己常去的运动休闲场所。和以上休闲运动环境相比，校园休闲体育场所应该是最舒适，活动项目最齐全的地方。由于服务对象是学生，因此，各种体育活动消费也是最便宜的。

四、休闲体育服务供给体系

休闲体育服务供给体系是休闲体育服务的重要环节，服务供给方式包括：导引式体育活动方式、非指导性体育活动方式、校内外体育活动方式以及俱乐部体育活动方式。

（一）导引式体育活动服务

导引式体育活动方式属休闲体育服务范畴，即为活动体验者提供专业的体育活动知识和规范的活动技能指导。在体育活动指导过程中，不仅受到活动参与者需求的影响，亦受到导引式休闲体育供给体系所提供学习方式的影响。休闲体育活动项目服务途径主要包括：教育的方式、休闲娱乐的方式、运动体验的方式以及运动职业化的方式。体育活动的指导者必须具备能让学习者获得满足的体验和有意义感受。

（二）非指导性体育活动服务

有些人习惯于选择有规范的、有组织的休闲体育活动项目，但也有不少人热衷于自由自在地享受非预先设计好的活动项目。非指导性休闲体育活动通常指自我指导和随意性地参与一些集体或个人休闲活动项目，活动的内容非常宽泛，比如独自海上冲浪、与家人在家中打桌球、公园里和朋友一起玩飞盘等。活动参与者往往可以自由决定活动的内容、比赛方式、活动地点与时间等。非指导性休闲体育经常被认为是导引式休闲体育、校内外休闲体育、俱乐部体育、竞技性体育以及职业体育运动发展的基础，在参与休闲体育活动的群体中，非指导性休闲体育活动人群比例最大。虽然非正规的休闲体育活动并不像那些规范的体育活动项目被大众认可，但却能满足普通人参与休闲娱乐的兴趣。随着商业化运动产品与设施设备的出现，自我指导的锻炼方式越来越普遍，从而促进休闲体育产业的发展。和规范的体育项目不同，非正规的体育活动项目更注重运动设施的管理、监督和服务质量。

（三）校内外体育活动服务

校内体育服务与大学生参与的休闲体育活动有直接的关系，休闲体育代表着大学生对参与的体育项目的兴趣与热爱，包括理论知识的学习与社会实践的体验。校园内体育活动一般都要涉及指导性参与，需要预先设计和安排好项目内容并设立组织机构等。校园外休闲体育是校园内体育的延伸，比如：校际间的体育交流与比赛或社会上举行的体育活动等。校园外休闲体育项目包含活动赛事的长短，不固定的比赛时间表，这些体育活动鼓励参与者自愿选择，不管是性别、年龄、职业、阶层、个人技能、收入水平、生活的区域等都是自愿行为。

（四）俱乐部体育活动服务

俱乐部体育是休闲体育最主要的模式之一，有共同运动爱好的人聚集在一起成为俱乐部会员，会员在俱乐部需要自我管理、自我约束。俱乐部体育活动策划比非正式、校园内外的休闲体育活动模式更具规范性和专业性。俱乐部体系涉及范围非常宽泛，拥有地域差异、环境差异、人群差异等。

五、休闲体育专业十大就业方向（以美国为例）

（一）联邦、州、地方政府与公共服务

主题公园与娱乐服务是传统意义上的休闲资源，为社会创造了许多就业机会，工作内容通常与联邦政府、州政府和地方政府提供的休闲娱乐服务紧密联系在一起。联邦政府层面主要负责公共休闲服务供给与娱乐项目管理，比如户外运动项目的规划，自然资源的开发与利用，森林与野生动物的保护，主题公园环境维护与风险的监控以及相关休闲服务项目法律法规的制定与执行等；此外，还负责旅游景点的管理，军队娱乐项目的设计和休闲教育的职业培训等。相类似的是，州一级政府主要负责区域内野外环境资源的开发与保护、文化遗产的推广与管理、休闲娱乐建设与设施维护，如露营地、越野滑雪、自行车和人行绿道；水资源方面包括游船、游泳、钓鱼等以及其他方面的运动娱乐资源。本地市政或县一级层面，休闲专业人士负责策划管理和监督公共活动场所、社区休闲娱乐中心、露营设施、娱乐活动项目等来满足居民休闲的需求和公共税收。

（二）非营利组织和宗教机构休闲服务

截至2010年，美国有超过150万个非营利组织，其中，许多组织都与宗教有密切联系，比如青少年基督会（YMCA）、犹太人社区中心、天主教青年会等。另外，还有一些社区服务机构，如男/女童子军、男孩/女孩俱乐部等，也都是以青少年为服务对象，包括体育活动与娱乐项目策划、运动设施提供等，从业人士主要负责安排青少年成员休闲体育活动时间表和活动内容，帮助他们拥有一个健康快乐的生活方式。

（三）商业娱乐与休闲体育服务

私人娱乐与休闲服务业一般通过收费的方式为大众提供必要的休闲产品、活动项目和娱乐服务，目的是为了盈利。商业休闲的利益动机不同于其他服务机构，但并不是说休闲业主和管理者只在乎利益，在许多方面，他们更注重大众需求，提供优质的服务和产品。这些商业机构的基本底线是让所经营的休闲娱乐业正常运转。休闲娱乐业包括健康与健身中心、俱乐部与健

康美容、网球类俱乐部、冰雪类项目、私人乡村俱乐部、运动员俱乐部、高尔夫球会、保龄球馆、桌球厅、运动产品店、露营地、水上运动中心、水上乐园与主题公园、游艇俱乐部、壁球中心、游轮、帆船俱乐部、电影院、竞技场与运动场、舞池、游乐园、艺术品商店、赌场、度假胜地等。

在商业休闲运营方面，博彩业是商业休闲最为典型的例子，已成为美国非常受欢迎的一种行业，在许多州都有不同规模的赌场，从税收层面，政府是非常欢迎和支持的。据统计，在美国有500多个赌场，160个为国家级别的，每年税收高达850亿美元；其他类型的赌博还包括赛车、赛马、赛狗以及用于赌博的机器设备等；博彩业为管理娱乐、治安、市场、食品与饮料以及旅馆等行业提供了各种就业的机会。

（四）军队休闲服务

美国部队的每一个军种都会开设有用于鼓舞士气的体育活动，这是政府提供的福利，因为运动娱乐项目可以调剂军人的情绪和精神状态，加强备战，提高战斗力，还包括服务好他们的家属成员和部队其他成员。很多休闲活动项目和设备用于运动健身、小孩成长及青少年发展项目等，国家还会在世界范围组建许多部队康体中心和度假胜地为军人服务。

（五）公司雇员的休闲服务

无数的产业组织、商业机构和公司都会为他们的员工和家庭提供娱乐活动和休闲服务。和过去几十年相比，这个领域的就业机会增加了许多，不管在公共机构还是在私人企业，员工们都非常热衷参加健身项目和员工援助项目。这些项目所提供的服务，比如营养教育、健身健美、压力控制指导等都关系到员工的成长，目的是减少雇主的医疗支出，提高员工的生活质量。员工服务和娱乐项目有利于对员工的管理，提高整体员工的生产力和积极性，减少缺勤和流动性，减少健康保险费用和额外花费。换句话说，快乐健康会使一名雇员成为积极主动、具有活力的员工。

（六）校园娱乐服务

校园休闲娱乐项目和设施为在校大学生、教职工及本地居民提供了休闲娱乐、运动和健身的机会。校园休闲娱乐可以促进学生形成积极健康的生活方式，通过活动项目、运动设施和服务培养他们校园社区的意识。每年的校园休闲体育娱乐工作都包含项目策划、校园赛事管理、非正式的体育活动组织、俱乐部运动指导、运动技能培训、水上运动和健身健美活动开展及活动设施管理等。

(七) 私人休闲会所服务

私人休闲会所作为服务机构,所提供的服务项目主要针对会员、会员家属和他们的客人。私人休闲会所包括乡村俱乐部和本地居民为主的服务协会。乡村俱乐部一般有高尔夫球俱乐部、网球俱乐部、狩猎和马球俱乐部、帆船俱乐部、运动员俱乐部、游泳俱乐部等;本地居民服务协会则为退休老人创造舒适的社区休闲生活环境,提供一定的娱乐项目和设施。总之,这些都是以休闲为目的的服务机构。

(八) 疗养性娱乐服务

疗养性娱乐项目与休闲服务充分利用了休闲娱乐项目和体育活动作为治疗病人的手段从而提高人们的健康和机能及生活质量。项目设计主要放在非诊所环境,如养老院、心理健康机构、疗养所、儿童中心、老年活动中心和护理中心等。疗养性休闲娱乐服务可以帮助一些特殊人群,如烧伤病人、绝症病人、吸毒病人、危险青少年等群体的康复。疗养性休闲娱乐专家治疗的对象主要是青少年和成人,比如生理、精神、情绪、心理有残缺的人士。

(九) 休闲运动管理服务

随着人们对休闲机会意识的增强,越来越多的美国民众开始热衷休闲体育活动,此行业只有不断创新,扩展项目内容,增加休闲机会,才能满足大众需求。这种增长势头在过去的一个世纪里,形成了一个庞大运动休闲市场,当然也会产生重要的职业选择和不同领域的就业机会。休闲运动管理服务涉及数以万计的公共机构、非营利组织、商业企业等。以休闲为目的的运动项目适合所有年龄层的人群参与,在娱乐与休闲服务行业中,是运动管理代表最多的参与群体之一。随着参与休闲体育活动和健身健美群体的增多,对休闲运动项目内容的需求也相应提高,这就需要专业人士策划出合理的活动项目和管理技巧。

(十) 旅游与酒店休闲服务

作为世界第三大产业和增长速度最快的旅游服务业为社会提供了无数的就业机会。在过去的30年里,旅游业产值增长了500%。根据世界旅游与旅行委员会(WTTC)统计,旅行与旅游行业在世界范围的就业人群达2.25亿人,预期就业机会在今后十年里以每年4%的速度增长。另外,旅游的性质已经发生变化,并有比较明确的发展方向和范围、活动内容,如文化旅游、探险旅游以及生态旅游等。该领域的就业机会有项目策划、旅游顾问、会议中心管理、项目合作伙伴、度假胜地管理、旅游局管理、会议及项目策划、游轮服务、酒店管理、交通与旅游、主题公园、休闲旅游产品展销及节假日活动、旅行计划、商业旅游休闲场所等。

运动管理与旅游的融合已经成为公认的体育旅游,有学者指出,作为最热门的新型产业,体育旅游已涵盖旅游时的积极主动参与和非主动的观赏体育活动。运动与旅游的专业人士已经开始意识到要为旅游者营造一个参与或观赏的体育活动环境从而满足旅游者这方面的需求。有学者认为:运动与旅游是发达国家感受休闲体验最受欢迎的项目,比如滨海高尔夫假期或骑自行车穿越加利福尼亚酒庄等,对于专业人士的意义在于认真策划项目活动内容,完善休闲服务产业从而满足游客的需求。

第二节 我国休闲体育发展的趋势与未来

一、休闲体育产业是未来最具活力的服务产业

随着我国经济的飞速发展,国民越来越注重健康娱乐与运动休闲。人们对休闲生活的渴望,对健康生活的诉求促进了文化产业的蓬勃发展。

(一)满足更多人群的精神需求

席勒曾说:只有当人充分是人的时候,他才游戏;只有当人游戏的时候,他才完全是人。因此,在这个充满竞争的社会中,休闲体育所给予人们的正是人们所需要的,休闲体育成为人们生活的一部分也就成了必然的选择。如果说传统农业社会的生产与劳动方式主要是体力劳动,从事脑力劳动的只是少数精英或贵族阶层的话,那么现代社会就是以脑力劳动为主的社会,是知识经济为主导的社会。至少在城市中,越来越多的人从事脑力劳动,体力劳动则逐渐被生产机器所取代,脑力劳动的增加与体力劳动的减少加快了人体机能的下降,并伴随着"亚健康"状态的出现。而随着人类寿命的增长,老年人也需要一种填补空闲时间,缓解老年疾病的活动;青少年的学业负担加重、就业压力加大也需要一种体育活动方式进行调解,这些都促成了休闲体育的繁荣。另一方面,从人不断完善自身的需要,如身体保健、

审美、个性张扬等方面也需要积极参与休闲体育运动。因此，人的主观需要是休闲体育繁荣的根本条件。

（二）促进社会的文明与和谐

物质文明的不断发展，使人类过着惬意的休闲生活，同时，休闲也会推动社会的不断进步，但并非所有的休闲生活都会对社会起积极的影响，有时也起到消极的作用。因此，了解社会上存在的不健康的休闲生活，引导人们的休闲方式朝着有利于社会进步的方向发展，将会推动社会的精神文明建设。从目前我国实际情况来看，在休闲生活和休闲消费领域存在着许多不健康现象。一种是轻文化消费、重物质消费的现象，主要表现在物质消费互相攀比，但在文化消费上，则小气得多。另一种是俗文化消费多于雅文化消费，有人一讲到休闲就想到吃喝玩乐，缺乏高雅的文化内涵。与之形成鲜明对比的是，高雅文化被束之高阁，艺术名著无人问津，这种现象难免造成"营养不良"，殃及社会的精神文明。

休闲是为了更好的工作，努力工作又是为了获得更多的休闲，健康向上的休闲将会促进人格的不断完善，也只有人格的不断完善，社会才能更快、更健康地发展。因此，休闲体育对于充实国民文化生活，提高国民文化水准，改善生活品位，使国民的生活质量在得到有效提高和升华等方面具有重要作用。而休闲体育为人们的休闲生活提供丰富的消遣、娱乐和"开心"的产品、设施和服务，对许多不利的社会情绪具有化解和治疗作用，从而在促进社会稳定、维持社会秩序中发挥"安全阀"的作用。

（三）有助于国家的发展与稳定

休闲体育将促进整个国民经济的发展。从国际发展经验来看，人均GDP达3 000~5 000美元即进入消费结构向发展型、享受型升级的时期。也就是说，过去的奢侈品将转化为居民必需品，而且休闲方式开始由物质形态向精神形态转轨。所以，经济水平的提高必然带来人们价值观念的转变。人们在劳动生活方式、消费生活方式、社会交往方式、闲暇生活方式等方面都随之变化。当一个国家或者地区人均GDP超过3 000美元之后，城镇化、工业化的进程会加快，居民的消费类型、消费行为也会发生重大转变，超过5 000美元之后其消费结构将向发展型、享受型升级。经济快速增长必将导致人们生活方式的重大变化，追求更高生活质量的时代正在到来。

二、区域特色休闲体育的发展

发展区域特色休闲体育是未来中国社会走向文明、奔赴小康的必由之路；弘扬区域特色体育文化，对振兴地方经济，提升大众生活品质有着重要的意义。我国地域辽阔，江河湖海、森林沙漠等自然资源十分丰富，可开发用于休闲的体育资源潜力巨大，因此有必要从气候和地缘特征，探索和挖掘一些具有地域特色的休闲体育活动项目供人们体验。

（一）冰雪类休闲体育

冰雪类休闲体育是典型的冬季体育娱乐活动，冰和雪是开展这类休闲运动的基本条件，人们只有借助各种器械和装备，在有冰雪的环境里才能进行。冰雪休闲度假旅游是体验冰雪运动的最理想方式之一，以休闲度假为目的，在旅游的过程中，不仅要满足旅游者感官的需要，更强调的是人的心理和精神需求。因此，凡在冰雪休闲度假旅游活动过程中，能使旅游者感到舒适、愉悦，有助于旅游者增长文化知识、提高文化素质，都属于冰雪旅游文化的范畴。冰雪休闲度假旅游文化的内涵和外延也非常广泛，一切与冰雪旅游相关的文化及文化活动都可以称之为冰雪旅游文化。冰雪文化可以说是物质文明和精神文明的总和，它的任何活动都是以人为本，最终体现在旅游者的文化精神和文化心态上。

从全球范围看，冰雪文化运动比较盛行的国家和地区基本位于赤道以北 40°以上的国家和地区，如北欧国家、北美国家以及俄罗斯等，那里气候条件非常寒冷，常年被冰雪覆盖，是开展冰雪休闲运动最理想的环境。我国冰雪休闲运动项目开展较好的地区主要位于黑龙江、吉林、内蒙古及新疆等地，在世界体育史中占有很重要的历史地位。目前已经成为北方居民冬季体育活动的重要组成部分，以冰雪运动为主的冬季体育运动，例如滑雪、滑冰、速滑、冰壶、冰球、冰橇、雪橇等，都是冬季特色的休闲运动项目。

（二）滨海类休闲体育

滨海休闲体育产业是依托沿海的自然环境，以体育运动的方式为人们提供休闲、娱乐产品和服务的产业，不仅可以满足人们对体育运动和休闲的需求，更重要的是能带来显著的经济效益。滨海休闲体育是社会经济实力的彰显，是海洋体育文化的展示。我国滨海休闲体育的发展与发达国家相比有较大差距，但其发展前景毋庸置疑，休闲体育产业是体育产业向休闲化时代迈进的标志，滨海休闲体育产业是海洋经济和休闲体育结合的产物。滨海休闲体育是人类基于对海洋本身的认识，利用海水、滩涂、海岛、沙滩等开展的体育活动，其方向可为休闲型，也可为竞技型，还可以是在海边或沙滩上建设的一些体育设施娱乐设施。

我国是一个沿海大国，拥有18 000多千米长的海岸线，沿线地区包括从中朝边境的鸭绿江口，曲折南延至辽宁、河北、天津、山东、江苏、上海、浙江、福建、广东、广西至中越边界的河北仑河口止，另外还有6 500多个沿海岛屿等，丰富的滨海资源是拓展滨海休闲体育活动项目的基础，滨海休闲项目可以在水面、水中和水下开展，这类休闲运动极具挑战性和娱乐性，有时会受到户外天气、水温与水流、水域突然发生变化等因素的影响，因此安全性是非常重要的。

（三）森林类休闲体育

"休闲"的概念近十多年在我国各个行业得到了广泛的关注，相继出现了"休闲农业""休闲渔业"等，而在林业方面，主要的提法还是"森林旅游"或"森林游憩"，很少提到森林休闲，休闲林业的概念更是没有出现。从研究对象来看，大多关注森林公园、自然保护区等，而对于城市森林休闲的研究还比较少，在城市绿地系统规划等研究领域才会涉及与森林相关的内容，而且多是从一般性城市公园的角度来研究森林游憩，未能深刻挖掘和展现森林休闲地对于改善城市居民休闲生活的作用。森林休闲是指人们在自由支配时间（闲暇时间）内，以轻松自由的精神状态和生态责任感，在森林环境从事各种不破坏生态环境、倡导生态保护和生态文明，同时有利于身心健康、精神愉悦和自我实现的活动。森林休闲体育是在森林环境中进行，以游览、观光、休息、娱乐、健身等为主要内容的休闲活动，旨在达到调节身心、陶冶情操的作用和效果。

其实，森林类休闲体育内容十分丰富，比如攀爬自然岩壁与树木、高空滑索、徒步穿越森林以及森林旅游等都是年轻人喜欢的项目，利用森林资源还可创建一些符合更多人群的高尔夫球场、森林冒险公园等。英国一些森林冒险公园的口号是：快乐中测试勇气，自然中享受生活，恐惧中锻炼身体。的确，"树冠之旅"越来越受到人们的青睐，我国森林资源较为丰富，开发森林类休闲体育活动是为那些勇于探索，不惧风险的群体创造体验的机会，同时也为森林旅游业创造新的商机。

（四）沙漠类休闲体育

沙漠休闲体育兼有运动与旅游的功能，因其开展所需场所的地域特殊性，对参与者生存能力、体能、耐力以及技巧要求都较高，因而具有高参与性、深体验性等特点，有些户外运动爱好者曾用"身体下地狱，眼睛上天堂"来评价此项运动的运动体验。

我国是一个拥有262万平方千米沙漠面积的国家，沙漠占国土面积的27%，沙漠资源十分丰富，主要分布在新疆、内蒙古、宁夏、甘肃等省份。利用沙漠资源开发休闲体育项目将是造福于民的好事，目前在一些地区，比如宁夏沙坡头沙漠特色休闲体育活动开展得有声有色，不仅带动了当地经济，还为更多民众营造了体育旅游的好去处，尤其对那些生活在非沙漠地区的人们更具吸引力。我国可开发的沙漠体育项目很多，比如沙漠汽车越野赛、沙漠赛骆驼、沙漠卡丁车、沙漠滑翔伞、滑沙运动等，甚至可以考虑开展沙漠高尔夫，这些都是一些极具吸引力的特色项目。相信未来沙漠体育活动项目会越来越受到大众欢迎。

三、民间休闲文化的挖掘

休闲来自民间，休闲体育则是民间休闲文化的重要体现。我国是一个拥有56个民族的文明古国，挖掘民俗民间文化将有助于休闲体育产业的蓬勃发展。

（一）中国传统的体育养生

中国古代传统儒家思想盛行，传统体育养生的内在价值追求是"从心所欲而不逾矩"，以追求自我与外在的修炼通达为准则，通过自主掌控与外在联系尺度，既超然于物外，又不脱离于尘世，强调人与自然和谐相处。这明显与现代奥林匹克精神有所区别，后者主要是对身体极限的超越，挑战自然，对生命价值追求最大化。中国传统体育养生与西方休闲、竞技体育最大的不同在于强调生命内在与外在的普遍联系，通过引导自身的经脉、气血加强两者联系，达到身心修炼的目的，其中不仅包括身体，也包括精神，最终目的是为了构建全面和谐的生存状态，获得体质增强，从而实现自我价值。

中国传统体育养生重在尊重个体价值差异，所谓"君子和而不同"说的就是这个道理。精神追求的不同存在形式才构成这个客观世界的丰富多彩，无论是花草树木还是飞禽走兽。传统体育养生强调的是人与万物共同生长，而西方现代体育精神则是依靠自身的不断提高，借助身体主观意识，追求个体表现突出性，将世间万物沦为与人相对立的客体，这样的精神追求与中国传统体育养生原则背道而驰，因而用现代体育文化视野无法真正窥见其真正内涵。

健身养身类项目主要是指以健身、养身、康复和预防疾病为目的的项目，动作一般比较简单、轻缓，强度不大。健身养身类项目是依托于"以人为本"的传统文化和传统医学创造出来的，具有代表性的项目有：导引、太极拳、五禽戏、气功、八段锦、易筋经、六字诀等。

（二）民间民族特色的休闲体育

民俗文化广泛地存在于我国各民族的日常生活之中，是对于自己民族认同的一种表现形式，而且各民族在其发展过程中也形成了具有民族特色和地域特色的节日。在广泛社会背景下的宗教文化、生产劳动、娱乐休闲、民族社交等也会对民族的节庆和民俗活动产生影响，产生一系列具有浓厚民族文化色彩的活动形式。而且在各个不同的民族中，民俗节庆文化虽然各不相同，但都会采用多种民族传统活动，作为重要的活动内容。比如广西壮族人民三月三抛绣球、打扁担，侗族的花炮节、斗牛节，蒙古族"那达慕"大会的射箭、骑马、摔跤等，鄂温克族"来阔勒节"中的套马，瑶族达努节的跳铜鼓舞、武术等民族传统运动表演。这些存在于民族节庆活动中的民族传统运动带有鲜明的民族文化特色，而且深受民族群众的喜爱。另一些民族传统的运动项目则是存在于人民群众间的"草根"项目，其大多不受地点等客观条件的束缚，简单易行，形式繁多，具有休闲的随意性、娱乐性以及竞技性，如拔腰、掰手腕、推杆、踢毽子等。民俗文化与社会物质文化和精神文化的发展和变迁有紧密的联系，凝聚了我国古代劳动人民卓越的智慧和先进的创造力，是人类精神文化和娱乐方式的重要内容，具有丰富的文化内涵。现在，随着经济形势的好转，越来越多的人在闲暇时间选择到少数民族聚居地区进行休闲旅游，在这中间，民俗节日游向来受大众的欢迎。

四、全民健身休闲意识的增强

我国现代化建设已进入了一个新阶段，是实现现代化建设的第二个战略目标和达到小康生活目标的重要时期。在这一时期，科技的进步、经济的繁荣和社会的发展，对劳动者和接班人的身心素质，提出了更高、更全面的要求。

（一）体育改变人的休闲生活方式

生产方式决定生活方式。现代社会生产力的快速发展是以往任何时代都无法比拟的，由此带来了生活方式的巨大变革。这种变革改变了人们的生活节奏与生活结构，原有生活方式形成的个体生理、心理上的平衡遭到了破坏。为找到新的平衡，形成新的合理生活方式，一些人显得无所适从、不知所措，甚至有些人根本不在意自己现有的生活方式是否合理，从而使不良生活方式对健康造成了巨大损害。现代社会竞争激烈、生活节奏紧张，在社会各阶层群体中，失眠、神经衰弱、恐惧、焦虑等亚健康状态很普遍，不健康的精神生活危害人民的健康，危害我国的经济建设和社会发展。因此，建立一种科学、健康、合理的生活方式显得越来越重要。

"增强体质，增进身心健康的一个最积极、最有效的方法就是参与休闲体育运动，以运动为手段去达到休闲的目的，即大家通常所说的休闲体育。"目前国内理论界虽然没有对休闲体育的概念形成统一的界定，但纵观各个学者对休闲体育的表述，大家普遍都认为休闲体育具有愉悦身心的价值，能够缓解或者避免现代生活方式对健康带来的不利影响，完善个体生命过程，提高个体生命质量，增进个体身心健康。休闲体育活动，不注重运动结果的成败得失，关注的是对运动参与者形成的良好心理体验。运动具有竞争性，竞争就有成功与失败，可休闲体育运动的成功与失败完全不同于竞技体育：成功时，可以给参与者带来良好的心理体验，使他们心情愉快，自信心增强；失败时，参与者也不会过于计较，正是由于失败，才增强了参与者承受心理压力的能力，使他们更加从容地面对下一次挑战。

增进人们的身心健康，这是休闲体育最基本也是最重要的价值功能。可以说，将休闲体育活动的参与作为日常生活必不可少的一部分，是一种健康的生活方式。与此同时，休闲体育也会呈现出蓬勃发展的态势。

（二）共享公共休闲体育资源

大众参与休闲体育活动的积极意愿与当前我国休闲体育资源的有限性形成了一对矛盾。休闲体育资源是休闲体育活动的客体，是休闲体育的基础，它的种类、数量、质量和现状等决定了休闲体育对人们的吸引程度和休闲体育活动的内容和方式以及休闲体育的发展。如何合理利用公共休闲体育资源、有效地保护和开发公共休闲体育资源，提供更多的大众休闲体育机会，是当前我国休闲体育发展不可回避的问题。

面对休闲体育需求人口多、公共休闲体育资源少、大众休闲体育机会少的问题，既要社会效益也不能损失经济效益，既要体现休闲体育的时尚、新颖性，也要兼顾大众一般性的休闲体育兴趣爱好。发展休闲体育产业要做好以下两个方面的工作：

首先，社会效益与经济效益相统一。社会主义体育事业的发展，要求把社会效益放在首位，而市场经济的客观规律又要求考虑经济效益，从根本上说，这两者是可以统一的。但在具体实践中，社会效益和经济效益两者之间又往往会产生矛盾，这种矛盾也能发生在休闲体育资源开发中。休闲体育资源的开发要力求做到社会效益和经济效益相统一，无经济效益的资源开发是不可取的，但局部的经济效益要服从整体的社会效益。

其次，休闲体育资源开发要适合当前社会政治经济发展水平。休闲体育资源的开发必须与社会、政治、经济、科技等因素以及体育运动开展水平相协调和适应。开发的滞后或超前无助于体育事业的发展，也会造成资源的浪费或带来不良的社会效果。如不切实际地兴建高档体育休闲娱乐场地和设施，盲目大量地投资开发自然资源的体育项目，不能正确估量体育市场发展和体育需求状况，就会造成资源闲置，投资浪费。

五、发展疗养性休闲与体育服务

疗养性休闲是最为重要的休闲服务方式之一，服务的人群通常是有生理缺陷或具有心理健康问题的人群以及亚健康群体，他们通常被社会视为健康方面的弱势群体，有必要得到社会的关注，更有必要获得良好的治疗。通过体育的手段和疗养性休闲关怀是当前发达国家对患者进行精神治疗最为流行的方式，它也将成为我国未来休闲体育产业发展的重要内容。

（一）疗养性休闲体育激发残疾人群生命的希望

"休闲，从根本上说，是对生命意义和快乐的探索"。休闲作为人们生活的一部分，它最大限度地把人们从一个被管制的、被禁锢的世界中解脱出来，提供更多的机会，去追求自我表现，追求智力与身心的全面发展，追求千姿百态的美。休闲教育是必不可少的，因为人类有抗拒消磨时间的天性。如果我们具备休闲能力，休闲活动将帮助我们寻找人生的意义和目的。残疾人群作为一个独特的生命群体，厄运带给他们心灵的疾苦尤为深刻。由于生活的缺陷和机能障碍，给他们的生活、学习、工作等带来了许多困难，与正常人相比，他们更容易产生自卑感和焦虑情绪。体育作为多种功能的社会文化现象，它不仅仅是一种身体运动，更是一种生活方式，一种精神载体。残疾人参加体育休闲娱乐活动，无论是装上假肢或者乘坐轮椅进行活动，都能从运动中获得快乐的体验。另外，还可以使他们走出"封闭式"的生活圈子，走向广阔的社会之中，开阔视野、缓解心理压力、建立和谐的人际关系。"残疾人参加体育活动并不是单单为了身体康复，而是在更高层次上享受体育本身所具有的乐趣，提高生活质量，享受人生的每一个环节。"每个残疾人和正常人一样，都有平等接受教育的权利和义务，残疾人休闲体育教育亦然。"休闲是对人生命意义的追求，是人全面生活的一种完善。"残疾人休闲体育是一种纯粹的非功利运动形式，开展残疾人休闲体育的目的就是促进身心健康，改善身体机能和提高健康水平，促进残疾人身体健康。"残疾人体育的价值就是通过人文关怀，把残疾人从异化和残缺的现实生活中拯救出来，找回丢失的生活向度，把体育运动作为一种生活的基本需要和生活方式，享受体育运动，享受美好生活。"

残疾人体育休闲运动所展示和显露的人文价值是一种本能上的超越，他们所展示和显露出的是自强不息的进取精神，是点燃与命运抗争的生命火炬，这种超越使他们原本具有的与健康人一样的聪明才智得到了发挥，并彰显出超出常人的力量和勇气，同时成为启迪社会其他成员不断超越的一面明镜。残疾人休闲体育的实效性，不仅是残疾人参与休闲体育运动的前提，也使残疾人休闲体育发展成为一种动力。"休闲是一种生命的追求，一种生活方式，一种发展的动力，是人的价值存在的一种表现形式，是人的本体论意义之所在。"

残疾人休闲体育是指通过身体练习，帮助在视力、听力、语言、智力、肢体等方面有缺损的残疾人，达到康复保健、培养意志，提高生活自理能力以及让他们充分享受体育的乐趣，提高生活质量和享受人生的体育活动。残疾人休闲体育作为人的生命自觉，经历了生理、心理的历练，回归生活的诉求，再到文化精神的建构，即从物质的需求进入精神的需求。残疾人生命的自觉既是对生命的关怀，也是对生命的崇尚和热爱，既是对生命自身的一次觉醒，又是对生命意义更高层次的追求。

（二）疗养性休闲有益于亚健康群体的恢复

疗养性休闲服务是指依托特定的休闲场所（空间），通过发挥疗养师的能动性及客户休闲认知，运用服务干预手段实现客户的疗养目标，以协调休闲空间、疗养技术与客户健康、休闲行为的关系，与行为地理学的研究内容相契合。国外对疗养性休闲的研究始于 20 世纪 60 年代，强调特定空间内疗养性休闲服务及休闲品质，并日益成为国外休闲学以及相关人文科学的热点研究主题。

疗养性休闲始终关乎心理和身体健康，健康的预防、维持和改善是疗养性休闲的核心。在服务过程中，疗养性休闲能提高人们的身体、心理、情绪、精神状态以及生活福祉，使人们享有更丰富和主动的休闲娱乐生活。此外，疗养性休闲还能改善人体功能，提高自我认知和自我决定，增加自我控制和对未来的期望。

我国疗养性休闲起步较晚，发展水平不高，一般是将旅游、休闲与医疗进行有机结合，其发展特征如下：

（1）疗养性休闲一般以疗养院、康复中心、美容健身机构为主要场所，主要是以中医、中药行业为依托，提供良好的休闲环境，使疗养人员处于良好的身心健康状态。（2）疗养性休闲主要是凭借疗养地的特殊自然资源条件，先进或传统的医疗保健技术，优越的设施，将休闲度假、健身治病与旅游有机结合起来。（3）疗养性休闲一般都有明确的目的性，以治疗、康复为主，娱乐和观光为辅，采用气功、针灸、按摩、矿泉浴、日光浴、森林浴等多种休闲方式。（4）疗养性休闲一般分为慢性病疗养、骨伤康复疗养、健康疗养、老年病疗养、职业病疗养等多种类型。（5）疗养性休闲的实践时间较长，疗养的科目规范，并配备专门的休闲疗养师或健康咨询专家。（6）疗养性休闲市场尚未形成统一规范，且缺乏专业人才。目前，中医、中药的合法地位被世界上诸多国家政府接受，为我国开发中医药保健休闲和医疗旅游产品奠定了基础。

我国较早开发疗养性休闲产品的城市是海南省三亚市，主要经营方向是中医保健、医疗旅游。随后我国桂林、香港、台湾等地区也纷纷推出医疗保健旅游、疗养性康体休闲项目。

复习思考题

1. 发达国家休闲体育发展有什么特点？
2. 简述我国休闲体育未来的发展趋势。
3. 发达国家的休闲体育现状对我国休闲体育发展有什么启示？

本章参考文献

[1] Edginton, R. C., DeGraaf, D. G., Dieser, R. B., Edginton, S. Leisure and Life Satisfaction：Foundational Perspectives [M]. McGraw Hill, 2006：206~392.

[2] Kraus, R. Recreation and Leisure in Modern Society [M]. Venture Pub, 2007：29~30.

[3] Godbey G. Leisure in Your Life：New perspectives [M]. Venture Pub, 2007：29~30.

[4] Edginton C. R. & Chen P. Leisure as Transformation [M]. Sagemore Publishing, L. L. C. Champaign IL, 2008：54~55.

[5] Van Der Smissen, B. Recreation and Parks：The Profession [M]. Human Kinetics, 2005：44~97.

[6] Torkildsen G. Leisure and Recreation Management (5th ed) [M]. Routledge, 2009：239.

[7] Betty Van der Smissen. Recreation and Parks：the profession [M]. Human Kinetics, 2005.

郑重声明

高等教育出版社依法对本书享有专有出版权。任何未经许可的复制、销售行为均违反《中华人民共和国著作权法》，其行为人将承担相应的民事责任和行政责任；构成犯罪的，将被依法追究刑事责任。为了维护市场秩序，保护读者的合法权益，避免读者误用盗版书造成不良后果，我社将配合行政执法部门和司法机关对违法犯罪的单位和个人进行严厉打击。社会各界人士如发现上述侵权行为，希望及时举报，我社将奖励举报有功人员。

反盗版举报电话　　(010) 58581999　58582371
反盗版举报邮箱　　dd@hep.com.cn
通信地址　　北京市西城区德外大街4号
　　　　　　高等教育出版社法律事务部
邮政编码　　100120